結構式遊戲治療
之個案報告彙整
——概念化實務

五南圖書出版公司 印行

推薦序一

　　我認識鄭如安博士始自於他在高師大攻讀輔導諮商博士之際。在那時候他已具有豐富的國中、小教學與輔導工作經驗；而後他也擔任高雄市教育局學生諮商輔導中心主任多年，以及發展遊戲治療的訓練和督導。他對於兒童輔導以及遊戲治療的投入與深耕，不僅可以從他豐富的工作資歷知曉，更可以從他這一本實務著作中體會明瞭。

　　提到遊戲治療，多數人是從個人中心取向的遊戲治療開始。然而，對於面臨的兒童個案，其主訴問題、困擾行為如何展現在遊戲治療的過程，特別是概念化的部分，常常是初學者和諮商新手難以掌握之處。而對於當事人到底如何改變、為何改變，也往往莫明所以，更別提要能整理並明白地說出個所以然來！因此，如安博士撰寫的《結構式遊戲治療之個案報告彙整：概念化實務》這本書，不但補足了這一塊拼圖，也提供了另一種操作方法——結構取向的遊戲治療。

　　在拜讀此書之後，我個人認為讀者從這本書不僅可以學到個人中心取向遊戲治療以外的操作與運用，還可以學習到融合系統觀點的兒童案例分析。具體而言，書中提到的四種類型個案，乃是作者累積多年經驗整理而成。根據這些兒童個案類型的實例，作者也提供了可以運用的遊戲策略。如果讀者困惑於除了個人中心遊戲治療不斷地反映和追循之外，到底還可以為兒童個案做些什麼？那麼從這本書當中應該能夠獲得一些具體的指引和實務守則。此外，本書另一個值得研閱之處即是，作者提供了相當清楚的個案報告範例。讀者可以從第一章的說明以及書中各種案例的呈現，逐一地學習、領略如何為兒童個案進行概念化，進而做出一個有條理和系統的兒童問題分析評估，並據以發展出有效的輔導策略。

　　書中諸多令人扼腕、不忍的兒童影像，充斥在我們輔導的對象當中；這本書，給出了一些如何理解、承接以及與之同行的方向和勇氣。

卓紋君

高師大諮商心理與復健諮商研究所教授

2021年6月7日

推薦序二

　　《結構式遊戲治療之個案報告彙整：概念化實務》一書可說是如安在遊戲治療領域浸淫多年的統整！

　　本書嘗試以個案報告的撰寫格式，示範如何運用具體化、具像化原則，蒐集個案基本資料。在此基礎上，先了解個案背景全貌之後，再佐以如安在結構式遊戲治療中所整理歸納的四象限概念化架構，進一步分析理解個案，而得以提供後續遊戲治療介入方向，及策略運用之依據。

　　難能可貴的是，本書彙整24篇曾接受過如安督導的個案報告，並實際藉由四象限架構以進行「概念化」之說明。透過每篇個案報告之閱讀，讀者即可清楚地了解如何蒐集個案資料、統整個案資料，及運用四象限架構，以進行個案分析與診斷。

　　個案「概念化」能力的培養與提升，乃是每位心理師在養成過程中必須不斷努力學習的一項功課。在此，很高興有機會推薦《結構式遊戲治療之個案報告彙整：概念化實務》一書，這是如安歷經多年接案、督導及教學實務之過程中，不斷累積、沉澱、淬鍊出來的智慧結晶。相信不論對於正在學習諮商專業的研究生，或已經在執行諮商工作的心理師，此書都是有志於精進個案概念化能力極佳之練功素材！

林妙容

國立暨南國際大學諮商心理與人力資源發展學系副教授

推薦序三

　　《結構式遊戲治療之個案報告彙整：概念化實務》一書爲本所畢業生鄭如安博士，累積多年諮商專業知識與臨床實務工作經驗所完成的著作。本書計三章、24篇個案報告。第一章爲概念化個案與個案報告，第二章是不同類型個案的結構式遊戲治療介入原則與策略選擇要點，第三章爲概念化個案示例。每一個案示例含基本資料、問題行爲概述、背景資料、分析與診斷、結構式遊戲治療介入原則及策略遊戲選擇要點等實務內容。

　　本書評估兒童個案係以生態系統的角度切入，介入策略與原則則是以結構式遊戲治療的理念爲依據，從「緊」到「鬆」行爲反應，及「自主」到「親密」心理需求等兩個向度，分類出四種類型的個案，包括王妃公主型、孫悟空型、孤雛淚型和含羞草型等四類，每類又各分兩種亞型。兒童諮商或遊戲治療的過程是一個持續分析、診斷的過程，心理師必須蒐集、統整與運用個案相關的多元資料，含兒童的基本資料、問題行爲概述、背景資料和撰寫個案報告前介入過程等資料，然後形成概念化。

　　本書也說明做好有效分析診斷的三個步驟：(1)具體化描述個案的問題行爲樣態；(2)了解個案問題行爲背後的心理需求爲何；(3)個案若被診斷出一些臨床症狀，往往與其問題行爲有關。當然，在心理諮商或遊戲治療實務上，心理師即使面對的是同一類型的個案，其諮商治療的目標雖可能有相同之處，但整個介入過程、技巧運用也會有所差異。如安老師自身學習遊戲治療過程，在同一個機構逾十年不間斷地進行遊戲治療個案諮商工作，每個月寫個案報告、個案討論並接受督導，足證其兼具理論與實務的專業能力及敬業態度。

　　本書內容充實且案例多元、深入淺出且條理分明，適用於遊戲治療、諮商實習、諮商技術、個案研究、兒童輔導等相關課程的參考書，值得閱讀與應用。如安老師今邀請我為之寫序，個人樂於分享心得與推薦。

徐西森

國立高雄師範大學諮商心理與復健諮商研究所教授

2021年2月10日

作者簡介

鄭如安

現職

陪著你玩優質關係經營協會理事長

主要學歷

高雄師範大學輔導與諮商研究所博士

經歷

第一、二屆高雄市諮商心理師公會理事長

高雄市學生輔導諮商中心主任

社團法人高雄市生命線主任

高雄市學生輔導諮商中心督導

臺灣遊戲治療學會理事

臺灣遊戲治療學會秘書長

高雄市政府「高雄市精神衛生及自殺防治委員會」委員

高雄市社會局兒童青少年與家庭諮商中心主任督導

臺灣高雄地方法院調解委員

美和科技大學助理教授

屏東大學兼任助理教授
國立高師範大學輔導與諮商研究所兼任助理教授

榮譽

屏東教育大學傑出校友
全國反毒有功人士
教育部輔導有功老師

筆者出版的書籍、繪本及圖卡超過10本，迄今此本《結構式遊戲治療之個案報告彙整：概念化實務》的撰寫是我投入時間最多、邀請參與撰寫人數最多的一本書，分別有臺灣、中國大陸、馬來西亞共30位的好朋友參與，大家雖然都是華人，但在用字遣詞上仍有差異，在交給出版社之前就已經大修過多次，然後再歷經出版社三校，因此，本書的出版真可用「嘔心瀝血」來形容。今天此書總算出版了。我要真誠地感謝三位協同作者，以及提供資料的30位好朋友，謝謝您們！全球新冠狀病毒疫情尚未完全緩解之際，仍能在大家及出版社的協助及支持下完成此書的出版，內心就是感謝與感恩，也祈求疫情趕緊結束，全球人類都平安健康。

協同作者簡介

高宛琳

學歷

國立暨南國際大學輔導與諮商研究所碩士

經歷

高雄市學生輔導諮商中心諮商心理師

輔英科技大學專任諮商心理師

衛生福利部草屯療養院成癮者治療性社區茄荖山莊實習心理師

專長

人際歷程取向治療

遊戲治療

兒童青少年心理諮商

臺灣阿德勒心理學會親師諮詢師（認證中）

日本和諧粉彩準指導師

心得體會

很榮幸能有機會參與本書的撰寫，過程中不僅更加認識結構式遊戲治療的核心理念，也幫助我提升在與兒童工作的敏感度，在整理書籍的最大體會在於每一次如安老師總是很嚴謹、很細緻地與夥伴們討論每一篇個案報告，對每位兒童的生理特質、家庭因素、成長背景等資訊，進行系統化的評估與討論介入策略，而每一次的討論都會有新的發現與收穫，這個過程也彷彿像我們的個案工作一樣，若能以宏觀的視角蒐集個案背景資訊，也能有一顆細膩的心整理出兒童的內在需求，更加貼近兒童的內心世界，就有機會看見更多的不同。

經過了許多次的來回討論與修正，期待能讓本書的內容更加細緻與豐厚，成為一本質量兼具的實務手冊，也希望讀者們能從閱讀這些實際的案例中，了解從結構式遊戲治療觀點下對個案概念化的評估與介入，並且對兒童輔導的實務工作有所幫助。

張育德

學歷

高雄師範大學輔導與諮商研究所碩士

高雄醫學大學心理學系

經歷

早期療育方案、兒童保護方案社工員

高中職專任輔導教師

公、私立機構創傷復原服務、親職教育執行方案諮商心理師

高雄市家庭教育中心外聘督導

高雄市中小學專、兼任輔導教師督導

馬來西亞生命線結構式遊戲治療培訓助教暨督導

中國泉州遊戲養育親職教育工作坊訓練講師暨督導

專長

兒童遊戲治療、敘事治療、青少年諮商與輔導、親職教養、生涯諮商、悲傷輔導

心得體會

有幸參與《結構式遊戲治療之個案報告彙整：概念化實務》一書的協作，是響應如安的老師的號召，目的是想要幫助更多從事兒童諮商輔導相關實

務工作者，能夠以更有效率、有系統、有架構的模式來進行兒童個案概念化，有助其擬定適切的輔導處遇介入計畫，促進提升諮商輔導效能。期待本書出版，能發揮類似兒童個案概念化手冊的功能，透過結構式遊戲治療對兒童之觀看及理解，佐以涵蓋層面廣泛、資料豐富多元的實際案例，讓相關實務工作者在進行兒童個案概念化時，提供一套好學易懂又實用的概念化參考架構，增進兒童身心健康及福祉。若果如此，則足感欣慰！

劉秀菊

學歷

彰化師範大學輔導諮商學系博士

高雄師範大學輔導諮商碩士

經歷

高雄市學生輔導諮商中心外聘心理師

高雄市特教資源中心外聘心理師

高雄市安置機構外聘心理師

台灣輔導學會認證督導（認證中）

國小兼任輔導教師

國小教師

榮譽

2020年臺灣遊戲治療學會優秀博士論文獎

專長

兒童青少年心理諮商

親子遊戲治療

遊戲治療

親師諮詢

心得體會

個人近二十年結構式遊戲治療的實務經驗，從眾多兒童臉龐中自然流露出的快樂與自信，以及從教師或家長有關兒童情緒與行為的改善、自信的提升等的回饋，都讓我內心充滿喜悅與感動，對於協助兒童走出困境、找回快樂的童年感到充滿意義與使命感。結構式遊戲治療的主要精神來自於兒童中心，相信兒童具有向善與向上的理念，然而結構式遊戲治療幫助我能更快地理解兒童的內心世界，除了能更好地接納與同理外，這份了解也幫助我能很放心地、積極地跟隨，讓兒童帶領我陪伴他走向自我成長之路；除此之外我也能因看懂兒童的樣態、特質與需求，而給予適度地滿足，進而更好地協助到兒童。很感謝能參與《結構式遊戲治療之個案報告彙整：概念化實務》一書的出版，從初期幾篇個案的撰寫到多次的討論，讓我對結構式遊戲治療的精神與方法，以及個人的實務經驗有更深入的反思與整理，無形中使個人遊戲治療的理念與實務更加地紮實。期盼此書的出版，能協助更多的兒童輔導諮商工作者能更快地了解兒童，進而有效地幫助更多的兒童成長茁壯。

作者序

撰寫《結構式遊戲治療之個案報告彙整：概念化實務》此本書的動機是源自於自己在學習治療專業的過程中，不斷地被要求要「先接觸兒童，而不是他的問題」，但又要在兒童問題脈絡中認識兒童、了解兒童！常會衝突於要如何做到「在問題脈絡中認識兒童、了解兒童、接觸兒童，而不只是看到兒童的問題」。

筆者著實花了好多時間學習、體會，當透過接案及撰寫過程，越來越有所體會時，真的就越能看到兒童這個人，也更能了解為何他會有這樣的困擾行為出現，簡單說這就是兒童個案「概念化」的過程。筆者認為這是一位專業遊戲治療工作者必須精進學習的一項功課！因此，筆者統整個人在遊戲治療兒童個案概念化的學習與體會，同時集結多位實務工作者同時又接受督導的學生一起參與共同完成此本書的撰寫。

這本書的撰寫共邀請了3位臺灣從事結構式遊戲治療實務多年的心理師協助撰寫，以及臺灣、馬來西亞及中國大陸的30位學生一起參與。本書的內容、架構的醞釀與撰寫就花了近2年的時間，再將原有的36篇個案報告，統整及修改到最後的24篇個案，又耗費近2年的時間。撰寫及修改的最後階段，又遭逢2020年的COVID-19疫情，全球人類的生活、學習與工作受到很大限制之際，此書的整體內容完成了，完成初稿的當下，真可說是百味雜陳。直到得到亦師亦友的高雄師範大學諮商與復健研究所的前兩位前後任所長及暨南國際大學林妙容教授首肯推薦此書，才有著被肯定與鼓舞的喜悅感，感謝卓紋君和徐西森兩位所長及林妙容教授。

筆者對於遊戲治療領域的投入可以說是全面的，筆者的博士論文及博士後的許多論文研究、專書、繪本、圖卡等的出版，都是以遊戲治療為主題，筆者統整多年的研究、理論及實務的體會，進而發展出

「結構式遊戲治療」。也因為這樣，不僅在臺灣有一群專業好友，也組織了「陪著你玩優質關係經營協會」，更讓筆者窩心的是在馬來西亞、中國大陸也有一群跟著我學習的專業好友，今天共有30位好友一起投入此書的撰寫，這種感覺好像是過年或是在辦喜事般的歡天喜地，好不熱鬧！感謝我們彼此豐富了大家的生命內涵。當然這本書的出版也見證了大家的努力，真的要感謝大家。

在此也要衷心感謝五南圖書編輯群提供的建議與校對，感謝與感恩！

最後要感謝參與此本書撰寫的所有伙伴，本書也臚列所有參與撰寫討論的所有專業實務工作者於本書的英雄榜！請大家參閱。

鄭如安 謹誌

英雄榜

　　王怡蓉：臺灣高雄。諮商心理師證照、國小教師與國中輔導教師證照、高中生涯規劃與生命教育教師證照。「結構式遊戲治療就像一座通往兒童內心世界的橋梁，引領我們帶著覺察與理解，給出同理與支持，在優質的陪伴關係中，幫助孩子長出我能感與掌控感，勇敢地擁抱生命的起落悲歡。」

　　王素文：中國成都。國家認證二級心理諮詢師、結構式遊戲治療師認證。西南區第一個兒童專業遊戲室創立者，成都愛·陪伴兒童遊戲心理成長中心創辦人。「結構式遊戲治療體系就像高樓一樣，每塊基石、每根柱子都有著其獨特的功能，『結構』本身就有著顯著的療癒作用。清晰具體的框架，讓我在開展遊戲治療相關工作時更能得心應手。而如安老師的結構式遊戲治療課程與其說是對技巧技能的傳授，不如說是在傳遞對兒童保持絕對的『性善觀』這份相信背後的力量，這一點讓我印象最為深刻。」

　　江美霞：馬來西亞雙溪大年。幼稚教育證書、結構式遊戲治療師認證、高級兒童遊戲治療諮詢師認證。「學習結構式遊戲治療讓我學習梳理孩子的問題、看到脈絡。它不僅提升我的專業能力，也加強了覺察內在自己的能力。感謝如安老師和團隊的引領，讓我在在體會與看到陪伴的力量。」

　　呂玉蓮：馬來西亞吉隆玻。結構式遊戲治療師認證。「透過遊戲看懂孩子的內心故事，在陪伴過程中的感動豐厚了自己的生命。謝謝如安老師的教誨及督導」

　　李依潤：馬來西亞雙溪大年。結構式遊戲治療師認證。「學習結構式遊戲治療讓我對孩子更加的了解和更多的陪伴。增進我的親子關係。」

李微：中國保定。結構式兒童遊戲治療師、正面管教家長講師、婚姻鼓勵諮詢師。「有幸能成為走進孩子們遊戲世界的人，我覺得無比幸運，而結構式遊戲治療的專業和細膩更讓我有信心，成為一位有愛心、耐心的兒童陪伴者。」

林建龍：馬來西亞檳城。結構式遊戲治療師認證、高級兒童遊戲治療諮詢師認證。「學習結構式遊戲治療，讓我看到孩子溫柔單純的內在！陪伴了孩子，也滋養了自己。謝謝如安老師給了我一個這樣的能力。」

林美伶：馬來西亞檳城。兒童幼教工作者、結構式遊戲治療師認證，高級兒童遊戲諮詢師認證。「學習結構式遊戲提升了我的專業外，讓我跟孩子們更加貼近他們，使得孩子們越來越優秀，平凡的人，平凡的手，架起一座知識的橋梁，豐富我生命，謝謝如安老師。」

范晉維：臺灣高雄。諮商心理師證照。「結構式遊戲治療的學習讓我更能有策略與技巧來與兒童接觸、陪伴兒童成長，也對整個治療的介入更有方向與概念，如同腳前的燈、路上的光。」

唐縷：中國廣州。結構式遊戲治療師認證、中國社會工作聯合會心理健康工作委員會遊戲治療學部及香港遊戲治療協會認證遊戲治療師。「學習結構式遊戲治療，拓寬了我關於遊戲治療的知識層面，讓我從懵懂到清晰，知其然更知其所以然。在與如安老師工作和督導過程中，更是提升了我個人成長的水準，不僅學了技法，更修了心法，從而摸索出符合我個人特色的遊戲治療風格，並不斷致力於遊戲治療的踐行與推廣。感恩遇見如安老師！」

崔冰冰：中國北京。結構式遊戲治療師、兒童遊戲諮詢師、少兒心理諮詢師、婚姻家庭諮詢師。「結構式遊戲治療不僅帶給我很大的專業提升，也讓我深刻認識到自身的專業價值和未來的發展方向，感謝如安老師，讓我的人生更加精彩而有意義！」

　　張婉儀：馬來西亞吉隆坡。心理諮商師證照、靈氣音療師認證、結構式遊戲治療師認證、高級兒童遊戲治療諮詢師認證。「遇見結構式遊戲治療，除了讓我在心理諮商與心靈療癒的專業上注入了強而有力的正能量之外，也讓我有定位的去陪伴孩子們，將結構式遊戲治療的精神具體地實踐在親子教養和生活中。而我最有價值的部分就是與孩子們在一起的親子時光。成為快樂的母親，成為孩子們眼中『好玩』的媽咪。父母幸福，孩子們自然就幸福。信仰著『與媽咪在一起，哪裡都是遊戲室』的理念陪伴孩子們在玩樂中成長。The Secrets To Happiness- Play Like A Child.（幸福的祕訣：像孩子一般玩樂。）」

　　梁儐倩：馬來西亞吉隆坡。結構式遊戲治療師認證、高級兒童遊戲治療諮詢師認證。「因特兒學習遊療，從中踏入自我覺悟的路上，優質陪伴走進孩子世界。」

　　陳月燕：馬來西亞吉打。結構式遊戲治療師認證、高級兒童遊戲治療諮詢師認證。「學習結構式遊戲治療讓我學會與孩子建立更正向的關係，改善孩子的問題，進而幫助孩子發展潛能。謝謝如安老師。」

　　陳永慧：馬來西亞雪蘭莪。結構式遊戲治療師認證。「學習遊療，讓我和孩子們有了一段美好的一對一遊戲時段。還有就是在生活中和小朋友相處互動的時刻，所學到的技巧也能派上用場。這不僅輕鬆地化解了一些課題，也促進了和孩子及姪女姪子之間的關係。此外，學習遊療也提升了我專業的能力，同時開拓了我邁向遊療的道路。在此，我衷心感謝如安老師的用心教導和付出。還有您在督導時的分享，不僅給予我們專業的指導，也給予精神上的支持。讓我覺得走在遊療這條路上不孤單。謝謝您，如安老師！」

　　陳玟如：臺灣高雄。諮商心理師。「很幸運的在擔任兒童輔導老師的過程中，得以遇見鄭如安教授，更進而有機會學習『結構式遊戲

治療』。運用『結構式遊戲治療』陪伴孩子的過程中，我愈來愈能享受投入對孩子的好奇；更願意專注聆聽孩子內在的聲音，也更相信治療師與孩子「同在」的藝術。感謝有此機會能夠在此書當中，分享我與孩子遊戲的故事，期待本書每一則故事，都能喚起閱讀者對兒童內在單純質樸的認識；也邀請有愛的您們，願意在關注孩子內心的工作上，和我們同行並一起耕耘。」

陳漢梅：馬來西亞蒲種。結構式遊戲治療師認證。「感謝如安老師給予的機會及教導。透過與老師的討論及反饋，此個案報告不但提升了我的專業學習，讓我對於個案的議題有更多細微的觀察及較深入的領悟，也增加了撰寫個案報告的知識及技巧。我會繼續精進地學習更多與遊療相關的專業，提升自己的技能及素養，以便能更專業地幫助到兒童及家長們。」

彭羽：中國長春。結構式遊戲治療師認證、美國正面管教家長講師認證、婚姻鼓勵諮詢師認證。「學習結構式遊戲治療讓我更了解兒童，更敬畏生命！每一位兒童都是一朵燦爛多姿的小花，我願用我所學做這些小花的守護者。謝謝如安老師帶領我踏上這段神奇之旅。」

馮慧玲：中國廣州。中級社工師、三級婚姻家庭諮詢師證書以及結構式遊戲治療師認證。「結構式遊戲治療打開了我與兒童連結的大門，每個兒童都是天使，都應該被愛和被看到。」

黃愛萍：馬來西亞雪蘭莪。馬來西亞註冊及執證輔導師、結構式遊戲治療師認證、高級兒童遊戲治諮詢師認證、馬來西亞（雪州蒲種市）童心緣教育與心理諮詢中心執行長。「學習遊戲治療提升我在親職教養與輔導的專業。秉持遊療的理念與精神繼續陪伴更多需要被協助的孩子。謝謝如安老師。」

黃筱瀛：中國廣州。結構式遊戲治療師認證。「自2016年起系統地接觸兒童中心遊戲治療，2018年起跟隨鄭如安老師學習結構式遊戲治療。自從學習遊戲治療以來，對於兒童的認識有了新的體會，

在跟兒童相處的反應上也有了微妙的變化。從前注重『教』與『學』比較多，主導性比較強。現在我更能夠安心跟隨兒童的引領，全身心陪伴和觀察他們，回應他們的需要，發現他們各自獨特的地方，透過言語回饋和遊戲活動幫助他們建立自尊、自信，良好的自我價值感。」

楊潔冰：馬來西亞吉隆玻。結構式遊戲治療師認證、高級兒童遊戲治療諮詢師認證。「這些年運用結構式遊戲治療陪伴兒童，不僅見證了兒童的進步，也看到自己的成長；兒童確實是我的『老師』，他們讓我覺悟到——先安穩住自己才能成為他們沉穩的依靠！感謝如安老師，您的帶領啟蒙了我一直走到今天，感恩！」

鄭婷方：中國廣州。中級兒童遊戲諮詢師認證。「學習結構式遊戲治療，提升我的理論和實務技能，培養我的敏感度和洞察力。帶著懂，帶著愛，與兒童的心靈產生共鳴，療癒便隨之而來。得益於這些正向經驗的積累和積極成效的運用，我的父母課堂、個案諮詢、團體輔導也收到頗佳的回饋和讚賞。謝謝如安老師！」

劉舒芳：馬來西亞吉隆玻。結構式遊戲治療認證。「因參與個案報告獲益良多。最大的體會是在陪伴自己孩子時多出耐心與愛心去了解孩子行為背後動機，因此親子關係更加親密。」

劉萍萍：馬來西亞檳城。結構式遊戲治療師認證、高級兒童遊戲治療諮詢師認證。「學習結構式遊戲治療讓我具體了解真正的陪伴是什麼，懂得陪孩子，也讓我更了解自己。除此之外，在與孩子共處時，我有更多的方法去和孩子互動。謝謝如安老師的指導與陪伴」

蕭翠璿：馬來西亞吉隆玻。臺灣結構式遊戲治療師認證、CECE學前教育文憑（Diploma in Early Childhood Education）、CAE特殊教育文憑（Diploma in Learning Disorders Management and Child Psychology）。「在學習結構式遊戲治療的道路上，成就了一位擁有同理心，一雙傾聽的雙耳與願意陪伴孩子的我。認識遊戲治

療，眞好！」

羅秀英：馬來西亞雙溪大年。結構式遊戲治療師認證、幼兒園和安親班老師。「學習結構式遊戲治療是希望在我的專業範圍可以更了解孩子們的行爲背後原因和如何更有效的陪伴他們、看見他們。謝謝如安老師讓我認識了結構式遊戲治療，也有效的運用在自己的專業上！」

目 錄

第三章　　個案報告示例

第一章

個案報告與個案概念化

❖第一節　個案報告的目的與功能❖

　　學習諮商的過程，撰寫紀錄和個案報告是免不了的事，一份好的紀錄和個案報告，可讓相關的人員快速了解個案，同時也協助心理師統整各方資料，進而對個案提出診斷假設，訂定諮商策略，所以，個案報告可以說是彙整及規劃諮商過程的一個核心步驟。

　　兒童個案不管是在學校或社區諮商機構，常是被老師、家長、社工或相關單位轉介而來，有關個案的問題行為都是由他們轉述，加上兒童口語的表達通常不是很完整和精確，故遊戲治療的過程，還經常需要再詢問這些轉介者有關兒童的背景資料。這樣的特點使得兒童個案的資料來源顯得很多元且間接，也使得兒童個案的個案報告要比一般個案更加重要。

　　就筆者多年的兒童結構式遊戲治療實務及督導的經驗，強烈建議心理師每個個案正式面談三至四次之後，就應針對個案做一個初步評估報告。撰寫初步評估報告的過程，其實就在統整與個案相關的多元資料，這過程可以讓心理師更明確了解個案問題行為背後的真正原因，其實這也就是「概念化」過程。筆者在諮商專業上的學習歷程上，深刻感受到撰寫具有「概念化」效果的初步評估報告，對初學者是相當重要的。

　　每篇個案報告的格式雖不盡完全相同，但大同小異。只是如何蒐集到有效、重要且有助於「概念化」的資料就相當重要。本書就以初步評估報告的格式作為資料蒐集及整理的架構，並特別強調及說明如何在每篇個案報告中的向度蒐集到珍貴有效的資料。

　　當蒐集到重要資料之後，接下來就是要能有效地進行「概念化」個案，也就是分析診斷個案問題行為背後真正原因。這個分析診斷過程通常要有一個理念為圭臬，筆者根據結構式遊戲治療以「緊」、「鬆」行為及「自主」、「親密」心理需求兩個向度，分類出四種類型個案的理念架構為分析圭臬，透過實際例子說明，最後再佐以24篇的個案報告來驗證及說明。

一　個案報告的目的

　　個案報告是諮商過程中非常重要的一份文件，因這是心理師統整所有資料及對個案概念化後呈現出來的報告。個案報告的資料是來自與當事人的諮商晤談內容，諮商過程中蒐集到的資料，心理師概念化後所提出的診斷、假設，據此再設定諮商策略和目標。所以，個案報告具有讓心理師統整諮商的所有資料，進而提出諮商方向與介入策略的目的。有關個案報告的目的統整出以下四點來說明。

1. 資料統整

　　個案接觸初期，可能會有轉介者對個案的主訴問題、期待、簡單的背景資料等等，但當和個案接觸後，可能會得到更多第一手真實的資料，如個案的基本背景資料、行為觀察（如口語表達、親子關係、手足互動，對陌生人、陌生環境的反應等）這些資料有些顯而易見，有些則有賴心理師的敏感度，但不管怎樣，心理師就是要注意個案的

內在及外在反應、當下的情緒感受和認知想法等等。因此，心理師會蒐集到很多資料，這些資料若沒有在適當的時機作統整，這些豐富的資料就會顯得凌亂且沒有系統。

　　所以，一篇個案報告的整理是提供心理師統整資料的最佳機會。在一份完整的個案報告中，可能需要知道的資料有：(1)具體化個案的問題行為。(2)從不同的觀點來看問題，基本上至少要從兒童本身、主要照顧者和整個家庭的觀點來看。(3)回顧整個不適應行為的歷程。

2. 分析診斷

　　兒童的認知發展尚未完全成熟，所以，在蒐集兒童個案相關資料且要能做出正確的診斷，經常是需要從父母、主要照顧者、老師等蒐集關於兒童的資料。這樣方能使心理師具體化了解個案的問題行為，對問題行為的形成原因更能做出正確的分析診斷。

　　個案報告的體例和格式內容，可以協助心理師對個案做更有方向且系統的蒐集資料，例如不適應行為是什麼？發生的地點、時間、過程及相關條件。個案的成長背景詳細整理，其中包括：生長史、身心發展情形、家庭生活中的親子關係、父母管教態度、兒童生活概況。學校生活中，導師對個案的描述、同儕關係、在校特殊行為記錄，以及各種測驗結果的資料。

　　有了上述這些資料才能做到在「兒童之環境脈絡中看兒童的問題」，也才能做到更正確的分析診斷，更能貼近了解個案的狀況。

　　另外筆者認為面對兒童個案，有一重要的觀念，在整個諮商或遊戲治療過程其實也是分析診斷的過程，每次的諮商或遊戲治療都是在修正或確認先前的假設，因此個案報告就是在讓心理師對自己先前的分析診斷做確認，而期待能在遊戲治療進行三至四個單元之後能夠確認。

3. 訂定策略

　　心理師即使做了很精準的分析診斷，接下來對兒童的介入策略則需要能配合兒童的特性和發展，同時也要考慮到兒童生態系統中的主要照顧者、學校老師等的諮詢或諮商。在實務工作中，經常發現兒童的問題不在於兒童本身，而是源自於主要照顧者或重要他人。因此，個案報告也是在協助心理師確認目前兒童生活中的父母、主要照顧者、老師等，在整個諮商過程所扮演的角色，及投入協助的程度。

4. 評估先前執行之諮商輔導策略

　　整個諮商歷程，其實是一個不斷蒐集資料、形成假設和訂定策略的過程，諮商輔導策略可能隨著新蒐集到的資料或問題行為的變化，而有所調整。撰寫個案報告的過程，就提供一個讓心理師自我檢視的機會，將整個諮商過程的轉變做一回顧，並且評估先前執行之諮商輔導策略之成效。

■ 個案報告的功能

1. 整合相關人力與資源

　　兒童本身尚無獨自生活的能力，他們的不適應行為常會受環境或主要照顧者的影響。因此有關兒童的輔導，常需要整合相關人力，例如社工師、安置機構的工作人員、家長、學校老師，以及醫療資源等。心理師在整理個案報告的過程，就可以檢視上述這些相關人員，在諮商過程可以如何協助兒童，這些協助包括直接的協助（如父母的參與晤談），和間接的協助（如和社工師的諮詢）。也可以協助心理

師自我檢視是否忽略了一些具有關鍵影響力的人，如父母親離婚後，父親就離家，但兒童非常思念父親，此時如邀請到父親出席，對兒童可能就有很大的影響。總之，心理師撰寫個案報告的過程，可以將影響兒童的相關人員整合起來，讓大家在不同的位置一起協助孩子的成長。

2. 促進了解，協力聚焦於核心問題

兒童因爲生活在家中或安置機構，很多地方都仍須仰賴照顧者，所以透過個案報告促進兒童周遭的相關人員聚焦於問題的關鍵或核心，也互相了解彼此的職司和角色，如此才可能合作協助兒童。例如父母看到兒童的問題，以及在對兒童介入的方式和程度，就會不同於社工師或學校老師。因此，個案報告就是讓心理師可以以生態系統的觀點來看兒童的問題，然後提出一套整體的輔導策略，讓不同的人在不同的位置，同時聚焦於兒童的核心問題一起努力。

3. 經驗累積，增進輔導知能

撰寫個案報告其實是一件辛苦的事情，但它卻給心理師一個自我統整和自我檢視的機會，如此可以自我覺察是否仍有遺漏或疏失的地方。若這份個案報告又經過個案會議的討論或督導，就更有助於確立往後的諮商策略和目標。所以，一份個案報告的撰寫過程、個案會議和督導的進行，都具有累積經驗和增進輔導知能的功能。

❖第二節　個案初步評估報告的體例與內容❖

不同取向的諮商學派介入方式可能會有所不同，但就個案報告內容體例的呈現方面，筆者會建議以生態系統的觀點來呈現可能是較爲

理想的。其主要原因如下：

1. 個案報告呈現的是一個整合的資料，它不是只呈現心理師的諮商過程或策略。

2. 因兒童是一個尚未發展成熟獨立的個體，在兒童諮商的過程，一定會諮詢其他相關人員，這些資料可能就需以一種生態系統的角度來整理呈現，才不會顯得凌亂。

3. 個案報告除了提供專業機構或學校內相關人員閱讀外，也可能會成為法院、轉介機構、社工單位等相關機構人員需要閱讀的資料。若整個報告以生態系統的觀點做整理，就可能涵蓋上述相關機構，讓他們知道在整個兒童諮商過程中，每個人所站的位置及可以協助的地方

4. 兒童不適應行為的根源常是主要照顧者或環境的因素，因此更不可忽視整個生態系統中的其他系統。

　　本書的撰寫內容是聚焦在「概念化」兒童個案，依筆者實務經驗，應該是在進行遊戲治療三至四次遊戲單元前該完成的。基本上每篇個案初步評估報告的架構都是從個案基本資料開始，然後就是問題行為概述、背景資料、分析診斷、介入策略與原則等，但在各向度的內容呈現可能就會隨著不同的心理師，而有很不一樣的方式。本書所介紹的內容，主要是針對兒童個案且以生態系統的角度所撰寫的，介入策略與原則則是以結構式遊戲治療的理念為依據，而本書的撰寫內容是聚焦在「概念化」兒童個案，又是一篇初步評估報告，因此，有關遊戲治療歷程及成效並未加以探討。

　　以下就依初步評估報告的向度，依序介紹及說明如下。

一　基本資料

　　每份個案報告絕對包含有基本資料。就兒童個案而言，它至少必須包括：家長或監護人姓名年齡及工作、兒童姓名、性別、出生日期、年級、排行序和家庭概況。這部分的資料多半是比較明確具體的資料，而且可能在轉介或初次見面時就可以得到，這些基本資料看似平常，卻經常對與個案的問題行為有密切關連及影響。

　　在此依序分享幾個極具實務價值的基本資料內容說明如下。

（一）年齡

1. 兒童正處在一個身心發展快速的階段，好比3歲和5歲的兒童，實際年齡雖只相差1或2歲，但身心的發展是有著很大差異！由此可知，在了解兒童年齡的同時也要熟悉孩子的發展。除了身體的發育之外，筆者非常鼓勵各位參照艾瑞克森（Eric H. Erickson）的心理社會發展論的內容，以了解兒童的心理發展，他將一個人的一生分為嬰兒期、幼兒期、學齡前兒童期、學齡兒童期、青少年期（青春期）、成年早期、成年中期以及成年晚期。每個階段都有其要完成的任務與危機，同時也說明每個階段發展順利與發展障礙的特徵。筆者推薦大家參照心理社會發展論的一個重要原因，是因為該理論將青春期前兒童的發展分成四個階段，加入青春期則共五階段，這說明在12歲前之發展變化及差異是很大的，筆者覺得這樣細緻的說明，對於每位以兒童為主要對象之工作者才是足夠的。

2. 父母雙方或父親的年齡大個案很多。例如個案不到10歲，父親卻已超過50歲，甚至60歲。這在親子互動及管教上都值得關切與了解。

3. 父母年齡過於年輕，親子年齡相差不到20歲。這表示父母在讀高中或進大學前，就已經生下個案。這都很值得對父母親的背景進一步了解，同時有關親子互動、親子管教的資料都值得進行理解，因為在這樣的年齡就有了孩子，可能在教養上都顯得不夠成熟，這可能都跟個案的主訴問題有重要關聯。

4. 父母親年齡差距過大，也可能造成親方在管教上的差異或產生不和諧的夫妻關係，這都是重要的基本資料。

（二）父母親職業

1. 生活作息與孩子顛倒

例如父親的職業是擺夜市做生意或是需要輪班的工作，都會因工作時間與兒童的作息不同，那對孩子的關注相對可能就會變少，而孩子的生活規律及約束也可能變得非常鬆散。

2. 經常出差、出國、在外地工作、軍職或事業很大的家長

這些都會呈現我們常說的所謂「偽單親」家庭，這樣的樣態不能說親子關係一定不好，但多數都可能造成親子關係比較疏離、或個案期待親方的陪伴一直落空。親方也可能會內疚，進而有補償心理作用，在物質上給個案過度的滿足或在管教上過度寵溺。另外也可能使得另一親方過度承擔教養責任及壓力。

3. 母親的職業、職務遠遠優於父親

這種現象在目前的家庭、社會中已逐漸增加，這種現象不一定會產生問題，但面對有困擾孩子的家庭又有此現象時，可能就值得進一

步關切。這種家庭中的父親或許有壓力、覺得太太是不是太強勢，而母親或許會覺得先生不夠積極、也可能會擔心給先生壓力等等，這些都可能會形成一種隱晦不坦誠或高壓的家庭動力、家庭氛圍。

4. 失業

尤其是父親的失業或一直沒有工作的樣態，間接會影響到家庭的經濟、夫妻關係等，進而對整個家庭產生很大的影響。

（三）婚姻狀況

大家都同意父母婚姻狀況對兒童的影響是很大的。此向度和背景資料的夫妻關係有很大關聯，在基本資料中只要蒐集個案父母的婚姻狀態即可。通常就是正常的婚姻狀況，或是分居、離婚、喪偶、再婚等。同時要了解這種狀況維持多久了？結婚幾年了？若是分居或離婚又多久了？何時再婚的？

（四）排行序

排行序可以說是一個無法改變的事實，當然它有可能過幾年會有一個弟弟或妹妹，但我們就以個案當時的樣態來了解。

1. 獨生子或獨生女：通常都是萬千寵愛在一身，家中的玩具、零食、父母親的關注等等，完全歸屬於他，都不需要與人分享。因此，這類孩子在人際互動上，就可能不知道如何與人分享，或不太能了解或關注到同儕的需求，卻又很渴望能與同儕有所互動連結。

2. 長孫：這在傳統華人文化氛圍明顯的家族中就有很大影響，多半是祖父輩會對這樣的長孫有更大的驕寵、偏心或特權，但在這同

時，祖父母也可能給了長孫很大的期待與壓力。

3. 長男、長女：通常被賦予要做弟妹的榜樣、模範，要更懂事、聽話，又若表現不如弟妹，則可能使其得到更多的責罵，這些都可能產生一種難以言語的的壓力與挫敗。

4. 手足相差10歲以內，這樣的年齡差距是很容易發生手足競爭的現象。但這不是說差距10歲以上的手足就不會有手足競爭，這是相對的！因為從發展觀點來看，10歲以上的兒童開始在追求自主性、自我統整，他的很多關注是在課業及同儕上。反之10歲之前的兒童，正是親密需求最強烈的階段，此時出現了一個弟弟或妹妹奪走爸媽很多的關注，所以手足競爭的現象就很普遍。

5. 有特殊的手足，例如特殊兒童、慢性病或重大疾病的手足：筆者想大家能理解家中若有一個特殊的孩子時，父母必須投入絕大多數的心力在這特殊孩子身上，因而沒能多關注其他的孩子，這實在是無可厚非也逼不得已的。但我們要了解其他的手足可能有的樣態，筆者的實務經驗經常看到的是(1)他們就變得特別乖巧、懂事、聽話，有的甚至還會承擔爸媽的責任或工作，例如煮三餐、洗衣、整理家務等。(2)有的則會變得很有情緒、特別不聽話或特別冷漠，學業、功課表現也不好。(3)對於年齡已滿10歲以上的手足，則會發現他們開始關注於家庭以外的人事物，如朋友、同儕、偶像等等，嚴重的則是沉迷手機或線上遊戲。

　　總之，家庭是兒童生活的重心，親子及手足關係會影響到兒童的情緒、行為與人際互動，而兒童的排行序又在親子及手足關係上有著關鍵的影響。所以，在概念化兒童過程必須充分了解個案的排行序對他的影響為何。

（五）個案自身就是特殊兒童

　　個案在轉介前就已經被診斷有臨床生理或心理症狀或某種疾病。筆者多年實務經驗最常見的臨床症狀有「自閉症譜系障礙」（就是過去「自閉症」、「亞斯伯格症」的合稱）、「注意力不足過動症」、「發展遲緩」、「情緒障礙」等，其他如「唇額裂」、「血癌」、「脊隨肌肉萎縮症或」或其他殘障等等。這類兒童因為自身的障礙導致其自主的能力或自由度相對會比一般兒童少很多，例如他們必須接受一些相關的訓練或課程，這些訓練經常是要不斷重複的練習。再來就是因為自身的障礙使得他們在人際互動、溝通表達上都頗具挑戰，尤其類似過動症、情緒障礙兒童都很容易跟人有衝突。由此可知，原本只是某種特定的症狀或障礙，但這類兒童長期在自由度、溝通表達上的挫折或被排斥，都使得這類兒童延伸到人際及情緒也都會有困擾。

（六）家庭概況

　　主要是將兒童當下的家庭客觀樣態呈現出來。亦即把前述的基本資料作一個摘要說明。家中有哪些人同住、年齡、年級、職業等客觀描述。

（七）其他

　　可能會影響家庭動力及親子互動的相關資料。如殘障的父母、三代同堂、大家族、母親或手足的過世、文化上重男輕女，或其他因性別刻板印象而導致教養態度的差異等等。

　　上述大概是個案報告中第一大項的基本資料之內容。有關個案基

本資料向度的內容撰寫，特別強調都要是客觀的資料，無須推論或猜測，亦即僅須呈現個案家庭目前的客觀樣態即可。前述之每個向度後面的論述，只是在告知讀者這些樣態對個案可能的影響。這些樣態再搭配個案其他背景資料的了解，都有助於做出正確的分析診斷。

下面列舉兩個實例做說明。

1.
基本資料

1.姓名：***　　　　2.性別：男　　　　3.年齡：11歲2個月
4.年級：六年級　　　5.排行序：長子（一個弟弟）
6.家庭概況：

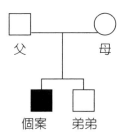

「個案的家庭是一單親家庭，有一位小他兩歲的弟弟，父親任職國營事業的技師，個案母親在個案小學四年級時罹患直腸癌，直到個案小六時過世，生前一直是一位專職媽媽，個案的上下學都是媽媽接送。」

2.
基本資料

1.姓名：蔡＊＊＊＊　　　　2.性別：女　　　　　3.年齡：10歲
4.年級：小學三年級　　　5.排行序：父親非婚生女（第三）
6.家庭概況：

　　蔡生為案父的外遇非婚生子女。出生前後時期，案父開設的電子工廠倒閉，積欠龐大債務，之後就回家鄉幫忙老家麵店生意，並將當時2歲的蔡生交給在另一個城市的案大姑照顧七年。於蔡生二年級時才轉回家鄉學校就讀。現住家有祖父母、案父、案大姑、案小姑與蔡生六人。

二　轉介原因或問題行為概述

　　進行有關個案概念化的過程中，如何將個案的問題行為「具體化描述」是非常重要的原則。

　　筆者在訓練結構式遊戲心理師的過程，特別要求學生在撰寫具「概念化」內涵的初步評估報告時，有關個案之問題行為描述絕不是沿用轉介之初的問題描述，而是要把握將問題行為「具體化描述」的原則，簡單說就是有關兒童的問題行為內容要有「人、事、時、地、物」的內容描述，然後再加上這個問題行為的「頻率與強度」，若這樣的行為出現已經有好一段時間，則可能還要將此問題行為開始發生的時間點及脈絡撰寫出來。要蒐集到這樣的具體資料，最簡單的一個方法就是請家長、老師或轉介者舉一些典型的例子來說明。

　　在此透過一些例子進行說明，當將兒童個案之問題行為描述說明的很具體時，對個案之認識及其問題脈絡的了解會更清晰。

（一）「個案有攻擊行為」

「個案有攻擊行為」這是一種「形容詞式」的描述，不夠具體明確。口語攻擊也是攻擊、身體攻擊也是攻擊，且身體攻擊的樣態是玩鬧式的打人、故意打人或是情緒失控打人，或是被攻擊後的反擊等等，這些不同樣態都屬「個案有攻擊行為」，但不同之內容代表著很不同的個案樣態。

現在試著以「具體化描述」原則來蒐集「個案有攻擊行為」的內容之後，就能更了解個案，這當然就更能正確地「概念化」個案。

「個案有攻擊行為：當有人對個案有言語攻擊時，個案就會起身用手反擊。」

上述的描述加入了「個案有攻擊行為」的情境脈絡，讓我們更清楚於此個案攻擊行為出現的原因及樣態。

接下來再請轉介者舉一個最近個案與人衝突的例子。

「據導師描述，記得是上週二，坐在個案旁邊的小明在掃地時間，喊著他的外號『阿達！不要擋到我掃地』這句話，個案就用手打了小明的右胸部，小明不甘也還手打了個案，於是兩人衝突就起來了。在學校的很多的衝突攻擊都是類似這樣。」

上述的描述內容，列舉出「個案有攻擊行為」的時間、地點、對象及強度，並且也清楚地說明資料的來源是根據導師地描述。雖然沒能描述出大概多久會發生一次的頻率，但筆者相信透過「具體化描述」原則蒐集到的資料，更能幫助了解個案的問題。

（二）偷竊行為

「導師常發現蔡生口袋有百元以上的零用錢，書包內有許多小玩具、文具等，經導師一再詢問後，蔡生坦承是偷拿同學的。」

上述有關個案「偷竊行為」的描述看似具體，但若心理師能再具體了解到發生的頻率或強度及可能發生的情境脈絡，那就更有助於對個案的了解。

「據導師描述這學期開學到四月，已經至少五次發現蔡生口袋有百元以上的零用錢，書包內有許多小玩具、文具等，導師表示很疑惑這樣的情形，在四月考完試的隔天又發現這樣的情形時，將個案找來詢問，個案坦承書包的玩具文具都是偷拿同學的。同時個案也承認前兩週的某一天很早到校，見到老師桌上有他喜歡的義賣郵票，也擅自拿走老師桌上的義賣郵票。至於百元零用錢則堅持是媽媽給的。」

通常個案的問題行為都已是持續一段時間了，所以，有關問題行為的頻率與發生時的情境脈絡的相關資料，都可以幫助更了解或理解個案的問題行為。若個案的問題行為已經持續一段時間，那也很有必要將此問題行為的情境及時間脈絡做一整理。

（三）忘記帶作業或作業沒寫完

「據導師描述個案每週都會有至少兩次沒交作業，尤其是放假後的那一天，不是沒寫就是沒寫完功課。」

上述有關個案「忘記帶作業或作業沒寫完」的描述也指出問題行

為發生的頻率及情境。「忘記帶作業或作業沒寫完」此類問題，經常都是已經持續一段時間了，因此，進一步了解此問題行為發生的時間及過程脈絡就相當重要。

「據案母表示，忘記帶作業的情形在一年級時就發生。後來每天接他放學回家時，就會在車上先檢查的他的聯絡簿與作業，有幾次沒帶作業上車，案母就要他馬上回教室拿，這樣幾次之後，忘記帶作業的情形就沒再出現。

這學期，案母開始上班後，個案都自己走路回家，這種忘記帶作業回家的情形，就又開始出現了。因為案母經常禮拜六、日都要加班，所以個案放假沒寫作業的情形就一再地發生了。」

增加了時間及過程脈絡的資料，我想心理師對個案的問題行為的了解會更精準，這也有助於心理師接下來的介入策略與目標的設定。

大家從上述的例子應該可以明白「具體化描述」個案問題行為的重要。因為兒童最重要的生活情境不外乎就是家庭與學校，因此，很鼓勵分別從家長及學校老師處，蒐集有關個案問題行為的描述，即使有些問題行為僅發生在家庭或學校，但家長或老師對問題行為的描述都很重要。

綜上，將問題行為「具體化描述」的原則歸納如下。

1. 透過邀請轉介者或相關重要他人「舉一個例子」，是一個有效將問題行為具體化的方法。

2. 「具體化描述」就是把握「人、事、時、地、物」，外加「頻率與強度」的原則。

3. 若個案的問題行為可能已經持續一段時間，那還要蒐集問題行為初次發生的時間點與過程脈絡。

4. 鼓勵從父母及老師等處多元的蒐集相關資料，資料的內容若是從

媽媽、爸爸、導師或自然科老師……得知，那就要在報告中呈現「據媽媽描述……」或「據導師描述……」。

三 背景資料

為更了解個案之問題行為，以做正確之分析診斷，我們就有必要從兒童的生態背景來做分析，以利對兒童做出正確的診斷與假設。多年實務與督導的經驗，筆者認為下述幾個向度的背景資料是必須蒐集的。

（一）成長史

個案的成長過程若屬正常發展的部分，則不必撰寫進去。但若是在其成長過程發生的特殊際遇或事件，可能影響其安全感的建立、關係的連結依附、情緒的穩定或人際互動時，都建議要把握「人、事、時、地、物」外加「頻率與強度」的原則蒐集相關資料。筆者歸納出以下幾個對兒童會有很大影響的重要的事件。

1. 搬家、轉學：搬家或轉學代表著必須離開熟悉的環境及人際，對兒童而言都是一個壓力事件。

2. 父母離婚：毋庸置疑，父母離婚對兒童當然會有很大影響。尤其是父母離婚前的衝突樣態，可能是不斷的有口語衝突、肢體衝突、分居等狀況發生。離婚後的態度若是堅決不讓孩子跟另一方見面、或是不斷訴說另一方的負面言詞，甚至是拿孩子當攻擊對方的工具…等，都會對個案產生重大的影響。

3. 父母或主要照顧者死亡：不管是何種原因導致父母或主要照顧者的死亡，對於一個成長中的兒童而言，除了是一個嚴重的悲傷失

落事件之外，更是在安全感及依附上的一個傷害。

4. 嚴重受傷或事故：舉凡車禍、火災或洪水、颱風等災難事故之外，其他諸如性侵、性騷、虐待、目睹家暴、家人自殺等事件，都會造成兒童身心嚴重創傷。

5. 轉換照顧者：兒童的依附、安全感與照顧者的穩定與品質有密切關聯。因此在兒童成長過程中，若有轉換照顧者的經驗都值得心理師進一步了解，什麼因素導致必須轉換、兒童在轉換過程的反應與適應過程、照顧者間教養態度的差異等。

6. 家庭經濟的失功能：經濟的困頓對一個家庭而言是一個重大危機，它會影響到夫妻關係、親子關係甚至這個家庭與家族間的互動等。因此，家庭經濟的失功能都有可能直接和間接影響孩子的情緒與依附關係。

　　對兒童而言，上述的每個事件都是重大事件，透過這些事件對兒童影響的了解，可以協助心理師更理解孩子的問題行為。同時，筆者多年的實務經驗也發現，這些事件常就是兒童問題行為的根源。以下試舉一些例子加以說明佐證：

1. 父母離婚、轉換照顧者、家庭經濟失功能

　　蔡生為案父的外遇非婚生子女，出生前後時期，案父開設的電子工廠倒閉，積欠龐大債務。

　　根據案大姑說法，蔡生出生後至2歲是案父自己帶，但當時案父到處打零工，孩子則常常拜託不同的朋友幫忙照顧。案父卻說個案出生後，是自己和孩子的親生母親共同養育。

　　蔡生2歲時被大姑姑帶到高雄扶養，當時幾乎每天半夜起床啼哭、伸手亂指。案大姑因工作關係，請保母24小時照顧，3歲多時就讀幼兒園。在幼兒園階段，常接到老師投訴指其在園所內難以管教的

事件。

　　從上述的描述似乎可以讓我們感受到在個案成長過程中，其遭遇的處境是「非婚生子」、「家庭經濟失功能」、「轉換照顧者」，這些都使得個案在關係上是處於一種不穩定的狀態，如此的成長經驗跟個案的問題行為都會有直接或間接的相關，這些的理解對於概念化兒童會有很大幫助。

2.　父母離婚

　　父母在個案2歲時離婚。個案每兩星期一次需要到爸爸的家過週末，每次要過去爸爸家前一晚，都會有哭鬧、無法睡眠的問題。從爸爸那兒回來過後，行為與平時有明顯的差異，不愛說話，鬧脾氣，不按平時的生活規律吃飯、洗澡、睡覺。

　　離婚後，父母依然常吵架。見面說沒幾句又吵架，其吵架的課題大多圍繞在指責對方沒有把孩子顧好。

　　從上述資料得知，個案2歲時就經歷「父母離婚」事件，又因父母離婚後仍然經常在個案面前吵架，在每兩週到案父家過週末前後，都會出現些情緒、行為上的問題，似乎都說明父母離婚事件對孩子有嚴重影響，且影響已久！若心理師進一步去了解父母自身面對離婚事件的情緒、想法，以及他們是如何因應孩子的情緒、行為問題，都可能對明白個案問題行為的真正原因有所幫助。

3.　父母離婚、有過動症

　　個案一出生即因父母離婚與案母分離，由開麵店之案祖父母照顧，案祖父母經營麵攤忙碌，個案通常是「獨玩」為主。直至案父返家，個案才有玩伴。

　　幼稚園階段，案父表示曾帶個案到醫院就診，診斷為ADHD，當

時有陪同個案上過職能治療等課程。

上小學階段，因家中餐飲生意繁忙，加上案祖母反對，故個案就醫中斷。個案在小學就已有暴衝的行為，如會突然推人、不如他意時就會大叫等，老師雖與家長反應，但案家長表示不願就醫或是接受專業服務。

從上述資料可以得知個案一出生，父母就離婚，在幼兒園階段又被診斷出有ADHD，即使在小學階段就已有一些突然推人、不如己意時就會大叫等暴衝現象，但家長似乎不願意個案就醫或接受專業服務，也因此可能對其後續發展與表現產生關鍵性的影響。

（二）家庭生活

兒童的成長必須依附在家庭，面對兒童個案不可能不蒐集「家庭生活」的資料，且此向度的資料通常是相當豐富且具關鍵影響的。

此向度的資料蒐集可以直接在與父母晤談時詢問；也可以透過個案的分享；或應用一些如「動物家庭」、「語句完成測驗」、「畫全家人共同做一件事」等測驗或活動來蒐集。

另外，這類資料分別從不同人蒐集到不同觀點的訊息都頗具意義，例如「媽媽覺得孩子太調皮，爸爸卻覺得孩子還好，是媽媽太焦慮或嚴苛」、「孩子覺得媽媽都關心弟弟，不公平，但媽媽卻覺得已經很關注孩子了」等等，這些看似不一致的訊息都吐露出更深一層的家庭動力。所以，多元蒐集相關資料是重要且必要的。

茲將有關「家庭生活」向度的幾個重要內容說明如後：

1.親子關係（管教態度）：此部分的資料是相當重要的。親方的照顧品質、管教態度對於兒童的安全感、依附關係及情緒都有深遠影響。因此，具體明確的親子關係資料，可以讓心理師更清楚了解個案問題行為更深一層的原因。在此也特別將有關「親子關係」資料蒐集

及撰寫的重要原則說明如下。

(1) 很多人在撰寫親子關係時容易寫的比較表淺，如「關係很好、緊張、偶有衝突」，或有的是寫「爸爸很嚴厲、媽媽會比較接納孩子」等，但這樣的描述並不符合筆者一直強調的「具體化描述」原則。因此，也還是鼓勵心理師要請父母者舉例描述這些「關係品質」。

(2) 親子關係此部分資料的撰寫，還可以細分父子（女）、母子（女）關係，若個案早期或目前都由祖父母等祖父輩或其他親戚等人的照顧時，也要把他們與個案的關係作具體描述。

(3) 除了整體的親子關係品質之外，具體描述親方的管教態度也是非常重要的，蒐集管教態度方面的資料時，更要詢問親方當孩子出現轉介的問題行為時，親方都是如何因應及處理的。因為父母親都很能接納孩子乖巧、聽話時的樣態，但當孩子出現轉介來的「問題行為」時，才是真正可以看到親方管教態度的品質及對孩子的影響，這可以提供心理師概念化兒童重要的訊息。

(4) 也鼓勵詢問親方之一方對於另一方管教態度的看法，因為夫妻兩人管教態度的一致與否？贊成、反對或不干涉對方的管教方式？等資料也都非常重要。

2.夫妻關係：從家庭系統的觀點來看一個家庭，無庸置疑的是「夫妻關係」對整個家庭最具關鍵影響力。夫妻雙方的年齡、工作性質、有無住在一起、婚姻狀態等資料在「家庭概況」資料中可能已經有所描述。在此可著重於「關係」及「權力」兩個向度的資料的呈現。

(1) 夫妻雙方的整體關係，彼此如何分工、有無家庭暴力事件、日常生活中誰的主導權（power）比較大。

(2) 夫妻雙方是如何面對個案的「問題行為」，彼此是合作、衝突或一方積極另一方則是消極面對。

3. 手足關係：前面基本資料中的「排行序」部分已經列舉一些樣態，指出哪些樣態對孩子可能產生的影響。此部分則是要更具體的描述手足間的互動關係。尤其是衝突、競爭的手足關係。主要有如下幾個重點：

(1) 手足間的競爭與衝突是否都與親方有關，亦即個案覺得親方是偏心、不公平等所造成的，將這樣的互動以例子做具體描述。

(2) 是否有不衝突的時候，此時又是怎樣的樣態。

(3) 親方面對手足衝突、競爭時的處理方式。

4. 家庭次系統間的結盟互動情形。從家庭系統觀的觀點認為夫妻的結盟是健康且必要的，若有母子（女）或父子（女）的跨代結盟情形發生，對整個家庭會有很負面的影響。比較常見的是某一親方會對某一孩子埋怨、訴苦另一親方，若孩子也認同接受此親方的埋怨、訴苦，這可能就形成的此親方與此孩子的跨代結盟現象，這對於夫妻關係、親子關係都有嚴重影響。其他如隔代教養家庭、三代同堂時之婆媳問題可能也會影響次系統的結盟，或使整個家庭動力更形複雜。

■ **親子關係及跨代結盟**

1. 個案與父親關係：個案與父親感情親暱、互動良好。但父親常忙著與朋友出海釣魚、賣魚。且近來沉迷賭博，幾乎天天外出不在家，花在照顧與陪伴個案的時間並不多。又案父自述因離婚而對個案心有愧疚，管教上通常以柔性勸導為主，未曾處罰過個案。

2. 主要照顧者管教態度：個案平日行為規矩，主要是案大姑管教，但多流於言語要求，個案通常都是無動於衷，且會向父親告狀。案父則認為案大姑根本不愛個案，只會碎碎念發洩其自己情緒。案父就曾因不爽案大姑管教，當著孩子的面辱罵、毆打案大姑。

上述蒐集到的是個案的家庭相關資料，從內容可以知道個案是處在一個大人間的互動為敵對衝突的家庭，個案夾在其間看似有人照

顧，但卻沒能感受到真正的陪伴與關心，大人間的衝突更讓個案感到孤獨。這些訊息都有助於心理師了解個案問題的核心原因。

（三）學校生活

　　學齡階段的兒童，除了家庭之外，影響他最大的環境就屬學校了。兒童在學校的學業成就、師生關係和同儕關係對其情緒適應及自我概念的發展都有重要影響。這些兒童在學校的相關樣態，可能是其問題行為的原因，也可能是問題行為的延伸。例如「個案覺得老師過於嚴苛或在學校被霸凌，導致其抗拒上學」，此個案的拒學可能就跟師生關係、同儕關係有直接關聯。「父母對個案的高期待，使其面對考試或學校表現時，就會非常擔心與焦慮到肚子痛」，此個案面對考試的擔心與焦慮，其實都是父母的高期待給了個案極大焦慮與壓力的延伸。

　　另外，就是「孩子的問題行為常是根源於家庭，但被擴大於學校」，意思就是說若孩子在學校的學習有得到肯定與成就感，或是被老師、同學接納，那他原有的問題行為就可能得到緩解或改善。反之，很多孩子因在成長過程或家庭因素所造成的問題行為，會因為在學校學習的挫折，或在人際上沒被接納，甚至是受到老師或同學的拒絕、責罵與排擠，那孩子的問題行為通常就會變得更嚴重或擴大。

　　茲將「學校生活」此向度的幾個重要內容說明如後：

　　1.師生關係：在小學、幼兒園階段，班級的導師或導師對個案的整體評價及問題行為的接納度至關重要。尤其從艾瑞克森的心理社會發展論得知，4至6歲學齡前階段的兒童，其發展的任務與危機就是自動自發（主動）與退縮愧疚（罪惡感），6至11歲小學階段的兒童，其發展任務與危機是勤奮進取與自貶自卑。由此可知，兒童在幼兒園及小學階段，若能發展出良好的師生關係，將有助於培養兒童成

爲一個主動積極、具好奇心、有責任感及勤奮進取的孩子。有關師生關係的資料可以從以下幾個層面來蒐集。

(1) 對個案的整體感受：亦即學校老師對個案的整體感受。這不僅只針對個案問題行爲的評價，更包括對個案這個人整體的感覺爲何？

■ 導師對個案的整體感受

導師於個案中年級時，開始接案生班級，對於個案有一種說不出來的感覺，感覺個案好像處在自我的世界裡，上課有些怪異動作，或是私自拼湊東西，需要師長多加提醒。原來個案的座位是靠近窗邊，這學期開始以梅花座包圍，希望降低個案獨處在自己世界的時間，但觀察個案仍還是有大部分時間處在自己的世界。

上述導師對個案的感受是可以協助心理師了解到個案在平時給人的感受，「一種說不出來的感覺」，或許心理師與導師一起合作，就可能拼湊出比較清晰的個案圖像，大家就可以更具體有效地協助個案。

(2) 對個案問題行爲的接納度與因應方式：例如班上有過動症的個案，導師了解過動症兒童的特徵嗎？他們可以接受個案因過動症而出現的一些行爲嗎？或還是以一般的標準來要求個案呢？又當個案出現問題行爲時，導師是如何因應呢？上述相關資料的蒐集是非常重要的，這對「概念化」個案非常有幫助。

■ 導師對個案問題行爲的接納程度與因應方式

目前導師對個案印象尚好，從導師的描述中，個案上課愛講話，常口不擇言，生活散漫，容易忘東少西，行爲錯誤時會不承認且對老師的指責回嘴，直到要告知家長時，個案才願意承認錯誤等。但導師（國文老師）交待的作業，或該背的書及功課均會盡力做完，社會科老師描述雖有時功課會慢交，後續也一定會繳交。導師認爲目前個案

的表現算是很不錯的了。導師比較在意的是看到個案手臂上自殘的痕跡，導師與個案談過，個案說是心情不好，那沒有什麼。但導師還是覺得個案內心有些事情。

由上述的導師描述內容就可以知道，這位導師對個案的接納度是夠的，而且是關心個案更深層的議題，而不只是在乎或生氣於個案平日表現出來的調皮搗蛋的行為。

(3) 蒐集其他授課老師或以前教過個案的老師有關上述兩項相關資料。因為不同老師對學生要求的寬鬆程度是有差異的，例如有的老師作業要求就是有寫即可，但也有的老師就是還要求字體整齊、本子清潔等，其他諸如上課專心、有禮貌、教室整齊、考試成績等的標準也都會有差異。因此，就可能出現以下這兩種現象。

第一個是某學生在A老師眼中是「不努力、敷衍、散漫的學生……」，但在B老師眼中就「雖不是很認真，但該做的事情也都會做，表現還好」。所以，A老師就會覺得此學生需要家長好好教導或輔導。

第二個現象就是某類學生在A老師當導師的那幾年，上學時都充滿壓力與焦慮。但也有某類學生在A老師當導師時，生活、學習就都很有規範。同樣地，某類學生在B老師當導師的時候，其情緒狀態就一切正常，但也有學生就真的是散散漫漫、敷衍不專心。這說明一件很重要的事情，就是轉介到你前面的個案，真正的問題關鍵不完全是在個案自身，而有很大的因素是在學校的導師。

■ 不同學校、不同導師的管教差異

在晤談中，個案描述原學校老師不太管學生，例如學生會群聚在校園某處吸菸，有些老師知道或經過看到，但也默許不管。在學校的一些不良行為，例如：上課的態度或秩序不佳，老師也幾乎不太管

（或管不動）。但轉到這所新學校，學校老師、主任管的很多，常有被記警告的威脅，又有髮禁，讓個案覺得很不開心。

上述描述知道個案感受到新學校管理比較嚴格，他似乎是不喜歡有被記警告的威脅，所以是否也表示這些管理與規範對個案仍是有影響力的，或許心理師可以進一步了解。

2.同儕關係：在小學階段兒童的同儕關係品質，多半都是其問題行為的反應或結果。例如「個案在校被同儕排擠」、「個案在校會跟同學衝突」、「個案在校都是孤單一人，也不與人互動」等，這些都是個案呈現出來的問題行為，而不是真正的問題根源。在此歸納一般轉介來的學生在校與同儕關係大概呈現以下幾種樣態。

(1) 個案是帶頭者：多數是非正式領導者，會帶著起鬨、瞎鬧的領導者。

(2) 個案有少數朋友：這種僅有少數朋友的個案，又有兩種常見的樣態，一種就是個案所謂的朋友僅是會和他們講話、互動的同學，他就稱之為朋友。另一種則是這些個案所謂的朋友，不是目前同一班的朋友，而是過去的同班同學，或是目前安親班的同學。

(3) 個案在班上被忽略：這類兒童經常出現焦慮、緊張、退縮的樣態，另外一類則是在人際溝通互動上有障礙的特殊兒童。基本上，班上同學或許並沒有排擠或攻擊這類個案，但也因為受個案本身問題之影響，而使得同學不會邀請個案參與活動，長期下來，也就很自然地忽略個案的存在。

(4) 個案在班上被排斥：個案的某些行為是不被班上同學接受導致被排擠。有些個案幾乎是被全班同學排擠，沒有人願意跟他同組，甚至是坐在僅有自己一個人的位置。有些則是被部分特定同學排擠，尤其到小學中、高年級以上時，有時因為同儕競爭、同儕壓力，導致個案被排擠，但其原因可能是個案表現過於優秀、突出或個案是班上幹部，因為管理同學而被部分同學排擠。另外，有關個案被排擠的現

象，也需要進一步了解個案被排擠的嚴重程度是否已達被霸凌的現象。

(5) 個案在班上攻擊同儕或破壞規則：亦即個案會對同學有口頭或身體上的攻擊現象，或是故意破壞規則導致活動無法進行，例如打籃球過程，個案就是霸著球不給別人。此點和前述第4點的樣態恰恰相反，但也經常是此兩種現象都交互發生，而呈現個案會攻擊同學、同學有時會反擊，更多時候是排擠個案的。

■ **同儕關係**

個案自述很喜歡與同學們玩，覺得到學校上課，就是要能與同學玩，但又因容易和同學吵架，所以，經常只有一位比較要好的同學，小三時是小A、小四時是小B、小五是小C。升上五年級，因學校重新編班且部分科目抽離至資源班上課，個案與班上同學的相處時間少，其與小C的關係時近時遠，在班上已成為近似被忽視的兒童。

從上述的描述內容知道個案是喜歡或期待能與同學遊戲互動的，但目前在這個班似乎是比較孤單、被忽視的。

3.學業表現：個案學業表現的狀況及對課業學習的態度，多數也都是其問題行為的反應或結果。學業表現結果不會是個案的問題根源，而是關注個案自身或父母親面對學業表現結果的態度與反應。至於個案課業學習的態度是過度在乎、追求好成績、好的表現或是呈現抗拒學習或是散漫無法專注於學習等，這些可能都是個案問題行為的反應與表現。由此進一步去了解父母是如何因應個案的學習態度，則可能再發現更多重要資料。

（四）各種測驗結果

　　客觀具體的測驗結果不僅可以幫心理師更了解個案之外，也可以讓個案周邊的重要他人較有共識，而不是只憑自己的主觀感受來評述個案及個案的行為。近年來特殊兒童被轉介出來做輔導諮商的情形也很普遍，因此許多醫療機構的臨床診斷報告，就是很重要且要蒐集到的資料。

　　每位心理師也都要學習利用測驗工具評估兒童的狀況，除了有限的標準化測驗外，最經常會用到還是一些投射測驗。因此在此簡要介紹一些運用投射測驗時應有的認識：

1. 心理計量的性質都很低，它經常沒有很多的題數、施測人數及施測時間也沒有一定限制，因此它可適用在不同水準、不同困擾的人身上，但投射測驗評估出來的信效度也就比較低。因此，測驗結果的解釋要比較保守一點，仍須靠其他的方法、工具協助評估、確認。

2. 必須是多重特質－多重模式的情境下使用，及要有不同、多元的評估方法。

3. 投射測驗的型態大致上有下述幾種：

　　(1) 口語－操作：這類型的投射測驗會有一個口語化的指導語，受測者是以一種操作化的反應來呈現結果，如畫人測驗。施測過程經常會配合一些口語的詢問，以畫人測驗為例，施測者會詢問受測者，圖中人的性別、年齡、現在的心情，喜不喜歡他等問題。

　　(2) 口語、文字－口語、文字：這類型的投射測驗指的是呈現不完整口語或文字語句，然後請受測者完成，例如語句完成測驗。

　　(3) 圖片－口語：這類型的投射測驗由施測者展示一些事先設計好的圖片，然後問一些問題請受測者回答。如主題統覺測驗、圖

卡編故事。

本書主要是要探討「個案報告與個案概念化」，因此當進行了四次以上的遊戲單元之後，所進行的量表測驗結果可能更適合用於檢視遊戲治療的成效。若主要是想對個案進行概念化，則建議要蒐集遊戲治療介入之前或前四次遊戲單元所進行的測驗結果。

通常在個案報告主文中，就是呈現測驗的結果及做摘要說明。至於個案測驗的原始資料可以列在附件即可。

「貝克兒童及青少年量表」

分量表	T score	質性解釋
自我概念	46	平均
焦慮	63	輕度
憂鬱	66	中度
憤怒	65	中度
違規行為	51	平均

根據個案的 T score 及在各題題項的反應結果歸納說明如下：自我概念與一般同儕相當。焦慮程度上有輕度困擾，個案呈現總是害怕做錯事、總是害怕會受到傷害、常想到可怕的事情、常常擔心別人可能捉弄自己、擔心未來、心跳激烈。憂鬱程度上有中度困擾，總是感到寂寞、總是肚子痛、內心空虛、感到未來很糟。憤怒狀態上有中度困擾，生氣時很難平靜，總覺得有人要欺騙自己、常覺得別人要傷害我、常覺得老天對自己不公平、常討厭聽別人說話。違規行為量尺與同儕相當。

■ **貝克憂鬱量表**

個案得分26，約屬中度憂鬱狀態。內容包括：大部分時間感到

悲傷、比以往更沮喪、更煩躁易怒、回顧過去有許多失敗、不再認為自己有價值、非常疲勞、坐立不安、對自己感到失望、食慾比以前差、睡得更多、比以前難專注。

四　分析與診斷

　　兒童諮商或遊戲治療的過程也是一個持續分析、診斷的過程，心理師要能整合兒童的基本資料、問題行為概述、背景資料和撰寫個案報告前介入過程等的資料，然後要能形成概念化，並據以提出分析診斷，過程中有可能會因為一些新的資料或發現而做出新的分析診斷，但期待都能在前四次的遊戲單元中確認個案的分析診斷。

　　要能有效且逐步精進自身概念化的能力就是要有一個核心的理論、理念為基礎及架構，本書就以結構式遊戲治療的理念為基礎，並從「緊與鬆」和「自主與親密」兩向度建構出一個概念化兒童的架構，以此架構將兒童分成「王妃公主型」、「孫悟空型」、「孤雛淚型」和「含羞草型」等四類兒童，其中每個類型又各細分出兩種亞型。

　　依附關係、客體關係理論是結構式遊戲治療的重要理念基礎，因此除了以上述架構來概念化兒童之外，也特別會關注親子間的關係、依附的品質與狀態。又因兒童正處在一個身心持續發展的過程，其在發展過程是否有特殊際遇，如被虐待、目睹家暴、重大意外傷害等創傷事件，或其本身有一些特殊的臨床症狀等，都是概念化兒童過程分析及蒐集資料的重要依據。

　　綜上，概念化兒童的過程，就是根據本書前面提到的基本資料、背景資料、各種測驗結果的內容來蒐集資料。然後從(1)「緊與鬆」和「自主與親密」所建構出來的架構作為分析的重要依據。(2)從依

附理論、客體關係理論來了解親子間的依附關係與樣態，及其教養方式對個案問題行為的可能影響。(3)也確認個案是否有遭遇過一些特殊際遇，導致兒童內在心靈有創傷。(4)兒童本身是否具有臨床的特殊診斷等四點來進行分析與診斷。

（一）四象限分析架構及四大類型個案

結構式遊戲心理師在概念化兒童的過程會運用一個四象限的架構進行評估。這個四象限評估架構是由一橫軸、一縱軸與中心圓圈所構成，橫軸表示外顯行為向度，分為鬆與緊兩種狀態，「鬆」與「緊」源自於心理師對兒童外顯情緒、認知與行為的觀察，外顯行為被歸類為「鬆」的兒童，表示其在行為、感覺與想法上有較多衝動性的表達，較少體會他人的感受，較易出現散漫、不守規矩、忘東忘西、調皮捉弄他人等情形。而外顯行為被歸類為「緊」的兒童，顯示其在行為、想法與感受上較容易表現出拘謹的特質，較容易感到緊張、退縮、害怕、擔心，難以表達自己的感受與想法（陳信昭、陳碧玲譯，2000；鄭如安，2008）。

縱軸表示外顯行為背後的需求向度，分為「自主」與「親密」兩種心理需求。診斷自主需求明顯的孩子，表示其在過去家庭中可能過度擁有或缺乏自主與選擇權，導致兒童出現不遵守規範或過度拘謹的表現；而診斷親密需求明顯的孩子，則是在過去缺乏被肯定、陪伴與照顧的經驗，因此期待有人給予注意與肯定，導致兒童會出現刻意引起注意、關愛的行為或過度依賴的傾向（陳信昭、陳碧玲譯，2000）。結構式遊戲心理師就是根據蒐集來的資料，以此架構進行分析診斷，當可以明確理解個案的問題行為的樣態，同時又能確定個案的問題行為是要滿足親密需求或自主需求時，就能確認兒童是屬於哪種類型的個案。

　　實際分析過程會遇到外在看似「鬆」，其實內在是很「緊」的樣態，例如不上學、上課寫作業都不專心、不寫功課等行為看似「鬆」，卻發現某些個案內在卻是有很大壓力或焦慮的，個案其實是處在一種「緊」的狀態。另外，個案到底是在渴望親密或自主心理需求呢？也是很容易讓人霧裡看花搞不清楚！例如一個手足競爭嚴重的個案，表現出抗拒、不聽話、什麼都要依他意見才可以的樣態，此個案的表現好像他很需要很多的「自主」，當從各項資料抽絲剝繭地了解整個脈絡之後，卻發現此個案其實是非常渴望「親密」心理需求，但因為他一直挫敗於沒能從父母處得到關注關愛，於是就轉為表現出「什麼都要依他意見才可以的」自主樣態。

　　總之，結構式遊戲治療提出這個四象限兒童分析架構，讓心理師可以有個依據與架構，接下來就是要以本書前面所介紹的個案報告向度來蒐集各向度的資料，讓心理師在個案的環境脈絡看個案的問題。實際分析過程則是要依此四象限架構，搭配依附理論、客體關係理論以了解親子間的依附關係與樣態。確認個案是否有遭遇過一些特殊際遇，導致兒童內在心靈有創傷。最後還要了解兒童本身是否具有臨床的特殊診斷等來進行分析與診斷。結構式遊戲治療的分析診斷是在協助心理師了解個案，絕不是在「標籤化」個案。

　　接下來就來介紹這個四象限架構圖，以及四大類型的兒童。圖一中間圓圈範圍代表的是鬆與緊、自主與親密需求的正常範圍，每位兒童都具有上述的特質與需求，因此治療的目標就是協助兒童調整上述特質與需求以接近正常範圍，正常範圍顯示兒童能以有彈性的方式展現自己的特質與表達自己的需求。個案的樣態越是在四象限的極端就表示問題越嚴重。

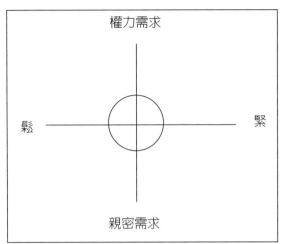

圖一　結構式遊戲治療四象限評估圖（資料來源：鄭如安，2015）

結構式遊戲治療根據此四象限評估圖提出四種類型的兒童，分別取名為：王妃公主型、孫悟空型、孤雛淚型和含羞草型。筆者根據這幾年累積的督導與實務經驗發現，又可更細緻的將每個類型再分成兩個亞型，因此就從四種類型變成八種類型。茲介紹如下。

1.王妃公主型：皇室貴族的王妃、公主是大家稱羨的對象，但也因為如此，每位王妃、公主都要以最完美的形象呈現在眾人面前，她的舉手投足、一顰一笑、穿著打扮都必須雍容華貴、氣質高雅。每位王妃、公主的衣著、講話時的表情、上下汽車的姿勢等等，都是有規定及被反覆指導要求過的，不是想笑就笑、想吃就吃、想坐就大剌剌的坐下，他們沒有權力隨自己的意願做，因為他們是王妃、是公主。試想在這樣的環境中長期生活，最後會成為一個怎樣的人？日本雅子妃、英國戴安娜王妃都被報導曾罹患憂鬱症，我想這和他們缺乏自主、自由決定有密切關係。因此王妃公主型的個案多半是呈現過度拘謹、追求完美、容易焦慮、不敢做決定，退縮、沒有自信等行為。他們不是在追求權力，他們是已經被訓練的不曉得自己可以有權力，面

對這類型的個案，心理師就是要鼓勵他們做決定，透過遊戲活動或某些媒材讓他們釋放壓力及做決定，例如指畫、撕紙畫、黏土等，就是要他們釋放的活動。

這類型的個案又可以細分如下兩型。

(1) 追求完美型：所謂追求完美型就是每件事情都要做到盡善盡美，不能有瑕疵、不能有錯誤，例如字要寫得很整齊，本子要保持的很乾淨、玩具要排得很整齊、玩完一定要收回去、他們的穿著都是很得體、很端莊，他們經常在很多小細節上著墨很多，這類的個案經常因為對自己的要求高，而導致比別人有更大的壓力，情緒可能經常處在緊張、焦慮、擔心或害怕的狀態。

(2) 等待指令型：這類的個案特別的服從、聽話、每做一件事前，都一定要經過許可，不敢擅自作主。在遊戲單元中，其實已經告知這邊的玩具他都可以玩，他還是會很有禮貌的詢問，經過同意他才敢去玩，甚至他都覺得一定要經過家長的口頭同意，他才可以去玩。這類的個案呈現出非常的拘謹、緊張、不知所措的狀態。他們之所以不敢做，常是因為他們覺得自己沒有資格、沒有權力做決定，他就是要聽話。

2. 孫悟空型：孫悟空的故事大家都聽過，他行為囂張、大鬧天庭與海龍宮等，只因他覺得自己很有能力，應該給他一個官位與權力。後來還是因為如來佛的五指山及頭上的金箍將他限制住，他才逐漸的改變與調整。要了解這類型的個案其實不難，他們就是那種不遵守規範、挑戰權威、調皮搗蛋、欺負同學等類型的個案，他們之所以會如此有兩種可能，第一種是他已經習慣當老大，因為被家人過度嬌縱、寵壞，他是家裡的小霸王，到了學校還是要當小霸王。另外一種則是被過度壓抑及限制的個案，在離開了權威者的範圍之後，就變得調皮搗蛋，就好像沒有五指山壓住的孫悟空，成為一隻「潑猴」。這類型的個案多半是在家庭中有一位極權威的照顧者或是施暴者。面對這類

型的個案，心理師就是要讓他們在規則、規範中享受及擁有權力，透過結構性、有規則的遊戲活動與他們互動，並且在他們遵守規則遊戲之後，加以肯定鼓勵，例如結構性的棋奕遊戲、任何有比賽規則的遊戲。心理師在遊戲過程中溫和堅定的確定好規則就很重要。

關於孫悟空型所細分的兩種類型兒童說明如下。

(1) 賴皮卸責型：這類的個案不會在行為上跟權威者對立反抗，但他經常就是不願意對自己該負責的行為負起責任，甚至會賴皮推卸責任，常會用一種我很累了、我睏了、我不會、我就是不會嘛！你幫我、你就是應該要幫我等方式推託甚至賴皮。這類的個案多半都是被寵壞的孩子，或是前述家中的小霸王。在成長過程中，因為照顧者過度的寵愛、包庇，導致他們經常沒有為自己的行為負起責任，加上照顧者可能也經常地替個案做了孩子該負責任的事情。這類的個案若是面對他喜歡做的事，他就會很樂意地去做，但若是他不喜歡做得事情，就找很多的理由來推卸責任，或伴隨著生氣、憤怒、可憐、難過的情緒狀態。總之，他們就是一個被寵壞的小孩或是家中的小霸王。

(2) 對立反抗型：這類的個案就是呈現出衝突、對立、抗拒，甚至會有暴力的行為，他們想要做什麼就要去做什麼，不在乎家長、老師的界線、規則跟規定。所以，這類個案經常跟同儕、照顧者、管理者出現衝突對立的互動。筆者多年的實務經驗發現這種「對立反抗」型的個案，其形成的脈絡原因有兩種，第一種多半就是在個案年幼時，是屬於前面那種「賴皮卸責」型的個案，若家長一直沒有讓他們學會為自己行為負責任，而是讓他一直賴皮賴皮，那隨著年齡的增長，這類的個案就會從賴皮不負責任，進而在他的價值觀形成「幫他是應該的！他想要做什麼就可以做什麼！反正有人會處理善後」，又因隨著個案年紀增長，個案自主的需求也越來越強烈時，他就從賴皮卸責演變成對立、反抗的行為。第二種就是所謂的壓抑型的個案，這類孩子的生活中，經常是有一個非常嚴格，甚至會虐待他們的照顧

者，導致這類的孩子在施暴者或嚴格的照顧者前，他們是非常壓抑且充滿了恐懼、害怕的情緒，但當他一離開這位嚴格的施暴者，他會把所壓抑的情緒發洩出來，而其發洩的方式就是以衝突、抗拒、對立等行為，呈現在其他的環境脈絡及相關人員的互動上。所以，這類的個案的對立反抗行為，其實是他們內在受傷的一種呈現方式。

「賴皮卸責」型跟「對立反抗」型的個案，通常會隨著年紀增長而越來越惡化，因為他們本身自主需求的需求程度增大了，導致為了滿足內心的自主需求而更容易呈現出對立反抗的行為。因此，面對有關外顯行為是對立反抗的個案，心理師要很細膩的去了解他們的成長過程、家長教養態度與環境脈絡。

3. **孤雛淚型**：每個人可能也都看過孤雛淚的故事或電影，劇中的那些孤兒沒有被充分的照顧，也沒受到良好的教育，甚至有的孤兒就淪為小偷。有的則是因為父母離異、父母過世、或者是單親後母親再嫁（或同居）、父親再娶（或同居）等產生新的家庭結構後，個案無法適應新的家庭結構、家庭動力，或是在這新的家庭結構中被忽略或被虐待等，有的則是個案內在的抗拒、防衛新的家庭成員等因素，使得他們的行為開始出現脫序偏差的行為（鬆）。這類型個案的脫序偏差行為背後的原因，其實都跟親密需求有很大的關聯，心理師有必要了解兒童跟原生父母間的親密關係及互動如何？跟重組家庭中的繼父、繼母親密關係的建立又有何問題？在此建議心理師透過滋養、撫育的遊戲活動建構一個夠好且穩定的輔導關係為基礎，然後再進一步處理他跟家庭親密關係的議題。另外一種就是媽媽產下一個弟弟或妹妹之後，使得個案本身不再是全家人關注的焦點，個案出現要引起注意的退化行為或不聽話的行為，心理師面對這類型個案的介入，就可能是要進行親職諮詢，協助個案的父母多關心兒童。

關於孤雛淚型所細分的兩種類型兒童說明如下。

(1) 渴望關注型：此類型的個案呈現出來的行表現，都沒有很遵

守規則、規矩。但他們比較沒有出現對立、攻擊、抗拒等行為，這類型個案的成因常常跟家庭結構有很大的關聯。渴望關注型的個案，就是那種覺得自己在家裡，總是是被忽略的、被孤立的，他們之所以會有不聽話、不遵守規則與規矩的行為，其實是在表達他渴望被關注、被看到，這類的個案有時也會表現出幼稚或退化的行為，也經常會抱怨爸媽偏心、不愛我，嚴重的就會呈現出類似自暴自棄的行為。其實這些都是在告訴照顧者他渴望被關注。

(2) 鬆垮懶散型：這類型的個案也跟家庭的結構有很大的關聯，例如爸媽的工作是擺夜市的或者是輪班的，導致孩子的上學、放學、功課及老師交代的事情等等，家長都無暇去關注到，導致個案的某些行為就顯得不夠配合，經常是拖拖拉拉、丟三落四、好像是螺絲鬆掉了的一個很鬆散的孩子。面對這類型的個案，其實只要能夠有效地協助他遵守界線，確實地執行各種規則、規定的要求，孩子的轉變與進步就會很明顯。

由上可知，這兩類型的個案，一種是渴望被關注、另一種是欠缺正向的關注與照顧而導致的，我們只要能夠具體明確的讓個案感受到被關注，協助其執行界線規則的要求，個案就會有明顯的轉變。

4.含羞草型：每個人都知道只要一碰含羞草，它就立刻縮起來。在班級中的確也常看到一些害羞、缺乏自信、易焦慮甚至退縮的兒童，他們常是「我不知道、我不會、我不行……」等低自我概念，或是「我會害怕、我不敢、我好緊張……」等焦慮的反應，嚴重一點的就會出現人際焦慮、人際孤立，甚至畏懼上學。另外一種典型就是兒童突然將自己封閉起來、或是避談某些事件，例如一位活潑的兒童突然變的不愛說話，也失去昔日的活潑，原來是因為父母親正準備離婚。也有的兒童會刻意不談某些人或事件，例如不願多談我的媽媽、我的爸爸或是我的妹妹等。這類型的個案基本上都是需要關心與關愛的陪伴經驗，心理師要能同理與了解到他們內在真正的需求與心情，

然後給予大量的肯定與鼓勵，創造一些成功的經驗，提升他們的自尊、自我概念。也要在輔導過程中創造一些好的客體，以及可以用感官感受到的「好的回憶」等活動。

關於含羞草型所細分的兩種類型個案說明如下。

(1) 退縮焦慮型：這類型個案經常伴隨著焦慮、緊張、害怕的情緒，之所以會這樣子可能是在成長過程中，不斷地被否定、被責罵，甚至被虐待而導致個案很沒有安全感，因為沒有安全感，導致個案在情緒上、行為上表現出退縮沒自信的樣態。在暴力家庭中成長的孩子，有部分的孩子會變成對立反抗型的個案，有的孩子則會變成退縮沒自信的個案。有時退縮沒自信的個案外在行為不會顯得很膽小退縮，但他經常的特別注意到周遭環境一些權威者的表情、態度，當他感受到權威者可能不開心、不高興或生氣時，他們就會顯得非常的退縮。總之，這類型的個案退縮沒自信的根源就是內在充滿了不安全感。

(2) 自我封閉型：另外一種含羞草型的個案，筆者稱之為自我封閉性。這類型的個案多半都是在生活中遇到了一些重要的事件，這重要事件導致他一時無法承受、無法接受或無法適應，於是就採用了退縮、封閉、逃避的機制，例如面對重大的地震、風災、車禍或重要親人的過世等等事件之後，這類型的個案會把自己的感受、心情關閉起來，也不跟人互動，這也就是筆者所說的自我封閉型。這類的個案也跟安全感、依附受到破壞有很大的關聯。但這類個案通常是因為該特殊事件所導致的，因此，如果能夠有效地讓孩子把這個事件所帶來的情緒及衝擊，有效地紓解之後，對他們會有很大的幫助。

上述所歸納出八種類型的個案，目的絕不是在對號入座地給予個案一個「標籤」，而是希望透過這個分析架構協助心理師能更深入的了解個案行為背後的原因。在遊戲治療實務上也發現，有些個案是很典型的屬於某種類型的個案，但有更多的個案是很難可以歸到某一個

類型個案，他可能同時兼具兩種類型的樣態；或雖同是屬於某一相同類型個案，但其內在的需求或問題行為形成的脈絡仍可能是很不同的。而這也正是撰寫本書及提出此八種類型個案的重要目的，期待透過這樣的分析架構來協助心理師更能了解個案、認識個案，而不僅只是關注其問題行為。

（二）如何做好有效的分析診斷

前述四項的分析架構，是讓心理師在概念化兒童之過程有個理念依據，進而更了解兒童及其問題行為的原因，並不是在標籤化兒童。而要讓這個架構發揮功能，亦即能有效的進行分析診斷，那就要把握以下幾個要點來蒐集及分析兒童的資料。

1.具體化描述個案的問題行為樣態。這樣有助於分析個案的問題行為是屬「緊」或「鬆」的樣態之外，更可以協助心理師在環境脈絡下看孩子的問題行為，有助於心理師對兒童行為的了解及做出正確的分析診斷。

■ 衝突的人際關係

據導師描述，當老師或同學叫醒王生，他會突然站起來狠狠打對方的頭，有些同學會不知所措地跑走，有些同學會不甘示弱地用拳頭揍回去。當王生想參與課堂時，沒有同學要理他。例如體育課玩躲避球，沒有人想和王生一組，王生此時會惱羞成怒，直接衝入場內把球拿走，由他丟球。這時同學們會衝上去搶球，大家扭打成一團。

從上述個案的「突然站起來狠狠打對方的頭」、「王生此時會惱羞成怒，直接衝入場內把球拿走」等行為，可以很明顯的判斷這是屬於「鬆」的樣態。又因為是具體化描述個案的問題行為，也讓心理師在兒童的環境脈絡下看到他的「衝突的人際關係」樣態，這對於兒童

的分析診斷有很大的幫助。

■ 情緒容易緊張

個案對不熟悉的人沒有互動，表哥，表姊，表弟到家裡來玩時，個案也只是在一旁觀察，較少和大家一起玩。緊張時，會哭找媽媽。在家時，如果遇到困難或挫折，會自言自語，媽媽形容為「自己對話，自我安慰」，需用較長的時間來接受身邊的大人，包括每個週末都到外婆家，都會見到外婆、舅舅和舅媽。據舅媽的轉述，個案至最近才願意在舅媽的邀請下，靠近舅媽，讓舅媽抱抱。

從上述「個案對不熟悉的人沒有互動」、「需用較長的時間來接受身邊的大人」的樣態，可以推斷個案是屬於「緊」的樣態，同時「緊張時，會哭找媽媽」，似乎也感受到兒童的不安全感。若再加上兒童其他的背景資料，都可以協助心理師做出精準的分析診斷。

從上述兩個例子可以發現，當心理師將個案「衝突的人際關係」或「情緒容易緊張」問題行為具體描述之後，可以讓心理師在個案的環境脈絡下看個案的問題，不僅可以協助分析是屬於「緊」或「鬆」的問題行為，也可以更清楚問題行為的脈絡。這都有助於正確分析診斷兒童問題行為，也就是正確「概念化」兒童。

2. 了解個案問題行為背後的心理需求為何？

在個案的環境脈絡了解其問題行為之後，更重要的關鍵是要理解個案這些問題行為是想要滿足哪種的心理需求？或是他的依附關係是否有受到嚴重傷害？或是他有經歷過一些特述際遇，導致其心理受創呢？

(1) 家庭生活向度的親子關係、父母的管教態度經常對個案的問題行為有關鍵影響，這些資料也可以讓心理師了解個案在依附品質或連結上，是否有負向的經驗及其影響？多數個案的問題行為可以從家庭生活向度的背景資料一窺究竟。

以下是一個小學二年級的女生的例子：

家庭概況：據案母說案父是商人，常忙於工作和出國洽公，所以大部分時間都是案母照料個案。案母也有上班，不過，工作時間比較有彈性。個案的2歲弟弟從出世開始到快要2歲時，是由保母日夜的照顧。案母會在星期五接弟弟回家住，然後星期天再把弟弟送回保母家。週末案母就忙於照顧弟弟，沒時間陪個案玩。因此，星期一至四都只有個案和父母一起住。弟弟滿2歲後，就被案母接回家，由自己和幫傭照顧。

■ 個案問題行為

每個星期一去安親班和學校都哭鬧

根據案母描述，個案從一年級開始每個星期一就哭鬧著不肯去安親班和學校。在其他天，她則正常到安親班和學校，沒有哭鬧。星期一哭鬧的情況一直持續至今，已經快一年半之久。

情緒壓抑

老師告訴案母個案每天在學校都不開心，常說肚子痛。今年她已經四次因為肚子疼而沒有去上課。

案母描述個案還常說「死了算了！」她過著不開心的生活，經常情緒低落。案母描述個案會常打自己的頭說自己很笨。在個案所畫的圖畫呈現畫中人物被殺死，餵畫中人物吃大便和喝小便等內容。

從上述問題行為的描述得知，「哭鬧不肯去學校及安親班」尚無法確定是緊或鬆的行為樣態，但從第二點「個案每天在學校都不開心，常說肚子痛」、「案母描述個案還常說死了算了，她過著不開心的生活，經常情緒低落。」大致可以判斷應屬於「緊」的行為樣態，且一個小學二年級的女生就會常說「死了算了」，這句話的情緒強度是很強烈的，一個學校適應困難的孩子，不一定會說出這樣強烈的口語，因此，有關親子互動及親子關係的樣態就很值得進一步去了解。

■ 個案親子關係

案母分享到如果週五到週日，她接兒子回家後，基本上她大部分的專注力都在兒子身上，很難有精力再去理會個案。案母工作雖有彈性，但週一到週五兒子不在家，他就把握時間投入於工作，因此甚少和個案有互動或玩遊戲。案母如有陪伴，大都是任務導向，多數都是做家務和做功課。個案曾經分享案母會要求個案做家務，如果個案不做，案母會告訴個案：「那你就別住在這間骯髒的家，你搬出去住。」

案母面對個案星期一的哭鬧情形，一開始也是盡力安撫，但一直不見效果，有時也會生氣，罵他「不乖、媽媽不喜歡你」、「這樣放學時，媽媽就不來接妳回家」，結果個案更是大哭。後來就索性不理會直接拉著她帶進安親班，當作沒聽到她在哭。

由上述母親管教態度，尤其是面對個案哭鬧不上學行為的因應方式，可以讓我們對個案問題行為及深層的心理狀態有更進一步的了解。亦即加上「個案親子關係」的資料之後，似乎就可以做出一個初步的分析診斷。

■ 分析診斷

案母面對個案星期一上安親班哭鬧行為的處理方式，從安撫、生氣的責罵、目前大多數都是採取忽略「索性不理會直接拉著她帶進安親班」方式因應，又在當案母生氣時，有時會說「不乖、媽媽不喜歡你」、「這樣放學時，媽媽就不來接妳回家」等氣話，這些都更增加了孩子的不安全感及覺得自己是被忽略的、不被父母看重的。這也說明個案哭鬧行為為何不會緩解或改善，而有「死了算了」的口語內容，可能就是個案覺得自己在父母的眼中是不重要的，或是想要得到關注的一種強烈情緒反應。

從上述分析也就可以理解個案為什麼「每天在學校都不開心，常

說肚子痛」、常說「死了算了」。心理師面對此個案時，就更要關注個案長期處在一種不安全感、無奈、孤單的狀態。而能做出這樣的分析診斷就是除了問題行為的描述很符合「具體化」原則之外，更從親子關係中的案母管教方式可以更深入的了解個案的心理狀態。

(2) 成長過程中，有些遭遇可能會讓孩子產生創傷經驗，這樣的經驗對孩子的情緒、行為、人際都會有很大的影響，所以，若有這樣的經驗都必須更進一步的了解此經驗對個案問題行為的影響，有時個案的問題行為就是被此經驗干擾，而非僅是在追求親密或自主心理需求。前述「每個星期一去安親班和學校都哭鬧」案例中的個案，母親的管教態度及言語其實也已經對個案造成心理的不安全感與創傷。

以下是一個小學三年級女生的案例：

家庭概況：個案與案父母三人住在一個公寓。白天父母上班，個案沒上課時由外公外婆看顧，父母下班後才接其回家。案父是貨車司機，收入不穩定；媽媽是辦公室主任，收入比爸爸高。

■ 問題行為

拒絕上學：根據案母描述一月份開學一個禮拜後，個案考英語聽寫時偷看抽屜裡的答案，被老師發現，老師為了懲罰她，以及警惕學生們，就將個案的桌子倒轉放，抽屜向外。這件事後個案就開始哭說不要上學。每天早上準備出門上學前就開始嚎哭，甚至嘔吐。到了校門口更放聲大哭，拒絕進入課室。

案母表示，個案本來就愛哭，但可以很快停止。自聽寫考試偷看的事件發生後，在學校哭的次數增加了，而且哭得更久更大聲，有時會哭上一小時至二小時，大大影響到其他同學上課。

從個案的問題行為脈絡可以了解，個案老師的處罰方式對個案有嚴重的影響，從個案「每天早上準備出門上學前就開始嚎哭，甚至嘔

吐。到了校門口更放聲大哭，拒絕進入課室」的行為樣態可以得知，個案的自我、自尊受到很大的傷害。

■ 學校生活

根據案父描述，個案開始上幼兒班時，哭鬧了兩個月，逢學校假期開學後也是如此，進入小學一年級也哭了兩個星期。案母描述個案的學業成績分兩個極端，用華文教課的科目如：華語、數學、科學成績非常優越；反之馬來文和英文從來不曾及格，教這兩門科目的老師常常投訴個案上課不專心聽講，老師罵了她就一直哭，一旦哭了就更不能聽課也不抄功課了。

老師曾對案母描述個案是個沒有自信的孩子，可能是暴牙的關係，說話、讀課文時發音不準確，還常常被同學們譏笑。

從學校生活相關資料得知，個案在新環境的適應上，本就需要比其他小朋友較長的時間，若被老師責罵就會一直哭，加上「暴牙」及老師對個案的描述，似乎可以感到個案是一位比較沒有自信、較容易焦慮的孩子。

■ 親子關係

個案與案父關係：案父自述他從小不得自己父親的關愛，所以要對個案給予更多的父愛，比如個案要求買小物件或零食時，案父都會點頭答應；不過當個案做出案父不能接受的行為時，案父也會打罵個案。根據案父描述，小孩哭泣是正常的，哭夠了就會停，或者買點個案愛吃的零食來哄哄她就可以。但據案母描述案父最常對個案的抱怨是：「你咯，都是因為你！」而養成個案也常常會學習父親同樣的語氣抱怨身邊的人或事。

案母不認同案父常滿足個案的要求，則採取反向作法，凡個案要求的，她都拒絕，所以個案都不跟媽媽要求任何東西，因為她認定媽媽是不會答應的。

■ **分析診斷**

案父的管教態度自述是要給個案更多的父愛，但從案父對待個案的態度可以感受到，案父可能以為給予物質上的滿足就是愛，從案父描述「小孩哭泣是正常的，哭夠了就會停」、「或者買點個案愛吃的零食來哄哄她」，加上案母描述案父最常對個案的抱怨是：「你咯，都是因為你！」由此，可以感受到案父在與個案的互動及關係上，並沒有去了解個案內在心理需求，且「你咯，都是因為你！」這樣的抱怨或責罵會讓個案感受到是被「拒絕」、「否定」的。而案母因為不認同案父的教養態度，而採取「凡個案要求的，她都拒絕」，這也是一種拒絕的教養態度。可見，個案的親密心理需求其實是沒有真正被關注及滿足到的。

綜上，從個案父母管教態度、個案在學校的狀態，都感受到個案在關係上是極端沒有安全感及低自我概念的，又因作弊被懲罰的事件，都使得個案更焦慮與退縮。故此個案是屬於含羞草之退縮沒自信型。且作弊事件對個案有嚴重的傷害，在遊戲治療過程中，必須多加關注此議題。

3.個案若有被診斷出一些臨床症狀，也都須將這樣的資料納入分析，因為許多個案的問題行為皆是起因於其臨床症狀，所以，要準確有效地幫助到個案，就必須了解該臨床症狀的特殊性。

以下是一位5歲小男生的案例：

■ **家庭概況**

個案與爸爸，媽媽，外婆，外公，妹妹（14個月大）住在一起。爸爸的工作有時候需要出差，媽媽是全職媽媽，需要花很多時間在照顧幼小的妹妹（哺乳）。個案放學回家後的主要照顧者是外婆。

■ 問題行為

對於生活的規律變動很敏感：在家庭生活裡，個案很關注及期待爸爸下班回到家，當爸爸因為塞車而遲回到家時，個案會因而大聲哭泣。個案也曾經因為媽媽沒有告知個案，逕進房間陪妹妹而睡著，個案久久不見媽媽，而傷心哭泣。個案在面對學校時間表的改變，也同樣不能接納而選擇不去學校或哭泣。

在學校不與其他同學互動：個案在學校沒有朋友，也不喜歡參與團體活動，特別是唱歌、音樂、舞蹈的活動。下課時間經常都是一個人玩。

從上述問題行為描述。會讓人覺得個案是很強調且敏感於規律、也不喜歡與人互動的！再者就是對於一位5歲的小男生而言，都值得心理師進一步去了解其在關係上有無受到不良影響，或有無發展上或臨床上的症狀。

■ 成長史

個案於2015年被兒童發展醫生診斷為「自閉症譜系障礙」（Autism Spectrum Disorder, ASD），2018年被肢體培訓師診斷為「待分類的廣泛性發展障礙」（Pervasive Developmental Disorder Not Otherwise Specified, PDD NOS）。

從上述資料可以得知，個案是「自閉症譜系障礙」及「待分類的廣泛性發展障礙」。有此了解之後，似乎就更能理解與了解個案的問題行為。但心理師還是值得進一步了解其他的背景資料，因這類孩子也是有親密與自主心的理需求。

■ 親子關係

案母描述在妹妹出生前，自己比較有時間陪伴個案遊戲或進行一些如爬行、運動，身體按摩等活動。案母表示當時個案的情緒和行為相對是比現在較穩定。妹妹出生後，案母會儘量安排時間三個人一

起互動，但常因為哺乳或妹妹需要照料等原因而中止三人互動。爸爸也會陪伴個案遊戲或進行一些活動，但是爸爸的工作有時候會需要出差，也無法穩定的陪伴個案。當個案知道媽媽和妹妹一起休息時，也會在房門外叫喊哭鬧，要加入他們，但是加入後就一直要和媽媽談話，干擾妹妹睡覺的作息。

■ 手足關係

個案看到媽媽和妹妹一起互動時，會爭取自己也一起加入。如果不讓他加入，就會用喊叫甚至哭鬧的行為來表達不滿。曾經個案和媽媽一起進行塗顏色的活動，然後妹妹突然加入。個案很不高興的拿了水瓶敲妹妹的頭。妹妹因為劇痛而大哭，個案也跟著一起哭了。當時媽媽感覺到個案是因為妹妹打擾了他和媽媽的快樂時光而氣惱。

■ 分析診斷

從上述資料得知，個案的問題行為與其「自閉症譜系障礙」及「待分類的廣泛性發展障礙」有密切關連，面對此類個案要有更多的接納，而從資料中得知案父、案母對於個案的關心與照顧是有的，尤其在妹妹出生前，案母可以專心陪伴的時間比較多，所以，個案的情緒、行為相對是比現在更穩定。

個案基本上不會參與團體遊戲，但會主動邀約爸媽一起遊戲，當她發現案母和妹妹在休息或互動時，會會爭取自己也一起加入。如果不讓他加入，就會用喊叫甚至哭鬧的行為來表達不滿。

由上可知，個案很喜歡跟案父案母互動，但妹妹的出生後，個案可能感受到母親的關注減少了。相信若有足夠的陪伴與關注，個案的情緒行為是可以有明顯改善的。當然心理師針對此個案進行遊戲治療的同時，可能可以評估親子遊戲治療介入可能性，並要家長持續配合臨床上的各種訓練。

綜上，要統整個案的基本資料與背景相關資料，進行分析診斷時

要把握以下幾個要點：1.具體化描述個案的問題行為樣態。2.從(1)親子關係、父母的管教態度，(2)成長過程中讓孩子產生創傷經驗的事件內容，了解個案問題行為背後的心理需求為何？3.個案有無臨床症狀及其影響。上述三個要點內容越是具體明確，然後再搭配「緊與鬆」和「自主與親密」兩向度建構出概念化兒童的架構，就越能做出正確的分析診斷。當心理師可以有效概念化個案，亦即提出正確的分析診斷，可以讓心理師在進行遊戲治療時更篤定、踏實，也更有方向及目標。

第二章

結構式遊戲治療對不同類型個案的介入原則與策略選擇要點

　　在諮商或遊戲治療實務上，心理師即使面對的是同一類型的個案，其諮商或遊戲治療策略、目標會有相同之處，但整個介入過程、技巧運用也還是會有所差異。因此，此小節僅就四大類型個案的介入原則及選擇策略遊戲時要把握的要點做介紹。這僅是一個大方向及原則性的介紹，若要看個案的整個介入過程，則建議參酌筆者所寫的《結構式遊戲治療技巧實務》此本專書。

❖ 第一節　「王妃公主型」個案介入原則及策略遊戲選擇要點

■ 面對「王妃公主型」案時結構式遊戲治療的介入原則

　　1.引導個案情緒的表達及釋放：這類型個案通常都帶有比較高的壓力、焦慮、擔心、緊張等情緒，多數個案還會壓抑著這些情緒。要能有效協助他們不再那麼堅持完美、害怕做錯或不敢做選擇，引導他們接觸及表達內在壓抑情緒有其必要。心理師除了「情感反映」技巧之運用，更鼓勵運用情緒臉譜來針對個案某些很在意的事件進行探索。

「小明，你試著從這些情緒臉譜中，選出每次考試前的心情有哪些？」

然後從個案選出的情緒臉譜中，引導兒童表達心中的情緒及伴隨的想法。

「你有焦慮、緊張……，告訴老師，你在緊張什麼？」
「小明，是什麼讓你這麼焦慮呢？」

有時還可以進行一些紓解或體驗的活動，例如運用黏土捏出、壓出、打出心中的焦慮。

「小明，你剛才說心中好多的緊張，來！！老師想邀請你試著把你心中的緊張，透過你的手把這些緊張用拍、捏、壓、捶等或任何方式在這塊黏土上！」

2.提供自由並鼓勵作決定的技巧貫穿於整個遊戲治療過程：這類個案很習慣於有明確的指示或規則，但遊戲治療的很多時候是沒有硬性的規定或規範，所以，心理師就要善用此遊戲特性，沒有甚麼對或錯、好與壞…，就是鼓勵他們做選擇、做決定的去玩。因此，可以運用「提供自由並鼓勵作決定的技巧」技巧時，就盡量運用，同時也鼓勵心理師要設定一個自由及鼓勵做決定的氛圍。

小華站在遊戲櫃前觀望了一會兒，最後拿起一包色紙，看了心理師一眼。

「在這邊，你自己可以決定！」

接著小華慢慢地拆開色紙，拿出一張紅色的紙。

「我看你決定把它拆了！是的！在這邊你可以自己決定的！」

3.關注及反應的焦點在於個案的努力或遊戲過程，而非結果：若個案不滿意其結果時，心理師可以試著反映個案的情緒之外，就是更焦點於轉化及欣賞個案不滿意的結果。

「雖然沒能排的很直，有點懊惱，但老師還滿欣賞這樣的一個小變化。」

「我覺得這裡雖然被弄髒了，但反而讓我們都能更輕鬆地繼續畫下去，不然之前都好擔心喔！」

「所以，有點髒也不是不好的！」

4.不管是「追求完美」或「等待指令」的個案，他們在很多地方的表現即使是很好的，他們還是會覺得不夠好或還要更好，若表現得不夠好，那他們就更有挫敗與挫折感。因此，他們經常是沒有自信、低自尊的！這樣的樣態經常會被老師或父母忽略或疑惑，為什麼學業表現都已經是學霸級的，面對考試還是如此緊張與擔心呢？因此，面對他們除了第三點的原則之外，「提升自尊」搭配「追蹤描述行為」技巧經常也是要運用在此類個案身上。且要焦點在其美好的特質！

「我看到你很專注地一層一層地往上排……啊！排上去了！你做到了！」

「對啊！你真的做到好專注！好專注！」

二 面對「王妃公主型」個案策略遊戲選擇要點

1.選擇或建構「容易掌控」且又具「釋放」元素的遊戲活動：雖說王妃公主型個案身是比較「緊」的樣態，應該鼓勵他們更放鬆、更有自己的選擇，但若一開始就要求或鼓勵他們放鬆，有時反而會給他們更多的焦慮與壓力。因此，心理師在選擇或設計策略遊戲時就意把握「容易掌控的活動伴隨著釋放元素」的原則。類似「雪花片片」、「吹畫」或「塗鴉」等策略遊戲都很適合。

2.能讓個案擁有自主性、決定權：心理師可以設計些本身就是一種「自主」、「掌控」、「權力」的活動！例如「拍照」、建構自己的「百寶盒」、「歷程小書」相片的選擇與編排。甚至「捉迷藏」、「藏寶物」等遊戲都很具這些特性。

3.設計活動或運用媒材引導個案適當表達內在壓抑的情緒，這類型的兒童基本上都是外在的評價及表現，所以，他們面對同樣的一件任務或挑戰時，他們的壓力與焦慮都要比其他兒童要來得大。因此運用「情緒臉譜」、「畫心情」、「情緒溫度計」等媒材或遊戲活動，固定規律的建構在每次的遊戲單元中，這不僅可以協助個案表達情緒，更重要的是因為是「固定規律」的表達，進而讓個案更懂得如何表達內在的情緒感受。

❖ 第二節　「孫悟空型」個案介入原則及 ❖ 策略遊戲選擇要點

▌一 面對「孫悟空型」個案時結構式遊戲治療的介入原則

　　1.明確的界線及規範：這大概是面對「孫悟空型」類型個案基本且必要的作法，因為不管是「對立反抗」或「賴皮卸責」的個案，都有一個共同的特徵就是不能遵守界線，逾越界線，甚至是侵犯到別人，而且還經常伴隨著哭、鬧或生氣、憤怒等的情緒。要改善孫悟空型個案的「對立反抗」或「賴皮卸責」行為，就先要有明確的界線及規範。筆者常說「固定而有規律」的執行「明確具體的界線」可以建構個案的安全感，更是讓情緒穩定的基礎。

　　很多初學者對於「界線」及「設限」兩者間的差異不是很清楚。溫和堅定地告知「明確的界線及規範」是重要的，但這不是「設限」，就好比「紅燈停」這是明確的界線或規範，當告知行人及駕駛者此規範時，若大家都遵守時，交通秩序就很好也很有安全感。若有駕駛逾越此規範就會被交通警察攔下或被開單罰款，此時的攔下或罰款就是在執行「設限」。若行人或駕駛者感受到這些明確的界線或規範都有被落實執行時，大家就會更遵守這界線及規範，一段時間下來就變成「明確的界線及規範」依然存在，但很少甚至都不必進行「設限」，且整個交通秩序及安全感都很高。

　　由此可知，面對孫悟空類型個案時，「明確的界線及規範」是非常重要且必須要做的基本工作，而且經常是要「固定而有規律」的執行一段時間，才看得到效果。心理師要從最基本的時間、空間界線到設限，都要把握溫和堅定的執行原則。甚至有些被診斷為過動症

（ADHD）的個案，因為遊戲是中有太多的玩具吸引或干擾著他，使他在遊戲治療過程很難專注聚焦的玩出一小段遊戲，心理師此時就可以鋪上一個的地墊或準備一張小桌子，然後設定個案選一些玩具在地墊或桌子上玩。這樣更嚴謹且具體明確的界線，其目的不是在限制兒童，而是要讓他更能穩定且專注的進行遊戲。

「小明！我們長針走到8的時候，就要結束遊戲！離開遊戲室了。」

「小明，你選好要玩的玩具之後，要把玩具拿到地墊這邊，只能在地墊上玩！」

「不想玩這些玩具，想改玩別的玩具時，就把不玩的玩具拿去放，再拿新的玩具到地墊上，就可以了！」

2. 創造成功的經驗：多數的老師或家長面對孩子不遵守界線或逾越界線時，多半都是提醒、喝止、責罵到體罰，這樣的方式在針對某些事件或某些兒童是有效的！但當一個孩子的行為表現已經是被歸類為「孫悟空型」時，「提醒、喝止、責罵到體罰」等方式，恐怕都是無效的管教方式！此時，除了前述的重要且必須要做的基本工作「明確的界線及規範」之外，「創造成功的經驗」就是促使個案改變的重要動能，這是一個很重要的觀念，很多人都忽略了「創造成功的經驗」。試想，若你寫的書法一直被肯定表揚，就會更有動機動力更勤加練習！若你桌球打得好，會更願意下苦功勤練！在學校被鄭老師賞識肯定，你是不是會更願意親近鄭老師。反之，若你經常是被提醒、喝止、責罵到體罰於某件事情，那在做該事情時，是不是都很被動、勉強、不喜歡、隨便應付應付……。

很多個案在「對立反抗」或「賴皮卸責」時，他們內心其實是不踏實、不開心、不快樂的！因為當一個人實實在在地得到成功，而被

肯定及讚賞時的快樂，才是眞正的快樂！但也有很多人會質疑，我們也想給這類個案肯定讚賞啊！但他們的行爲就是逾越規範啊！如何給讚賞呢？因此，結構式遊戲治療特別強調面對孫悟空型個案時，心理師要把握機會創造成功的經驗，什麼叫做「創造成功的經驗」呢？說明如下。

遵守界線就是成功經驗：前述提到面對此類個案，執行「明確的界線及規範」是重要且必須要做的，因此，當個案有遵守界線或一開始個案可能不是馬上遵守界線，但心理師溫和堅定的使其遵守界線時，都要具體的反映出來！這樣的一個「明確的界線及規範」搭配反應「遵守界線」的行爲（成功經驗），就成了面對孫悟空型個案之初的一個典型的反應模式。

「今天老師說時間到了，你就站起來，走到老師這邊！！嗯！你知道時間已經到了！」

「雖然有點不開心，但你知道遊戲室的玩具是不可以送你的，所以，你把它放回櫃子裡了！我都有看到！」

協助創造成功經驗：多數孫悟空型的個案很喜歡競爭性的遊戲，例如各種的棋藝遊戲、有輸贏的遊戲，在有輸贏及競爭的遊戲過程，個案通常都很想贏或就是一定要贏，因此，經常就會有不遵守遊戲規則或更改規則的狀況出現。所以，心理師堅持住遊戲規則的界線同時，要把握讓個案有遵守界線的成功經驗之外，也要讓他有贏了這盤棋的成功經驗，亦即，讓個案有成功遵守界線又同時贏了這盤棋的成功經驗，多次之後，他會更有意願及動力遵守界線的！試問，當你覺得自己的圍棋下的還不錯時，在對弈的過程就會更要求雙方都要遵守界線。越是沒有成功經驗，但又想贏的人才會賴皮或不遵守規則。這也證實了我所說「創造成功的經驗」就是促使個案改變的重要動能。

「哇！你這次都遵守不能偷翻牌的規定喔！」

「哇！你看！！你翻對了！！！你這次都完全是靠著自己去記住的！」

「哇！！又翻對了！！你真的有用心在記剛剛翻過的牌喔！」

「ㄟ！你贏了！你總共記住1、2、3……6對牌！！！你可以的！」

「ㄟ！你贏了！且這次你都沒有偷翻牌喔！你看！你可以的！」

3.滿足其自主的需求：孫悟空型的個案還有一種典型就是很有自己的意見。本來有主見、有想法是好事，但若這些主見是逾越界線或太自我中心地不顧及別人，那就是一個為所欲為的小霸王。因此，這類個案在遊戲治療過程中，也經常會出現想要掌控遊戲的樣態，例如要求心理師做什麼事情或扮演什麼之類的。在沒有逾越界線的前提之下，鼓勵心理師就跟隨著個案的要求與安排，搭配運用「提供自由」技巧，來引導個案投入整個扮演過程的後續發展。

「老師，你演小偷，然後我是警察！」

「好的！那我現在該做什麼呢？」

「你就假裝偷了商場的玩具，然後被我發現。」

「好！嗯！我喜歡這個玩具。」（心理師就躡手躡腳地走告玩具櫃中，假裝是小偷般地拿了一個玩具）

「嗶！嗶！嗶！我是警察。」（個案吹起口哨，將扮演小偷的心理師抓了起來）

「啊！我被警察抓了。」（個案抓著心理師的手）

「然後呢？我接下來要怎麼演？」

……

　　上述這樣跟隨著個案的過程，可以充分滿足個案自主及掌控的需求，而這樣的需求是符合心理師設定的規範與界線，所以，這樣的過程對這類個案是很有幫助的！

　　另外一種就是除了跟隨個案，滿足其自主需求之外，有時心理師也可以要求個案遵守或配合一些要求，但在提出這些要求時，還是把握提供選項給個案做選擇的原則，例如在自由遊戲之後，邀請兒童進行心理師設定的遊戲，那就可以這樣告知個案。

　　「小明，今天長針走到6的時候，我們的自由遊戲就要暫停，然後老師會邀請你來進行另外的活動。」

　　「喔！那要玩什麼活動？」

　　「嗯！看你要玩動物家庭或畫全家人共同做一件事，你兩個選一個。」

　　上述這樣的過程也是符合在「明確的界線及規範」之內，讓個案充分的享受自主與掌控，亦即在界線之內，充分滿足個案的自主需求。這可以說就是面對次類型個案的典型反應模式。

　　4.「提升自尊」及「提供自由」技巧經常貫穿在整個遊戲治療過程：上述三點說明了處遇原則與方向，在實際遊戲治療過程中，當心理師界定好界線或規範之後，若個案沒有逾越或破壞規則，心理師就要聚焦於個案遵守、及過程中展現出的能力或美好特質，當然就要運用「提升自尊」技巧做反應，這也符合創造成功經驗的原則！！同時為滿足其自主及掌控需求，只要是在界線規範之內，就是可以完全地「提供自由」給個案。

　　「你很細心地往上排，又增加一層，第12層了！耶！你做到

了！」

　　「可以的，你要畫什麼就畫什麼？你可以自己決定的！」

二 面對「孫悟空型」個案策略遊戲選擇要點

　　1. 規則或規範要很具體明確，且簡單容易執行及遵守：為了讓個案有遵守規則或規範的成功經驗。因此，治療之初設定的規則要具體明確且容易執行及遵守。例如圍棋或跳棋的規則比象棋、西洋棋的規則簡單。

　　2. 選擇的遊戲本身要具有引導個案安定、專注及有成就感的效果：例如畫曼陀羅、簡易禪繞畫、迷宮遊戲等，要玩這些遊戲就必須先讓自己專注及安定，完成一幅曼陀羅或禪繞畫，及找出迷宮的路徑就是一種成就感。因此，選擇具有這項效果的遊戲，搭配心理師的陪伴及技巧反應，都會產生很正向的效果！

　　3. 創造並保留兒童的成功經驗：前述也提到「創造成功的經驗」就是促使個案改變的重要動能，因此，在這樣的理念引導下具體的實踐，就是心理師可以透過照相、歷程回顧及小書製作等策略遊戲，將個案的成功經驗具體的保留下來，也引導兒童感受到在這種成功經驗中他時的喜悅、開心與成就感。

　　4. 設計適當具有宣洩或表達情緒的遊戲活動，因為孫悟空類型個案「鬆」的行為，導致他們經常是被家長或老師、提醒、喝止或責罵的，因此，有些個案也可能累積或壓抑了許多傷心、難過或生氣、憤怒等情緒。因此，心理師可以針對這些個案，運用情緒臉譜、黏土、塗鴉、撕紙等遊戲活動引導他們宣洩或表達內在壓抑的情緒。

❖ 第三節　「孤雛淚型」個案介入原則及 ❖ 策略遊戲選擇要點

一 面對「孤雛淚型」個案時結構式遊戲治療的介入原則

　　每個孩子成長過程中被照顧的品質，攸關其安全感、自信與自我的發展。又在成長過程中家庭結構的變化。如父母離異、父母過世，或者是單親後母親再嫁（或同居）、父親再娶（或同居）、多了一個手足、家中有人生病、過世等因素，也都容易讓兒童感覺被忽略、被拒絕，或是兒童抗拒家庭結構的變化，或排斥新加入的家庭成員等，這些家庭結構的變化都有可能使得他們的行為開始出現脫序偏差的行為（鬆）。這些偏差行為在傳遞一個重要訊息，就是「我沒有安全感」、「不要忽略我」、「不要拒絕我」的吶喊或抗議。因此，面對孤雛淚型個案的要把握以下幾點介入原則：

　　1.建構一個穩定正向關係及連結是重要且首要的：結構式遊戲治療強調固定而有規律的正向連結，對建構個案安全依附及安全感很有助益，面對孤雛淚型個案就更是重要且首要。正向連結就是創建一個讓孩子可以感受到正向經驗的物件皆可，例如結構式遊戲治療強調的「布偶客體」、「束口袋」、「魔法箱」等皆是。另外，結構式遊戲治療實務上，也鼓勵心理師很規律的在某個時機運用一些具正向連結效果的活動，進而建構成一個「儀式般」的活動。例如每個遊戲單元的開始就有布偶客體與個案打招呼，結束前進行束口袋的小活動等的連結。若心理師和個案可以創造出屬於你們兩人特有的儀式性活動，那都會是非常具有療效的！

「左手拍！右手拍」
「左碰碰！右碰碰」

　　心理師每次一見到個案，兩人就先進行左掌互拍、右掌互拍，然後再用左右腰際臀部互碰一下。這就是此心理師和此個案所創造出兩人特有的見面儀式。

　　2.滋養撫育的過程中，提升個案的自尊與自我肯定。典型的「孤雛淚型」個案可以用這樣的一句話來比喻；「我不壞，我只想要愛！」可見他們不是真的壞，他們的壞是因為想要得到關注，或沒有人來指引、教導他，使得他沒做到或做好各種規定或要求。若這種樣態持續一段時間下來，就會讓照顧者、老師覺得他不乖、他不好，也使得這類個案多數都會覺得自己被忽略、被拒絕、被批評，進而形成低自尊、不夠自我肯定的樣態。因此，面對這類個案，除了要透過滋養撫育的互動來滿足他們的親密需求之外，更要把握「滋養撫育的過程中，提升孩子的自尊與自我肯定」的原則。

　　「嗯！你抽到了一顆巧克力！來！老師打開給你。」（個案從束口袋中抽到了一顆巧克力！心理師將巧克力打開，拿給個案）
　　「老師有看到你都知道怎麼把玩具汽車跑的的軌道組合起來！」（個案吃著巧克力的同時，心理師做歷程回顧時，特別提出個案展現組裝軌道能力的遊戲做回顧）

　　3.建構一個讓孩子有掌控感又具正向連結的經驗：「孤雛淚型」個案的發生有一大部分原因是源自於家庭結構的變化，這樣的變化不是個案能掌控的，有時甚至可以說個案也是一個無辜的受害者。因此，讓個案在心理師陪伴過程中，找回或體驗到「掌控感」就非常重要。在技巧上的「提供自由」、「促進做選擇」、「提升自尊」技巧

皆具有此種效果，結構式遊戲治療中鼓勵運用的「照相」、「百寶盒」、「小書製作」等活動也都能提供個案「掌控感」。

　　4.協助或引導孩子遵守規範或完成該負責的事物：「孤雛淚型」個案之所以出現不遵守規範或沒做好該負責的事物，多半都是因為缺乏正向關注、照顧或教導。若是有攻擊或人際衝突的事件，多數是屬於被動、被激怒、被挑釁的一方。因此，心理師在落實上述三點介入原則，也了解個案「鬆」的問題行為脈絡之後，可以很具體明確地與個案討論並找到有效的方法來解決個案「鬆」的問題行為。例如安排經常作業無法如期完成的個案參加課後安親班之後，其回家業沒寫的行為就得到立即改善！又一位情緒容易發飆及上學遲到的個案，在感受到被導師肯定與接納之後，情緒行為有大幅改善，此時導師又送他一個鬧鐘，並教導他如何設定鬧鐘，並要求個案鬧鐘響起時，就要起床準備上學，果然也大幅改善個案遲到的行為。

二　「孤雛淚型」個案策略遊戲選擇要點

　　1.鼓勵創造心理師與個案兩人特有的正向連結互動，並堅持一段時間，進而建構成儀式般的活動。此要點有兩個關鍵重點，第一個就是「兩人特有」，亦即這個連結活動是你們兩人獨一無二的，這是一種很專屬、擁有的感覺，對於修復「沒有安全感」、「被拒絕」、「被忽略」是非常具療效的！！第二個是「堅持一段時間」，因為唯有很規律的堅持一段時間之後，雙方才會有默契，也習慣在這個時候就進行這樣的一個互動，這才叫「儀式般」的活動。每次見面就進行「左手拍！右手拍！」「左碰碰！右碰碰！」的見面互動，一段時間之後，這個活動就成為你們兩人美麗的回憶與連結。這也是非常具療癒效果的。

2.建構具有感官效果的正向連結活動，並留下這些產生感官效果的物件。束口袋活動的食物、布偶客體活動的布偶、「左手拍！右手拍！」「左碰碰！右碰碰！」的身體接觸、其他類似「一起聆聽好聽的音樂」的音樂、遊戲單元結束前「一起唱的一首歌」的歌曲等等，以上這些食物、布偶、身體接觸、音樂、歌曲等等，都是所謂產生感官效果的物件。由此可知，第一、二兩個要點都是具正向連結的效果，若心理師能夠把握住這兩個要點於遊戲治療過程中，相信會產生很大的治療效果。

3.進行各種遊戲活動過程，心理師要把握讓個案感受到被關注的同時，也具提升個案遵守規範或完成要求的動力。建議可以建構一個「停看聽」專注地陪伴態度，並搭配「追蹤描述行為」及「提升自尊」的技巧反映模組。

　　「嗯！在找走出迷宮的路徑。」（追蹤描述行為技巧搭配心理師專注的「停看聽」態度）

　　「在想！在思考！」（提升自尊技巧搭配心理師專注的「停看聽」態度）

　　「嗯！不對！換條路。」（追蹤描述行為技巧搭配心理師專注的「停看聽」態度）

　　「你沒放棄！你再試試別的路徑！」（提升自尊技巧搭配心理師專注的「停看聽」態度）

　　「耶！成功了！你找到正確的路徑了。」

4.運用「追蹤描述行為」、「提升自尊」及「見證」技巧於個案的遵守界線或負責任的行為表現。同時評估與系統中的重要他人，如老師、家長等一起協助個案遵守生活中的界線或該負責的事務。

5.善用明喻或隱喻的方式，提供正向情緒經驗：此類的個案多數

都有遭遇到庭結構變化所帶來的負面生命經驗，因此，很推薦心理師透過媒材以明喻或隱喻方式來接觸這些生命經驗。在此介紹幾個遊戲活動，其中「情緒臉譜」的運用可以說是一種明喻的技巧，可以引導個案充分地表達及紓解壓抑的情緒。

「你覺得媽媽都偏心，對弟弟比較好。」

「這讓你很生氣，也很傷心喔！」

「小明你看，老師這邊有一盒『情緒臉譜』，請你把媽媽偏心時，你的心情有哪些？把他們全部都選出來！」（心理師邊說邊打開情臉譜）

「只要有一點點這樣的心情，就都把他們選出來」

「喔！有難過、傷心……生氣、憤怒……無奈……」（個案選出心中的情緒同時，心理師很專注的在旁邊陪伴及反應）

「喔！有無奈，嗯！小明你告訴老師，是什麼讓你有無奈的心情啊？」（心理師引導個案更深刻接觸比較深層的情緒）

另外應用與個案有類似遭遇的繪本、故事與個案分享，則是一種很適切的隱喻方式。透過故事的主角及故事內容的轉折都可以達到治療的效果。

《開往遠方的列車》：描述美國南北戰爭期間，爸爸被徵召上戰場，媽媽又必須離開主角……。

《約瑟芬公主的弟弟》：家裡多了一個弟弟之後，姊姊突然覺得不再被關注時，姊姊出現了好多退化的行為及情緒……。

《好事成雙》：爸爸媽媽整天不斷地爭吵、相互攻擊……姊弟面對此種情況，他們開始……。

《害怕受傷的心》：最愛的爺爺過世了，好傷心好難過……主角把這顆「受傷的心」關起來了……。

以上，這些都是不同家庭結構變化的繪本，很適合用在有類似遭遇的個案。這就種運用繪本故事的隱喻做法。其他也很鼓勵運用類似「百寶盒」、「小書」等隱喻性質的活動。

第四節　「含羞草型」個案介入原則及策略遊戲選擇要點

含羞草型個案多半都呈現出缺乏自信、易焦慮甚至退縮的樣態，這些個案本身多數或許就具有內向、害羞或比較敏感的特質存在，再加上成長過程中，於親子關係或人際互動上又有很不好，甚至受傷的經驗。例如被嚴重的體罰、忽略等，都使得個案出現低自尊、人際焦慮、自我封閉身甚至自我傷害的樣態。這樣的個案在團體中除非出現嚴重的退縮、孤單或學習落後等行為，經常是被忽略、忘記的個體，他們基本上是不吵不鬧默默地瑟縮在自己習慣的角落。

一 面對「含羞草型」個案時結構式遊戲治療的介入原則

1.建構一個穩定正向關係及連結是重要且首要的。這點介入原則和「孤雛淚型」個案可以說是完全一樣，因這類個案都非常需要在依附上更有安全感，因此固定規律建立一個穩定正向關係，建構更多正向的連結及伴隨連結時的物件，都是面對此類個案重要且首要的工作。

2.滋養撫育的過程中，提升孩子的自我價值感與自尊。提升孩子的自尊或自我概念的內涵，是指讓孩子有成功的經驗，讓他相信自己事有能力的。但面對「含羞草型」個案更是要提升其價值感，覺得自

己仍然是值得被愛的。「我雖然做錯過事，但我仍值得被愛」可以說是面對這類兒童的一個重要目標與工作。當個案的自我價值感建立起來時，其退縮、焦慮、封閉的行為樣態就有可能改善。

　　3.在安全氛圍及關係中，引導個案勇敢接受具挑戰或有壓力的任務。亦即在跟個案建立起穩定安全的正向關係之後，可以設計或選擇一些具有挑戰或會引起適當緊張的遊戲活動，引導個案勇敢地接受這些具挑戰或有壓力的任務，但過程中個案又可以隨時掌控任務的壓力強度。簡單說就是那種「又刺激、又緊張、但又好玩」的活動或遊戲。例如對一個3歲的孩子而言，玩「捉迷藏」的遊戲就具有此效果，但對於一位13歲的青少年而言，可能就是要類似遊樂園的「鬼屋」、「雲霄飛車」才會給他們有此感受。在遊戲治療過程中，當然無法有像遊樂園的那些遊樂器材，但心理師把握此原則設計一些適切的遊戲活動及媒材來達到此效果是需要的！

　　4.負面情緒的表達及紓解。此類型個案的低自尊、人際焦慮、自我封閉的樣態，都可以合理推測他們都壓抑了很多負面情緒，因此，心理師透過遊戲陪伴過程的技巧反應，或設計的策略遊戲要能引導他們表達及紓解這些負面情緒的效果。

二　「含羞草型」個案策略遊戲選擇要點

　　1.「鼓勵創造兩人特有的正向連結互動，並堅持一段時間」、「建構具有感官效果的正向連結活動，並留下這些產生感官效果的物件」。此兩點是和面對「孤雛淚型」個案一樣的要點。因為這些都具有建構個案安全感，甚至提升其自我價值感的效果。

　　2.設計「又刺激、又緊張、但又好玩」的遊戲活動。刺激又緊張的感受會受個案年齡、天生氣質、性別及其生命經驗而有很大差異。

根據筆者的實務經驗，在此推薦幾種活動或媒材來供大家參考，相信大家了解之後，就更能體會如何設計這類的活動。普遍而言，以下幾個活動都很適用於遊戲治療的個案。

「躲」的遊戲：「躲」是人類演化過程中一個很重要的體驗，面對危險可能就要「躲」起來。當一個人躲起來的時候，內心感受是很複雜的，沒被找到的同時，又感受對方就在附近就在旁邊。所以是很能符合「又刺激、又緊張、又好玩」的內涵，因此，心理師準備一個帳篷或可以躲藏的空間是需要的！

「捉迷藏」或「藏寶物」的遊戲，類似於前述「躲」的遊戲，但這不是個案或心理師自身去躲起來，但也有類似的效果。過程中，可以不只藏一樣物件，同時心理師在找的過程或快要找到之際，可以透過「嗯！快找到了！」「我知道在這邊！」「好緊張喔！快被找到了的樣子！」等口語反應，都可以更建構出「又刺激、又緊張、又好玩」的內涵。

「無法掌控但不會有傷害的遊戲」，例如將氣球充滿氣，然後「放掉氣球」、「吹破氣球」到「刺破氣球」，上述這過程其實是有強度上的差異，心理師可以視個案年齡及心理狀態來做適切的設計。

「破壞」或「摧毀」的遊戲，簡單說就是個案可以將完成的作品摧毀或破壞的過程，例如好的積木、疊疊樂、保齡球等，用手或物件將其破壞或摧毀。孩子將塗鴉作品撕掉、撕破。捏破紙板做的雞蛋盒子、捏破防震氣泡墊的泡泡等。

「瞎子走路」的活動，可以蒙眼走樓梯或走到戶外，這過程可以牽著手，也可以僅是口語指示。尤其若路途中有些障礙、樓梯、不同質感的地面、又有車子的聲音等等，也都是很鼓勵心理師採用的遊戲活動。

3.善用明喻或隱喻的方式，提供正向情緒經驗：這個做法大致和「孤雛淚型」個案一樣！有關情緒臉譜運用就不再說明，但若運用繪

本或故事時，選擇的主題可能會有所不同。在此介紹幾本繪本供大家參考。

《傻比傻利》：描述一個很會胡思亂想而擔心的比利，在過程中外婆協助他建構一個「煩惱娃娃」物件，來協助比利不再擔心的過程。

《大手牽小手》：一個在人際上有困難的主角，在遇到一個看似很兇的大猩猩之後，如何成為好朋友且不再被同儕排擠、霸凌的過程。

《神奇的圍巾》：描述一位極端焦慮的小女生，如何得到一條神奇圍巾之後，逐步培養出內心勇氣的過程。

❖ 第五節　四大類型個案伴隨創傷經驗之創傷修復 ❖

在上述四種類型的個案中，若呈現出比較嚴重樣態的個案，多半都是過去曾有嚴重的創傷，例如個案呈現唯命是從、不敢有自己意見；對立、叛逆；感受被忽略或拒絕；嚴重退縮、焦慮等行為，其內在深層可能都存有一種對自己的悲傷與放棄，或對世界的絕望與無奈。例如被家暴兒童的內心深處是有很深的悲傷與無奈的！他不懂為何自己的父親（或母親）會對他做出這樣的事情，這種深層悲傷無奈情緒，在一定時間或年齡之後，有的兒童會變的退縮、自我封閉、自我傷害……等等，但有的兒童可能就開始出現對立、反抗、叛逆等的行為。

除了被家暴受虐兒童之外，其他如目睹家暴、嚴重傷害或死亡的意外事件、不斷轉換照顧者、失功能的照顧者（如嚴重憂鬱、自殺、自傷或嚴重精神疾患）等，這些對成長中兒童的最大影響都是在依附

關係受到了破壞，讓孩子沒有穩定足夠的安全感，或覺得自己是沒有價值、不被人疼愛的孩子。

　　總之，成長過程中有類似前述的這些創傷經驗的兒童，他們都可能成為四種類型的某一類，但都很有可能呈現極端嚴重的樣態。此時，面對這種有創傷經驗的各類型個案，除了要把握前述各類型個案介入原則之外，也還要把握創傷修復的介入，基本上，就是要建構一個夠長的「固定而有規律」的陪伴經驗，同時建立及建構更多好的客體經驗及正向連結經驗，讓個案有足夠的安全感，且感受到被關注、被在乎與被疼愛的具體經驗。

第三章 個案報告示例

　　筆者自身學習遊戲治療過程，很幸運地能在一個機構超過十年不間斷地接遊戲治療個案，每個月要寫個案報告、進行個案報告討論及接受督導，且這過程都是有一個核心理論為依據地接個案、討論個案。再回顧這樣的一個專業學習過程，讓筆者深深體會到概念化及分析診斷能力的提升不是一蹴可及，它至少要把握住兩個要點。

　　第一點就是心理師要有一個核心理論、理念與架構作為分析的依據。若沒有一個核心理論、理念與架構，就像是瞎子摸象或投石問路式的學習，那再多的實務經驗也不見得能提升概念化的能力。亦即每次在撰寫個案報告或討論個案時，就是以此核心理論、理念與架構來分析、修正，再分析、再修正……。

　　第二點就是需要不斷地透過閱讀、討論不同心理師的個案與整理自己的個案過程來提升概念化的能力。多數專業人員都僅能靠整理自己的個案或接受督導來學習，這也導致很多專業人員雖然有多年的實務經驗，但接觸到的個案類型仍是有限。

　　基於此兩點，本書在前面多個地方都有介紹結構式遊戲治療的理論依據，也提出一個四象限兒童分析架構。本章就特別提供豐富多元的個案初步評估報告實務資料，供大家閱讀、討論。期待透過這些實際的個案初步評估報告，能讓各位讀者更了解如何以初步評估報告的架構蒐集有效的資料，並能做出精準的分析診斷。但我們面對的個案

都是一個有生命的個體，因此沒有一篇個案報告的資料及撰寫內容是完美的，每篇個案的分析診斷也可能仍有所偏頗或不盡精準之處。但每篇個案報告都是撰寫者與筆者努力用心整理及修正討論多次後完成。因此，尚請每位讀者抱持著開放、容許的態度，同時又是以一個審閱及回饋者的角色來閱讀及討論這些個案初步評估報告。

❖第一節　四類型個案的分辨❖

在第一章的「分析診斷」已經介紹四大類型個案的內涵與特性。在本小節，筆者根據多年督導的臨床經驗，將此四類型個案間的相似及差異的地方整理如下，大家可以在對照下述內容說明，檢視本書的某篇個案報告或自己手上的個案樣態，這更能讓你對個案的分析診斷有所體會與領悟。

1.孫悟空與孤雛淚型之「鬆」行為的差異。

若個案出現了衝突、攻擊、違反界線、不遵守規範等這些所謂「鬆」的行為時，我們要考慮幾件事情。

(1) 個案這些「鬆」的行為是被動、被挑起的。或是一個合理的要求與界線，但個案卻以不遵守規範之「鬆」的行為呈現。若是被挑起、被刺激而引起「鬆」的行為，則可能可以歸為孤雛淚型。若他是主動的或是想滿足自己的慾望、需求或就是因為自己不開心，或者是因不遵守規範而被提醒或糾正時，而出現「鬆」的行為，尤其是出現攻擊或對立反抗的行為，則可能可以歸為孫悟空型。

(2) 孫悟空型的個案若發現他們在成長過程中，有被身體虐待、目睹家暴、頻密地轉換照顧者或嚴重的疏忽等，導致個案有深度的不安全感之類的，我們都要在將這類個案歸為孫悟空型的同時，要關注他過去成長經驗導致他內在的不安全感或心理創傷。

2.孫悟空型之賴皮卸責個案的特點，寵溺、姑息的管教樣態及輸不起、不服輸的個案。

若個案的行為是不負責任，沒有完成他有能力完成，也應該完成的任務，如作業。或是賴皮、推卸責任，呈現一種「千錯萬錯都是別人的錯」，這類個案經常會因為沒負起自己該盡的責任而被要求或提醒時，就出現哭泣、難過，甚至會說自己很擔心、害怕等情緒反應。此時，很容易被歸為含羞草型個案，其實這類個案應該被歸為孫悟空型的「賴皮卸責」個案。

被寵壞的孩子經常是這種孫悟空型之賴皮卸責典型個案。他不見得有很強烈的攻擊、對立反抗的行為出現，但他就是賴皮、推卸責任。這種孩子也經常會出現類似「輸不起」、「不服輸」的這種態度，沒有順他的意時也可能表現出生氣、不配合的樣態。但他的特徵關鍵就是，他有能力做到或已經講好的規範、界線，但他卻不願意去執行或遵守。這類個案的照顧者多半也會呈現「寵溺」、「姑息」或「無法堅持或貫徹界線」管教樣態。

3.出現「損人不利己」、「遷怒」行為者，多數都屬孫悟空型的賴皮卸責個案。

有些孩子在面對照顧者執行界線或規範行為時，他會以哭、吵、鬧等情緒的發洩，搭配有時還會故意賴皮不遵守規範的樣態來因應。那也有的孩子會做出一些所謂「損人不利己」或「遷怒」的行為，例如就是「霸占兩個人的位子，不讓其他人坐」、「故意關掉客廳電燈」、「故意關掉開著的冷氣」等損人不利己的行為，或是遷怒於小狗、小貓或摔東西、丟東西等遷怒行為。

總之，他就是用這種「損人不利己」或「遷怒」的行為來挑釁、挑戰界線或規範的執行。這些都可能屬於孫悟空型的賴皮卸責。

4.孫悟空型的對立反抗個案典型之樣態就是攻擊、對立反抗、故意挑戰界線、規範。基本上10歲以前的孩子較少會呈現這樣樣態，

但許多原本是孤雛淚或含羞草型個案，在10歲以後經常就會轉變成此類型。

當個案出現這種「鬆」的行為，如在學校不服管教、頂撞老師、主動欺負同學等這樣的行為，基本上都可以歸到孫悟空型的。

孫悟空型和孤雛類型兩者之間有關「鬆」的行為是有不同的！最大的差異是孤雛類型的「鬆」是沒有達到要求標準、沒有遵守規範、沒有依照老師的規範或要求去做，但他們通常不會去頂撞老師，不會挑戰老師的規範，更不會跟老師對立反抗或攻擊老師、同學。所以會被歸類為孫悟空型個案的一個最重要典型依據，就是當個案的行為開始會有攻擊、對立反抗、刻意挑戰界線、規範時，大概就可以歸類為孫悟空型的個案。由此可知，基本上10歲以前的會被歸為孫悟空型個案的孩子相對是少的！但只要到了10歲以上的孩子，就會發現原本是孤雛淚型，甚至是含羞草型的個案，有些會開始愈來愈趨向孫悟空型個案。這跟孩子進入青春前期，對自主需求的增加有關。

5. 王妃公主的表現不僅只是要別人滿意，或有一個好結果而已，更有一個自我要求的標準。賴皮卸責個案僅求結果要贏、要得到讚美、獎品的結果。

王妃公主型的追求完美個案內在經常是有一個期待或標準。經常會自我要求要達到這個期待與標準。而這個期待標準有時是高於一般人的期待與標準，例如考試前三名的結果，爸媽、老師都很滿意，但個案可能一定要考第一名或一定要考全部滿分才滿意。有的個案寫字一定要寫到一個他滿意的標準，不然就是要擦掉重寫。因此，極為嚴重的追求完美個案的標準，可能不僅僅只是一個好的或滿意的結果。因此，這類個案可能也都有類似「強迫性行為」的樣態。

孫悟空型的賴皮卸責個案也很在乎結果，但他在乎的結果不是有沒有達到標準！是不是有符合自己的標準期待！他在乎的只是輸贏的結果，亦即「我一定要贏」這就對了！所以，他們經常是輸不起、不

管怎樣就是要贏。

　　6.討好型個案有點類似王妃公主行的追求完美個案，但前者更在乎的是別人的評價，追求完美個案也在乎別人的評價，但他還有更多的自我要求。討好型個案的焦慮、壓力多數是源於不安全感，因此，討好型個案比較多會屬於含羞草型。

　　討好型跟追求完美型兩者之間，有些地方是很類似或相關的。他們在人際互動上都很容易有壓抑、焦慮的樣態出現。但討好型是擔心別人不跟他做朋友，擔心別人不喜歡他，而壓抑自己的需求、感受與想法。完美型的壓抑比較屬於是要求自己要表現得很好，要得體、有端莊、互動上要有禮貌、符合禮儀等。亦即討好型的個案焦點在別人是否會喜歡我？王妃公主型的焦點是自己有沒有做的夠好？

　　討好型的個案多半都源於照顧者的照顧品質不當有關，照顧者的養育態度太嚴格或疏忽，使得孩子有很深的不安全感，多半都屬含羞草型。王妃公主型追求完美個案的家長，很多是非常仔細、認真、細膩的照顧樣態，亦即也是一種追求完美的照顧樣態。

　　7.敏感於別人的評價，甚至會出現自我傷害行為個案，多半都是含羞草或孤雛淚型個案，但更要關注這些個案成長過程中，可能都有嚴重的高壓管教或被拒絕與疏忽的議題。

　　個案非常敏感於別人對他的評價，若接受到別人的負向評價就會有很強烈的情緒反應，甚至是會出現自我傷害的行為（如撞頭、咬自己、捏自己等），同時又伴隨著強烈的悲傷或憤怒的情緒。

　　這類個案多半在關係上都有嚴重的受傷，要不就是有一位非常的嚴格、高壓管理的照顧者或是照顧者總是疏忽、拒絕個案。導致個案內在很渴望得到關注，但卻一直都得不到，甚至還被拒絕、忽略，使得他又生氣、又難過，渴望想要得到關注，但又擔心害怕被責罵被或被拒絕，長期下來就形成這種衝突、矛盾的情緒。有些個案在因應這種衝突、矛盾情緒的方式，就是以自我傷害的行為伴隨著強烈的情緒

反應。

　　這類的個案多半都會是含羞草型的個案。有一小部分的個案還同時兼有孤雛淚型個案的特徵，亦即，有些這類的孩子除了會將強烈的情緒往自身做出傷害自己的行為之外，有時也會攻擊、拒絕別人，表現出不配合、不聽話的樣態，進而影響到他人際間的互動，呈現出孤雛淚型兒童的樣態。

　　8.手足競爭議題背後可能更是一種「失落」的議題。可能導致孩子壓抑自己的情緒或形成一種衝突、矛盾的情緒狀態，而呈現出具有含羞草型或孤雛淚型的樣態。

　　現今的社會經常呈現這樣的一種照顧模式。很多的孩子在學齡前是由祖父母或外祖父母照顧，這時候的孩子是極盡的被呵護關注。當到了要讀小學時，就離開長輩，回到了城市跟爸爸媽媽相處。通常孩子很快地就要開始上學學習，老師及爸媽都有很多要求及規範。這對多數孩子是一個很大的適應挑戰。

　　若在這之前，爸爸媽媽跟孩子的連結不夠親密，則孩子可能會伴隨很多情緒及親子間的互動問題。若家中還有弟弟或妹妹同住，爸媽經常是關注在弟弟或妹妹身上，對他多數是課業或生活上的要求。此時，孩子經常會有很強烈的情緒反彈，或經常對弟妹不友善。基本上，這樣的個案所呈現的狀態是一種手足競爭的樣態，其實更是一種失落及被疏忽的感受。有的孩子會呈現很不聽話、很難教導，有的則會有情緒樣態出現，動不動就哭鬧或生氣。若爸媽無法理解孩子內在狀態，過於嚴厲則有可能導致他們壓抑情緒，而變得既焦慮又退縮，呈現一個具有含羞草型樣態的個案。另外有些孩子會交雜著衝突、矛盾的情緒，得到爸媽的關注時，就像是一個小天使；若感受不到被關注時，就可能呈現不合作、不配合、故意唱反調的行為樣態，成為一個讓爸媽捉摸不定、很難管教的孩子，此時，這類孩子呈現出具有孤雛淚型樣態的個案。不管是含羞草或孤雛淚型個案，這類孩子內在的

一個核心議題就是「失落」，這個失落不是失去家人、寵物、心愛物件的失落，而是孩子渴望被關注、被看到的失落。

9.含羞草之玻璃心個案。內在脆弱經不起批評，卻經常抱怨別人、注意別人哪裡表現不好。

有些個案經常出現抱怨、埋怨別人對自己不好、不友善或不夠好，而他的這些抱怨、埋怨的目的就是要去證明別人不好或不夠好，因為唯有這樣，他才會覺得自己是有可能被關注的。亦即只有當別人不好時，好像才能凸顯自己的好。這樣的個案不大會有行為上的攻擊或與人有肢體衝突，但卻常是口頭上的批評、批判、埋怨或投訴，總覺得別人對我不好，或是很注意別人有哪些地方表現的不好。反之，若自己做的不好的地方被指出來時，情緒反應就會非常強烈，甚至有時會出現的情緒崩潰的狀態。筆者稱這類個案是一種「玻璃心」個案，內在很脆弱，但卻又不斷批評、批判、埋怨別人，因此，這類個案的人際關係都會很不好，經常是呈現一種人際疏離、孤獨的樣態。更值得注意的是這類個案長期下來就會呈現一種矛盾不一致的內在狀態，平日在面對人際互動時，會呈現焦慮、緊張、擔心、退縮等樣態，但這些樣態的更深層，卻是壓抑著很多的生氣、憤恨、不公平等強烈情緒。所以，這類個案平日看起來就是不開心、埋怨，但當他的「玻璃心」被刺激到，被弄碎時就會掉滿地、碎滿地，他的情緒反應會很強烈的。這裡類個案也經常是被歸為含羞草型中的退縮沒自信個案。

10.有分離焦慮或對於單元結束、結案有嚴重焦慮情緒者多半都有不安全感議題，多數是偏向含羞草型個案。

有些個案的不安全感不完全是源自於照顧者的疏忽，而是照顧者的突然離開，不是孩子預期中的消失。導致孩子情緒的不夠穩定，隨時都在擔心照顧者會不會離開，這也使得他們在人際互動上不容易與人建立關係，導因於內在的不安全感。但當關係建立起來之後，又會

出現分離的焦慮跟壓力；當眞的要分離、分開時，經常會出現強烈的情緒反應或退化。這都偏向於含羞草型的個案。

11. 主要照顧者罹患嚴重疾病或精神、心理方面的疾病，或照顧者自身就有比較焦慮、緊張等特質者，都直接間接的影響到孩子，使其也成爲一個容易焦慮、緊張或擔心的含羞草型個案。

有些個案的家長在管教上有很多的焦慮、緊張，尤其是對個案的衛生、乾淨、整齊或規範特別的過度關注，對於孩子的一舉一動、情緒、人際互動稍有偏頗，就會很緊張擔心，進而會過度干涉、提醒、限制，甚至責罵孩子。

照顧者這樣充滿焦慮擔心的管教態度，都容易讓孩子也是充滿了焦慮、緊張、擔心。孩子也常呈現擔心這個擔心那個，擔心這個做不好或會被爸媽罵等，長期下來，這孩子也就成爲一個非常容易焦慮、緊張的含羞草型個案。有些罹患癌症、嚴重疾病或憂鬱症、思覺失調症的家長，由於其自身生病事件帶來的焦慮與壓力，無形中也可能會增加孩子的焦慮及不安全感，而使孩子呈現出含羞草型的樣態。

12. 在學齡前發生轉換照顧者或照顧者離開、過世等事件，對個案都會有影響，尤其對於天生特質本就是比較內向、退怯的孩子，其影響會更大，多半都是含羞草型個案。

有些個案本身就比較是內向、害羞的。若這類個案在學齡前又有轉換照顧者或原先的主要照顧者離開、過世，或者是父母的離異等這些外在環境的因素影響，都可能使得本來就比較害羞、內向的個案，更趨向所謂的自我封閉、不敢表達或壓抑自己的需求，甚至面對不公平的對待也都是默默承受不敢表達。這類行孩子多半都是屬於含羞草型。

13. 不管個案被歸爲哪一種類型，若其成長過程有被嚴厲、虐待或拒絕、疏忽的管教樣態都必須加註說明。

若發現父母親（照顧者）的管教態度有嚴重的忽略、疏忽，或過

於任務導向，缺少情感的交流，又或有虐待、目睹家暴等情事時，不僅沒有滿足孩子的親密及被關注的需求，也使得孩子沒有足夠的安全依附，而呈現焦慮、冷漠或衝突矛盾的情感反應。此時，不管他是屬於哪一種類型的個案，都要加上這樣的一個成長經驗對個案所造成影響之描述或說明。因這樣的成長經驗對孩子有很深層之負向影響，對於這種經驗的了解，將有助於日後對個案的諮商輔導，這也說明概念化個案，不單單只是要了解他是屬於哪一類型的個案而已！孫悟空型中的對立反抗個案，以及含羞草型的退縮焦慮、自我封閉個案，通常有很高的比率都有被嚴重疏忽、忽略或高權威、虐待的管教經驗。

14.有被診斷具有臨床症狀者，一定要標明其臨床症狀。有時此類兒童的問題行為的惡化或嚴重，導因於照顧者或學校老師的不了解、不接納孩子的臨床症狀，這些資料都需加以描述。

對於具有臨床症狀的特殊兒童，如自閉症、過動兒、亞斯伯格等這類的兒童，必須關注他的這些問題行為是不是就是臨床症狀所呈現的樣態，若這些問題行為就是原本症狀的特徵，那可以不必歸類為哪一類型。

但若因為臨床的特殊症狀導致他在情緒、行為或人際互動上，呈現太緊或太鬆的樣態，那可以依據問題行為及內在需求來將其歸類，但仍要把孩子的特殊症狀加以說明，意即這類兒童的輔導要同時處理其臨床症狀，以及因這些臨床症狀導致或惡化的情緒、行為或人際互動問題。

那有些個案問題的嚴重或惡化是因為照顧者或學校老師不能接受或接納他的臨床上之特殊性，仍堅持以一般孩子的標準來要求個案，才導致個案情緒、行為人際互動上的問題惡化或嚴重時，可能在歸類的同時，更要強調須優先針對照顧者或學校老師做溝通。

❖第二節　個案示例❖

　　以下說明一下筆者在整理24篇個案初步評估報告時的幾個原則。

1. 每篇個案報告的格式架構大致就如本書所介紹的架構，內容其實不算是非常多，但都是很全面多元的蒐集，期待每篇報告都做到精簡又多元的效果。

2. 每個向度資料的蒐集都盡量符合「具體化」的原則，把握此原則後，就會發現資料不必很多，也能做出很深度的分析診斷。

3. 每篇個案報的分析診斷，都是依據該篇報告前面既有的資料來進行分析。因此，有關分析診斷的撰寫就都會以引號標示，強調這些內容是引用前面的資料，亦即是在有所依據的前提下，所做進一步的分析診斷。

4. 每篇個案報告都是不同的人撰寫，且包含臺灣、馬來西亞及中國大陸的兒童相關實務專業人員。筆者盡量保有原作者的內容，但這也使得每篇報告在描述及用詞上會有所差異，這受到原作者居住區域及其專業經驗與能力影響，但這也說明不同水準層級的專業人員，都可以應用本書之分析架構、理念與架構來做出有效的分析診斷。

5. 所有的分析診斷不盡然是周全及完美的，筆者期待每位讀者就是抱持著一個審視者、校閱者的態度，看哪些地方是贊同的，哪些地方不完全贊同，甚至有不同意見的，哪幾篇的個案與你所接觸過之個案類似，可以加以對照參考。

6. 本書每篇個案告的分析診斷內容都呈現在另一頁，其用意就是希望讀者在看完個案的相關資料後，能統整一下並對此個案進行自己的分析診斷，然後再閱讀本書的分析診斷內容，並加以對照。

　　讀者抱持著這樣的態度來審閱本書內容及每篇個案報告時，將會

有很大的收穫的。

　　本書的一大特色就是蒐集豐富多元的個案報告，同時也為了讓讀者更快能夠了解本書所有個案的樣態，特整理本書「個案摘要表」。各位讀者可以根據此表選擇與自己手上個案類似的或有興趣的個案報告先行閱讀。

編號	問題行為	背景資料	
1.小普	不主動與人交往，下課時間都窩在教室或校園角落，自言自語。 學習表現不佳，每天至少一樣作業或課本忘記帶回家或帶來學校。 同儕衝突，被取笑時，會與對方有肢體衝突。	◎家庭樣態 　10歲　老二 　父母均在夜市做生意。 ◎照顧者管教樣態 　忙於生意，無暇管教，也沒去處理作業沒寫問題。 ◎學校樣態 　導師對小普印象不佳，小普自陳在校很無聊，同學都欺負他。	孤雛淚型的渴望關注逐步走向鬆垮懶散的樣態。
2.小雲	對回家作業推諉卸責，一星期有二、三次說沒有抄到聯絡簿，或忘帶作業本等理由拖延、逃避寫回家作業。 輸不起的心態，分組競賽活動時，若贏了則洋洋得意，嘲笑別人「是白癡喔、笨蛋喔！」若輸了就心不甘情不願，與別組成員爭論。	◎家庭樣態 　8歲　獨生女 　案母需輪班工作。 　父母離婚。 ◎照顧者管教樣態 　過度寵愛，照顧近乎有求必應，致使小雲常以自己的需求為核心，很少考慮到別人的處境和需求。 ◎學校樣態 　只要有競爭或比較，小雲就會受動作較為粗魯和輸不起的	傾向孫悟空型的賴皮卸責樣態。

編號	問題行為	背景資料	
	自我中心，只顧著表達自己的意見，不會考慮當下的情境狀況，例如上課想表達時，就會一再打斷老師上課。	個性影響，出現推人打人，還有嘲笑、捉弄同學所導致。	
3.小怡	人際疏離，總覺得自己被同學故意排擠。 人際抱怨，經常向老師抱怨同學東西超過線、東西被同學弄丟等事件。 容易自我放棄，一旦無法達到目標或發現不夠完美，則會認為自己很笨、很糟糕因而放棄練習。	◎家庭樣態 　9歲　長女 　雙親家庭。 ◎照顧者管教樣態 　高期待並嚴格要求學業成績及生活。 　偏袒妹妹，對個案則多有要求。 ◎學校樣態 　對自我在課業表現上有較高的期待，但當認為無法達到時，會自我放棄。 　許多時候，會選擇性的隱瞞自己某些不合宜的行為，而小怡常覺得老師不公平。 　小怡在班上的同儕關係不佳，經常獨自落單一人。	傾向含羞草型的退縮焦慮樣態。
4.小淡	在校遇到挫折，就會情緒崩潰哭泣情緒反應強烈，小淡一年級時會因考聽寫過程，當還沒寫完，導師就念下一個	◎家庭樣態 　7歲　雙胞胎姊姊 　雙親家庭，案父長期在外工作。 ◎照顧者管教樣態 　案母管教長期忽略小淡的情緒感受。	傾向含羞草型的退縮焦慮樣態。

編號	問題行為	背景資料	
	詞，等類似事件時，會因此而哭泣半天或一整天。	父母親均一致認為小淡哭泣是為了達到其目的一種手段，因而自幼，長期以來他們均不理會小淡的苦泣。 ◎學校樣態 　導師表示小淡平時文靜乖巧、很少說話，說話的聲音也非常小聲，很少和同學互動，常在一旁靜靜地看別人玩。 　不管是考試、寫字、抄寫家庭聯絡簿，只要沒有達到他的標準或期待，他就會哭泣不已。	
5.小天	常與同學發生肢體衝突，從同學座位旁邊走過，就無故伸手拍打同學的身體。 　發出聲響干擾上課，時常對導師的管教不滿，進而常出言頂撞老師，或在上課中推擠桌椅、嚴重干擾上課。	◎家庭樣態 　12歲　長子 　新住民媽媽。 ◎照顧者管教樣態 　案父高壓管教，曾大力的鞭打小天小腿。小天對案父平時的管教常感到不理解與有情緒，如無緣無故被案父禁止看電視，感到生氣、怨恨，但是不敢說，怕會被案父打。 ◎學校樣態 　如問題行為內容。 　唯小天會頻繁地找認輔老師聊天，認輔老師覺得小天是渴望有人陪他談心。 ◎個案臨床診斷 　注意力不足過動症（ADHD）與輕微的亞斯伯格症。	「孤雛淚型」樣態逐漸走向「孫悟空型」之對立反抗型的趨勢。

編號	問題行為	背景資料	
6.小風	敏感生活的變動，對一些生活上的突發改變一時間難以接受，就會以哭泣的宣洩方式來表達。 在學校不與其他同學互動，也不喜歡參與團體活動。	◎家庭樣態 　6歲　長子 ◎照顧者管教樣態 　關注接納。 　了解小風的需求之前提下，案母都會儘量滿足其需求。案父當小風有情緒波動時，選擇讓小風獨自繼續宣洩直到平復。 ◎學校樣態 　小風和老師都有良好的交流，會主動擁抱老師。 ◎個案臨床診斷 　自閉症譜系障礙。	屬於正常範圍內的「含羞草」樣態，自閉症譜系障礙的典型樣態。
7.小福	假期之後就出現早上拒絕上學行為。 拒絕在日託班（安親班）完成功課，要求拿回家寫，在家就願意完成作業，且完成後會問父母「我功課做完了，我乖嗎？有什麼surprise？」	◎家庭樣態 　6歲（姊姊大19歲）養子 ◎照顧者管教樣態 　父母寵愛，在領養了小福的那一年，家庭生活順利，生意蒸蒸日上，父母對小福更是視如己出，疼愛有加。 　父子關係親密，小福常會撒嬌要案父揹著他走。 　界線模糊，孩子每日該做的數學復習（他很不喜歡），往往因為時間晚了就取消復習。 ◎學校樣態 　朋友向他討東西而毫不猶豫的把身上的物品送人，發現有	傾向孫悟空型的賴皮卸責樣態。

編號	問題行為	背景資料	
		同學帶點心去學校，也會要求媽媽也給他準備點心去學校。	
8.小自	上課分心發呆，點名作答常答非所問。 　人際疏離，不參與班上的活動。 　膽小，10歲重回案父身邊時非常容易被驚嚇，一直不敢自己一人睡在一間房。面對不合理對待不敢捍衛自己，不敢得罪別人。	◎家庭樣態 　12歲　獨子 　8歲前幾乎都是傭人照顧，8歲時父母離異，兩年與案母同住，有半年未見過案父，10歲重新回到罹癌案父身邊。週末到案母家。 ◎照顧者管教樣態 　案父過去忙於工作，目前患癌在家修養，父開明講理，小自會與案父一起修理家電、也一同建造了一座噴水池。 　案母則注重物質的給予，週六到案母家，通常案母會帶小自外出吃喝玩樂，逛商場，買禮物玩具給小自。 ◎學校樣態 　10歲重新回到案父身邊發現其程度只有小二，同時小自在校常被一位同學打或用鉛筆戳，有一次差點被鉛筆戳傷眼睛，但小自都隱忍不敢向老師說。後來被案姑姑發現後，立刻將小自轉學到另一所國際學校。在這所國際學校只唸了一年，因被班上的一位同學遊說其他同學杯葛小自不和他講	傾向含羞草型之自我封閉樣態。

編號	問題行為	背景資料	
		話，讓他在班上交不到朋友。因此又再轉去另一私立學校。在此所私立學校，由於小自是插班生而且不同種族，令他很難融入班上。	
9.小如	因作弊遭導師羞辱處罰後懼學，每天早上準備出門上學前就開始嚎哭，甚至嘔吐。到了校門口更放聲大哭，拒絕進入課室。	◎家庭樣態 8歲 獨生子女 案母患紅斑性狼瘡，經常出入醫院。 ◎照顧者管教樣態 案父認為給小如想要的物件、物質安撫就是愛小如的表現。 案母不認同案父常滿足小如的物質需求，則採取凡小如要求的，她都拒絕。 當小如有不適當行為時，案父會於打或罵的方式處罰小如，案母則用說道理的方式與小如溝通。 ◎學校樣態 小如開始上幼兒班時，哭鬧了兩個月，逢學校假期開學後也是如此，進入小學一年級也哭了兩個星期。 老師曾對案母描述小如是個沒有自信的孩子，可能是暴牙的關係，說話、讀課文時發音不準確，還常常被同學們譏笑。	傾向含羞草型之退縮焦慮樣態，又因作弊事件造成個案自我嚴重受到傷害，使其更不安、焦慮而懼怕上學。

編號	問題行為	背景資料	
10.小同	對案母自殺過世，情感反應太平淡，沒哭也沒鬧的。	◎家庭樣態 　　7歲　獨生子 　　案母患思覺失調症，情緒有時會不穩定，案母與案父爭吵過程，經常會情緒失控地摔東西。小同自幼就都有目睹父母爭吵的過程。 　　小同6歲，案母自殺身亡。 ◎照顧者管教樣態 　　小同與案母關係很親近，也喜歡黏著案母。若案母不在家時，則會一直詢問案母去哪裡？何時回家？ 　　據案父描述，小同平常比較乖巧，但若不乖時，案父會大聲罵小同，他常會僵住沒有表情，動作緩慢，似乎是受到驚嚇。 　　小同就曾因為學校老師生氣，而不敢表達想去上廁所，導致他在課堂上因忍不住而尿了褲子。 ◎學校樣態 　　小同非常聽話，幼稚園老師也挺喜歡他。小同面對陌生人時會比較害羞，被動，需要別人跟他示好，他覺得安全才會跟對方玩。	傾向含羞草型的自我封閉型樣態。

編號	問題行為	背景資料	
11.小喜	膽小怕黑，亮燈的情況下，也不敢自己一人在房間，害怕獨處。 　情緒爆發時偏激破壞。看到案父逗案妹咯咯笑，本來要睡覺的小喜，頓時情緒爆發，跑到案父面前大哭，情緒激動，並抱怨案父和案母只愛案妹，不愛自己。 　和案妹爭玩具被案父指責時，小喜就把玩具往地上摔壞掉。 　班裡兩個淘氣的小A和小B「壞孩子」在說她的壞話，對他們非常的痛恨，甚至想用刀切了他們。	◎家庭樣態 　7歲　長女 　父母工作繁忙，學齡前奶奶照顧。 ◎照顧者管教樣態 　相對於案母，案父與小喜的互動多些，包括探望、陪玩。但案父遇到一些小喜沒表現好的事情，也會責罵小喜，會說：「這個你學不好、那個你也沒做好……。」 　小喜快3歲時，案妹出生，案母主要負責照顧案妹，參與小喜的成長極少。小喜看到案妹得到案父案母關愛多的時候，會有情緒爆發，製造機會打案妹。 ◎學校樣態 　小喜在學校很獨立，非常積極幫老師收拾教室環境，不太愛表達交流；案母也說小喜很喜歡老師，每天去接她時對老師都依依不捨。	兼具含羞行草型之退縮焦慮與孤雛淚型之渴望關注樣態。
12.小平	典型學霸卻對成績表現感到緊張焦慮情緒緊蹦、害怕就學，但到了學校，案老師回饋她也能正常上課，而且感覺很快就能適應一切正	◎家庭樣態 　9歲　長女 ◎照顧者管教樣態 　案外祖父母從小對小平照顧的超級仔細和認真，讓案母覺得好像近似有些強迫，「怕新	傾向王妃公主型之追求完美樣態。

編號	問題行為	背景資料	
	常。	襪子會勒傷小平的腿，都會把新襪子用針挑鬆了才讓穿」。 　　2歲半前，個案是案外祖母帶大，父母為了彌補，那段時間案父母很寵她，給她買很多的東西。小平8歲時，案母得了憂鬱症，情緒易波動，對小平很沒耐心，會打小平，如：打耳光，甚至有一次用刀子威脅小平，要捅死她。 ◎學校樣態 　　小平成績很優秀，各方面表現很好，所有的老師都很喜歡她，學校老師經常在班級及家長群表揚她，要其他同學以她為榜樣。	
13.小安	懼學，常哭鬧、肚子痛為由不願意上學，且都發生在星期一。 　　情緒低落不開心時就會打頭說自己笨，死了算了！	◎家庭樣態 　　8歲　長女 　　案父常出國洽公。 ◎照顧者管教樣態 案母投入工作，甚少和小安互動或玩遊戲。互動多數都是做家務和做功課。案母會要求小安做家務，如果小安不做，案母會告訴小安「那你就別住在這間骯髒的家，你搬出去住」、「不乖，媽媽不喜歡你」，「這樣放學時，媽媽就不來接你回家」。	傾向含羞草型之退縮焦慮樣態。

編號	問題行為	背景資料	
		案父常出國，小安曾表示她經常會擔心爸爸發生事情，沒能回家。小安只有在週末看到案父。案父很忙，他倆也很少有互動。 ◎學校樣態 　小安和案母分開時，會很怕案母不見。小安在學校和安親班常不開心，沒有朋友，沒有她喜歡的老師。 　小安在學校表現是很有禮貌，很乖巧守規矩的。但小安對同學的言詞很敏感，常覺得同學討厭或批評她，而感到不開心。	
14.小得	1.人際關係疏離：小學時經常獨自站在操場自己轉圈玩，不主動找同學玩，同學也不跟他玩。 2.固著與堅持，寫作業總是擦了寫寫了擦，邊哭邊寫，邊哭邊擦，自己發自己的火，生自己的氣。他無法忍受哪怕一個字寫不好或一個標點錯誤，一定要糾正修改。 3.不敢自己做決定，很	◎家庭樣態 　10歲　長子 　案母有產後憂鬱症。 ◎照顧者管教樣態 　父子關係疏離，案父自述對小得要求都很嚴苛，不善於與小得互動交流，小得不聽話時會吼小得、教訓、講道理，還會說氣話狠話。 　小得與案母關係較為親密，但案母總是惦記著還有很多事情沒有做完，有時缺乏耐心聆聽與配合。有時壓力過大而小得又不配合時，會情緒爆發歇	傾向含羞草型之退縮焦慮樣態。

編號	問題行為	背景資料	
	多事情都需要大人幫忙決定或覺得自己沒有能力做好。例如：「爸爸，你來幫我選吧，我不知道選哪個。」 每天為了完成英文作業，小得都會很難過和洩氣，有時還會因煩躁，掉眼淚，摔書，然後開始崩潰哭泣。	斯底里對小得大吼：「沒良心！自私鬼！滾！現在！！馬上！！滾！！！」 ◎學校樣態 　在校師生關係比較疏離。小得拒絕談論在學校的情況，偶爾會不小心說出被老師責罵，曾表達回學校會倒楣。 　案母描述小得不主動與人交往，班上同學也不跟他交往，他到二年級時在班上交到一個朋友，同時也是鄰居。	
15.小壽	情緒反應強烈，案父提醒小壽吃飯，並拿走了他正在玩的平板，小壽就跑到屋裡去哭。 　不吃飯，一個人占兩個人的地方，也不坐下，講道理也無法平復情緒，案父嚴厲的罵了小壽兩句，小壽情緒升級，哭了半天。 　早上吃飯時，小壽把腳翹到桌子上，案父要求他放下去，並打了一下他的腳。小壽就生氣的把案父的碗踢翻。 　挫折忍受力低，玩玩具不如己意就生氣不	◎家庭樣態 　5歲　老二 　案父母關係緊張、案父酗酒。 ◎照顧者管教樣態 　案母描述案父只要孩子們的行為不會打擾到他，案父就不會干涉，孩子的行為打擾到案父，案父一般是比較直接的去制止，生氣時會打兩下小壽。 　案母自稱，照顧孩子們時，比較缺乏耐心，當小壽因為案母的要求而哭鬧時，更多的是講道理，讓小壽認錯，小壽如果表現出反抗，案母可能會不耐煩的打。平時案母對小壽雖然有要求，但小壽經常沒能做到。	兼具孫悟空型的賴皮卸責及孤雛淚型之鬆垮懶散樣態。

編號	問題行為	背景資料	
	玩。 　　遇到困難就放棄該件事：案母稱小壽很難堅持完成一件事，比如：小壽喜歡拼樂高，但遇到不會的地方就不再拼了。	◎學校樣態 　　老師描述小壽平時愛「無言的抵抗」老師們的要求，且對學習興趣不大，對學習信心不足。小壽平時喜歡模仿別人，尤其是不當行為。 　　很喜歡幫老師們做事情，很看重老師們給予的正向回饋，希望得到更多關注。	
16.小婉	情緒敏感，不喜歡人家講，評論她。遇到不隨她意的事情也容易不開心，嚴重起來，小婉幾乎可以生氣和傷心或不開心1～2小時。 對於與親密的人，如好朋友、家人說分離或道再見的情境，小婉突然會哭泣，感覺非常悲傷。 人際焦慮：小婉會擔心同學們不跟她玩，也認為不被同學、老師喜歡就是屬於「不乖」或「不好」的孩子。	◎家庭樣態 　　6歲　老二 　　家裡非常重視長老有序的觀念。小婉3歲開始就會好奇的問：「為什麼我不是排第一？」或「為什麼是哥哥先出生？」「我可以再重新選擇嗎？我想排第一。」 ◎照顧者管教樣態 　　案母對子女的身心發展特別重視，總是親身親力的專注陪伴著孩子，孩子做錯事會以更大的包容與理解的態度來處理。 　　案父則是「天生天養，天公庇佑」的概念。當孩子們有犯錯，就得即刻改正和懲罰，讓孩子負起責任。 　　小婉喜歡跟案母在一起，當案母去工作或出國了，都會讓小婉很傷心也很害怕。	王妃公主型之追求完美＋含羞草之焦慮樣態。

編號	問題行為	背景資料	
		小婉轉入新幼稚園時的第二天，案父案母就出國了。在那段時間，天天告訴案姨自己覺得害怕和想念案母。案母回來後，每個晚上更是要求要案母陪到她入睡為止，這樣的情況持續了半年才停止。 　小婉雖是年紀最小的女生，但就是不服輸，有一次踢足球，她一路追球一路嚷著：「我要拿第一，我要拿第一……」直到球被案哥踢進藍中，她頓感絕望，蹲下身子哭泣，不斷還嚷著：「我要拿第一。」 ◎學校樣態 　小婉把專注力放在學習上，非常用心，晚上背課到午夜，就是為了要考到100分。 在學校的學習上，小婉非常認真和努力，也非常有禮貌。個人學習上，小婉在電腦的運用上，獲得學校冠軍獎勵。	
17.小康	膽小、適應力差。害怕陌生人、陌生環境。例如與不熟悉的親戚吃飯，直接趴在進餐廳的門口地板上，不願意進門。	◎家庭樣態 　4歲半　獨生子 　案母罹患憂鬱症。 　家庭氣氛常有爭執、矛盾。 1歲半起多次搬家。 ◎照顧者管教樣態	兼具孤雛淚型之渴望關注及部分含羞草型之退縮焦慮兩類型的樣態。

編號	問題行為	背景資料	
	攻擊行為，不如己意時就打人。如：沒有經過他同意就拿了他的玩具；若讓個案覺得別人是在批評或取笑他，例如「＊＊騙人、說謊」，個案就會動手打人。	案母易怒，習慣性打罵、恐嚇。 案母自陳自己比較易怒，當小康有問題行為時會習慣性打罵或直接懲罰，會把他最喜歡的讀書與遊戲時間取消，或直接威脅說：「媽媽不愛妳了。」「你找爸爸吧，我不想陪你了。」 小康與案父相處融洽，喜歡跟案父玩遊戲、看書，案父沒工作在家的半年時間裡，小康（2歲半~3歲）各方面都表現得很好。但從案父開始工作，沒有時間像過去這樣陪伴小康後，小康的行為問題逐漸浮現。 ◎學校樣態 小康自3歲開始至今就讀過3所學校。3歲時就讀一所早教機構三個月；後就讀一所私立幼兒園四個月；然後又轉到一所公立幼兒園迄今。 在校經常與同學打架、衝突。若有專注的陪伴則表現穩定。	
18.小儉	1.學習不專注 期中考試，小儉一個字也沒寫，趴桌子睡覺來	◎家庭樣態 10歲　獨生子 6歲前案祖母教養。	孫悟空型之對立反抗伴隨著「自暴自

編號	問題行為	背景資料	
	著，語文4分，數學0分。 2.不遵守規範 （不帶課本、不交作業、上課不是睡覺就作亂） 對所有老師、校長，沒有懼怕，說也不聽，打也不聽上課也不拿書了，作業也不交。在學校每天就是等著盼著吃午飯，然後體育課去操場玩。 在家裡不自己讀書，一定要案母陪讀。 3.人際孤獨 在學校沒有同學跟他玩，他總是一個人，比較孤獨。	◎照顧者管教樣態 　　6歲前是由案祖母照顧，案祖母的個性比較安靜、內向，沒有朋友聚會，也不經常出門，經常把小儉一個人放在嬰兒床。不和小儉說話交流。案父母會在每天晚上下班後陪伴2個小時，然後離開。 　　案父常批評、說教與打罵。案父也承認自己個性特別急躁，特別喜歡批評、挑剔小儉。案父現在就完全不管孩子了，除了開車接送孩子上下學，別的事一言都不發。 　　案母個性比較急，易焦慮，對小儉批評和說教比較多，小儉就會因為媽媽的指出錯誤或批評他，而傷心難過的趴在桌上哭。 ◎學校樣態 　　如問題行為描述。	棄」、「自我放棄」心理狀態。
19.小揚	易生氣、自我傷害，如解題有困難或忘記正確答案時，就會摔桌上的書本文具、踢桌椅，甚而出現撞頭等激烈行為。	◎家庭樣態 　　老三　　10歲 　　單親，祖父母教養。 ◎照顧者管教樣態 　　高控權威，案祖父屬高控權威性格，遇到小揚不順從時則打罵處罰，多次與小揚衝突甚至引起小揚動手打祖父。	傾向孤雛淚型之渴望關注樣態。

編號	問題行為	背景資料	
	小揚經常以吵鬧或情緒勒索形式得到玩具或零食等物品。例如：想要買玩具不被答應時，會不斷吵鬧或以「你們不答應，我就要去撞車……」等言語要求。 人際關係差，霸道的要同學順從他，依他的方式玩，若同學不順其意，就生氣。	案祖母則較為寵溺。 　案父脾氣暴躁，亦常責罰管教。 　案導師經常輔導同學要對小揚包容與協助。小揚自述喜歡待在自己的教室，也很喜歡與導師互動及連結。 ◎學校樣態 　案導師經常輔導同學要對小揚包容與協助。整體而言，班級同學對小揚是友善包容的。小揚自述喜歡待在自己的教室，也很喜歡與導師互動及連結；小揚有幾位固定的玩伴。 ◎個案臨床診斷 亞斯伯格症、ADHD。	
20.小德	身體化疾病。小德已有2～3年的時間表示肚子痛或頭痛，最近被檢查有胃潰瘍的問題。醫生懷疑有心理情況影響生理情況。 焦慮情緒，上課談及與家庭有關的課程時，突然開始哭泣，原因是案父母吵架時，案母會口語威脅要殺掉案父或家人，小德很擔心他在上學的時間，案父會被	◎家庭樣態 　長女　9歲 　三代同堂、婆媳衝突、案父母關係衝突。 ◎照顧者管教樣態 　案父為主要照顧者，案父會關心、聆聽小德學校發生事件，小德住院時的主要照顧者亦為案父。 　案母於小德大班時，經醫院確診為身體化罕見疾病，至此之後，主要照顧者多為案祖父母與案父。案母陪伴小德時間	兼具王妃公主型之追求完美等待指令與含羞草型之焦慮樣態。

編號	問題行為	背景資料	
	案母殺掉。	相對較少,多為物質上的提供。 ◎學校樣態 導師眼中小德是一個懂事、負責、對自己要求高的孩子,不需要太擔心小德在校的表現,小德會自我要求做好的。 學科能力表現佳,導師甚至認為小德對自己的成績要求太高,會時常以成績表現評價自己,認為自己用功、努力是應該的,小德也表示自己努力認真才不會為案父帶來更多壓力和擔心。	
21.小上	說謊,拿了姊姊的東西卻不承認、吃了冰箱內的食物或喝了飲料都不承認、弄哭弟弟也說不是她。 經常發脾氣／霸道,總是要拿取或占有她姊姊的任何東西,如果得不到,她就會大喊大叫,甚至哭鬧或以欺負弟弟來發洩。 過動,易分心。玩的遊戲或玩具都不持久,不會超過10分鐘。一份	◎家庭樣態 　4歲　老二 ◎照顧者管教樣態 　管教態度嚴厲,常打罵。 　媽媽脾氣暴躁,很容易發脾氣,只要小上與姊姊吵鬧或起爭執,媽媽就會罵她們,媽媽會更嚴厲地責罵小上。媽媽也阻止及生氣小上跟弟弟玩,因為媽媽擔心小上會用力過度傷害到還是嬰兒的弟弟。 　爸爸會認為小上是個不聽話的孩子,只要發現小上撒謊,會以撒謊的嚴重狀況而對小上	傾向孤雛淚型之渴望關注樣態。

編號	問題行為	背景資料	
	簡單的課業，如寫兩行（12個）生字，無法自己完成，也無法一次完成。	訓話或打她。 ◎學校樣態 　導師的評語是小上是個友善親切的兒童，有很多同學都喜歡跟她玩，不過就是太愛說話，專注力容易被干擾，因此在上課時，常容易分心。	
22.小善	不公平議題，工作分配、遊戲規則或課堂小組分工時，小善會因分配不公平而與其他同學大聲爭辯、摔東西或動手推人，當下也會不斷抱怨「為什麼他們可以我就不行」。 　人際衝突、小善與同學意見不合時，小善容易有強烈情緒反應，有時還會動手推對方，也曾在衝突後，表達想死念頭。	◎家庭樣態 　11歲　長子 　家庭暴力，案父酒醉後，整個家就變得很緊張、衝突，會以肢體毆打案母及案兄弟，平均每月會發生三至四次。 　小一時，曾目睹案父喝農藥自殺未遂。 ◎照顧者管教樣態 　案父平時較疼愛小善，但也會對小善施暴，施暴後案父會透過添購玩具來彌補小善。 　案母則是較重視小善的課業表現，會督促其功課，相對較少有情感上的連結。 ◎學校樣態 　小善在班上有四、五位較要好的同學，下課會玩在一起。若遇有不公平的事情時，小善會主動替同學出氣。 　小善平時是個順從聽話、文靜的孩子，但若與同儕意見不	兼具孤雛淚型之渴望關注吉含羞草行之退縮焦慮樣態。

編號	問題行為	背景資料	
		合時，較容易有強烈的情緒。導師描述感覺小善順從、順服，也不會故意欺負同學，但內心卻是很不安、充滿擔心與焦慮，所以，容易一件小事或挫折就爆發情緒。	
23.小若	人際衝突、小若遇到不順心時易怒、爆粗口或打人。 　曾因班際跳繩比賽輸了而大哭，回到班上怒摔許多同學的書包、餐盒，邊摔邊指責同學。 　不服師長管教而無視或頂撞師長。遇到沒興趣的課程，例如國語、社會等科目，小若會故意扮鬼臉逗同學或哼歌自娛。經任課教師制止後小若仍不聽勸，繼續自顧自地哼歌或出怪聲。	◎家庭樣態 　12歲　獨子 　單親（小若2歲時父母離婚，案母獨力撫養）。 ◎照顧者管教樣態 　案母平時對小若採放任管教，只提供基本生存的溫飽；有時小若早上睡過頭，上學遲到了，案母也只是無奈讓他繼續睡了。自身工作壓力與小若在校狀況頻傳，常對小若有情緒性言語，例如「我不要養你！叫你爸把你帶走」，或是「我乾脆叫警察把你抓去關！」上了高年級後，案母也因小若怒打低年級學生與同學打架事件，多次被校方請到學校向對方家長道歉，當眾發飆掌摑小若。 ◎學校樣態 如問題行為描述。	傾向孫悟空型之對立反抗樣態。

編號	問題行為	背景資料	
24.小吉	自我要求高，考試前因焦慮而失眠、尿床。 　　害怕表現不佳而不主動加入遊戲：小吉理解及反應能力俱佳，但其對於自己沒把握、沒玩過的遊戲或活動，會選擇先較長時間的觀望，一定要等到很有把握了，才會願意加入新遊戲或活動中。	◎家庭樣態 　　長女　10歲 　　高社經家庭、三代同堂。 ◎照顧者管教樣態 　　案父因其在外科部複雜繁重的工作內容與不容有失的壓力，平時表現就是不苟言笑，行事風格一板一眼的。而案父不只自律甚高，其對小吉的生活常規、禮儀與衛生等也都是嚴格地要求，例如寫字字體要端正，一筆一畫、大小、間距都不能馬虎，吃飯時坐姿也要端正，飯粒不能掉 　　案母自述自己比較崇尚民主自由的教養風格，但能體諒案父求好心切的心意，通常會配合及遷就案父的教養作為，但有時候會出言提醒案父不要太過嚴厲等等。	傾向王妃公主型之追求完美樣態。

你還愛我嗎？

常常看到小普獨自一人，躲在教室角落
似乎不在意周遭的一切
其實是很渴望被關注

一、基本資料

1. 姓名：小普　　　　2. 性別：男　　　　3. 年齡：10歲
4. 年級：小學四年級　5. 排行序：老二
6. 家庭概況：目前小普與案父及案母、一個哥哥、妹妹住在一起。
   去年搬家以後，父母親一起在夜市擺攤，每天收攤後都凌晨才回
   到家，所以小普出門上課，父母親也不曉得。大哥就讀小五，妹
   妹則是小三。
7. 家系圖：

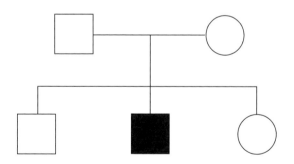

二、問題行為概述

　　小普是由該班導師轉介到輔導室。茲將其問題行為列舉如下。

1. 不主動與人交往：小普平常不太與同學互動，在下課時間都窩在
   教室或校園角落，自言自語。例如小普最常在下課期間，跑到教

室後面的書櫃角落坐著，也不主動與同學互動。有時還會跑到操場邊的遊樂器材下的空間，獨自一個人自言自語。

2. 學習表現不佳：小普每天至少一樣作業或課本忘記帶回家或帶來學校，有時候甚至全部都沒帶回家。

3. 與同學有肢體衝突：若有同學叫其「怪咖」的綽號取笑他，或碰觸到他的身體，小普則會與該位同學有肢體上的衝突。例如上一週吃完午餐之後，有一位同學叫其「怪咖，你幹嘛也跟我吃一樣的食物。」小普先瞪了那個同學一眼，後來該位同學繼續挑釁他，向他說：「哎呦，生氣了喔！」小普就把他的食物推到地上，兩人便相互毆打對方。

三、背景資料

為更了解小普之問題行為，以做正確之診斷與進行結構式遊戲治療，所以，從下述幾個小普的重要他人及診斷工具來蒐集相關的背景資料。

（一）生長史：小普是早產兒，3歲以前發展皆落後於一般幼兒，小普上幼稚園後發展漸追上同年齡幼兒。體弱，時常感冒、生病。沒有重大疾病史。

（二）家庭生活：

1. 親子關係：據案母描述，小普平常下課偶而會到夜市幫忙，但大多數都會直接回家，自己去買晚餐回家吃。假日的時候，小普白天都會去補習，中午回到家會跟家人一起吃飯。

2. 父母管教態度：父母親無暇照顧，平日忙於夜市生意。例如，對於導師所寫在家庭聯絡簿上之「沒寫作業，忘記帶東西」等事項皆未做處理。放學後也任憑小普在街上到處閒晃。

3. 小普生活概況：從小普自述及案母描述得知，小普平常放學後都會一個人去街上逛逛，偶而會去網咖或遊樂場。玩到快八點

才回家寫功課、洗澡。假日時，有時會和妹妹一起玩。

（三）學校生活：

1. 目前導師對小普印象不佳，從導師的描述中，對小普有許多情緒用詞，例如「孤僻」、「天天心不在焉」；對小普的一些行為表現也有不滿之意，例如「每天千叮嚀萬囑咐他要完成……沒有一次做到……。」

2. 小普自陳學校很無聊，學校同學都欺負他，所以只有一位比較要好的同學。

3. 一年級導師描述小普非常活潑，也很有創造力，人緣很好。並沒有什麼特別的偏差行為。

4. 與小普的會談過程中，小普描述：「我討厭現在這個地方，我想要回到以前那的地方。」「覺得自己是從三年級才開始變不好，以前都還好。」「我想要在一個沒有人認識我的世界。」

（四）各種測驗結果：

1. 看圖說故事：從此測驗的結果，有四項發現。

(1)媽媽有時候很情緒化。

(2)渴望被關注，但媽媽經常是忽略孩子感受。

(3)覺得自己很孤獨、孤單。

2. 語句完成測驗：

(1)生活是無聊的。

(2)人際支持少，覺得孤單。

(3)不喜歡現在學校生活。

(4)自我概念低。

四、分析及診斷

（一）基本資料

1.從家庭概況、家庭生活資料，可以感受到，小普是被疏於照顧的。

2.從問題行為的第二、三點可以感受到，小普的行為是屬於「鬆」的內涵。但小普「會與同學有肢體衝突」，多半都是因為同學叫其「怪咖」及故意挑釁他，小普才會與同學有肢體衝突。可見小普不是想掌控或想擁有自主權力而與同學有衝突。這就比較不是孫悟空型想要擁有權力的樣態。

（二）重要關係中

1. 小普與父母關係

(1) 多數都會直接回家，自己去買晚餐回來吃。

(2) 導師所寫在家庭聯絡簿上之「沒寫作業，忘記帶東西」等事項皆未做處理。放學後也任憑小普在街上到處閒晃。

可以感受到小普與父母的關係是疏離的狀態。

2. 小普與導師關係

(1) 一年級導師描述小普非常活潑，也很有創造力，人緣很好。並沒有什麼特別的偏差行為。

(2) 現在導師的描述，小普是「孤僻」「天天心不在焉」，對小普的一些行為表現也有不滿之意，例如「每天千叮嚀萬囑咐他要完成……沒有一次做到……。」

(3) 小普自述：「我討厭現在這個地方，我想要回到以前那的地方。」「覺得自己是從三年級才開始變不好，以前都還好。」

一年級導師對小普是持正向態度，但目前導師對小普是持很負向的觀點，再從導師講述的是「天天……」「每天千叮嚀萬囑咐……」，可以感受導師對小普已經很有負向情緒且是否定小普的。

由上可知，目前小普在學校是被導師拒絕或否定的，進而導致小普在學業表現不佳，加上「孤僻不與同學交往」也是一種疏離的狀態，整體呈現出疏離與被否定的狀態。

綜上，小普目前與父母成疏離狀態，沒有得到足夠的關注與支持；在學校也是被拒絕或否定的，導致其在學業表現不佳，人際互動呈現孤僻不想與人交往的狀態！一段時間下來，小普開始有孤單的情緒感受，但應尚未到退縮、逃避的樣態。因此，判斷小普是偏向「孤雛淚型」的個案，且從渴望關注逐步走向鬆垮懶散的樣態。

五、結構式遊戲治療介入原則及策略遊戲選擇要點

1.建構一個穩定正向關係及連結。

建構一個穩定的遊戲單元時間。

建構布偶客體與小普的連結。

設計「束口袋」活動或具有類似滋養撫育效果的活動，並使其成為一個「儀式性」的活動。

2.滋養撫育的過程中，提升孩子的自尊與自我肯定。

在自由遊戲過程，讓小普感受到自主與掌控，同時在初期多運用「提升自尊」、「照相」、「見證」等技巧，提升小普我能感及自我概念。

3.運用圖卡媒材接觸小普的內在情緒或感受。

運用「情緒臉譜」圖卡，引導小普接觸並表達在校被老師責罵或同學衝突的情緒感受。

在評估與小普關係建立進入穩階段時，選擇適當繪本或故事（如我變成一隻噴火龍），以隱喻方式引導小普覺察到自己與同學衝突時的情緒、想法，進而學習有效因應方式。

附錄
語句完成測驗分析

- 生活是無聊的
1. 我喜歡睡覺
8. 我覺得好無聊
11. 我不能做我想做的事
15. 讀書好無聊
29. 活在世界上好無聊

- 人際支持少，覺得孤單
1. 我需要朋友
19. 有時候我好孤單
21. 我在學校裡沒朋友
22. 我是個很邊緣的人
23. 我最討厭莫過於沒有人陪我
24. 我希望大家都可以陪我

- 不喜歡現在學校生活
20. 使我痛苦的是學校、家裡
27. 我的老師很醜

- 自我概念低
28. 我最大的憂慮是考試考不好
12. 當我年紀小的時候很白癡

千錯萬錯都不是我的錯

我行我素只是剛剛好而已
因為我是家中的小霸王
大家都得聽我的

一、基本資料

1. 姓名：小雲　　　　　2. 性別：女

3. 年齡：8歲　　　　　4. 年級：小學二年級

5. 排行序：獨生女

6. 家庭概況：單親家庭，案父母在小雲出生後不到半年，即因案父外遇導致雙方離異，小雲目前和案外祖母、案母同住，案家為自有的大樓住家，有管理員。案外祖母公務人員退休，案母在上市公司生產部門擔任作業小組長職務，家庭居住環境佳，經濟不虞匱乏。

7. 家系圖：

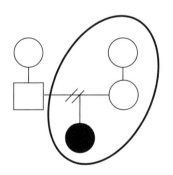

二、問題行為概述

　　1. 自我中心：案導師表示小雲上課時只顧著表達自己的意見或做自己想要做的事，不會考慮當下的情境狀況，如上科任課時不配合老

師的要求，一再打斷老師上課，課堂上自顧跟同學聊天說話、隨意走動、要求要看影片、玩遊戲等等，這樣的情況在校幾乎每天發生。

2.輸不起的心態：體育課或科任課分組競賽活動時，小雲所在的分組若贏了則洋洋得意，嘲笑別人「是白癡喔、笨蛋喔！」若輸了就心不甘情不願，與別組成員爭論玩法或規則，若爭辯不過同學就會自己生悶氣，要不就是演變成和同學激烈爭吵。總之，班級活動常因小雲挑釁的言詞或要賴的行為而鬧得不歡而散，遊戲或比賽也因此無法繼續下去。

3.對回家作業推諉卸責：案導師表示，小雲對於書寫性質的作業會以謊稱沒有抄到聯絡簿、老師沒有交代或忘帶作業本等理由塘塞，一星期平均有二、三次這樣的情況發生，有拖延、逃避，推卸責任的情形。

三、背景資料

（一）生長史

依案母所述，小雲是33週早產兒，自小就體弱多病，經常感冒、皮膚過敏，頗難照料。小雲的生長曲線落後一般孩童，身材較班上女生顯得較為瘦小。

（二）家庭生活

1.與案父方家屬的親子互動概況

案母對案父非常不諒解，協議離婚時要求案父與案家斷絕一切往來。但在小雲就讀幼稚園中班時，案父和案祖母開始會去幼稚園探視小雲，一開始案母無法接受，不過因為案父擁有探視權，最後協調案父和案祖母只能到學校探視小雲，一學期到校探視小雲約二、三次，案父與小雲相處的時間非常有限。

2.與案母方家屬的親子互動概況

小雲為案家唯一小孩，自小又身體不好，案外祖母和案母對小雲

的教養方式是既放任又順從。小雲通常只要稍加堅持或哭鬧，就能夠遂己所願。例如講好電視只能看到六點，時間到就得要去洗澡，但幾乎每次都無法落實執行約定，小雲只要一哭或堅持，案外祖母就放任小雲繼續看電視。

　　案母工作是輪班制，有時上下班時間不能配合，就無法關照小雲的生活起居或學校功課。

3. 管教態度

　　案導師轉述案母反應這學期剛開學時，小雲把用來繳交註冊費的壓歲錢藏起來，當案母要小雲拿出來繳註冊費時，小雲只輕描淡寫說不見了，就算案母一再逼問，小雲也堅決不說錢在那裡，因而被案母痛打一頓。但後來這件事也不了了之，小雲之後並沒有再被追究錢究竟到哪去了。

　　案外祖母和案母平時較少花時間陪伴小雲，例如放任小雲放學後在外騎腳踏車遊蕩，沒人管制安全或叮嚀其必須按時返家，也沒有人落實要求其必須如期完成功課等等。案母不僅因工作需輪班而與小雲的生活作息不盡相同，其下班後亦常自顧自地玩電腦、手機。而案外祖母寵溺，管不動小雲，雙方還常一起看連續劇到晚上十點、十一點。

　　案母及案外祖母對小雲的照顧近乎有求必應，例如學期初有次小雲自己忘記帶美術課用具到校，借用老師的電話撥打給案母，用命令的語氣要求下班休息中的案母，立刻幫其將文具送到學校，而案母也旋即就將東西送到學校，老師體諒案母的辛苦，案母僅簡短地抱怨一下，回應表示小雲在家裡，就像被捧在手心寵愛的小公主一樣。

（三）學校生活

　　1.同儕互動：據導師表示，小雲的個性偏活潑外向，平時行為表現隨興而自在，容易和別人打成一片。但幾乎三天兩頭就會有同學前

來投訴小雲亂罵人、耍賴、打人，不願意和小雲一起玩。據觀察是因為只要有競爭或比較，小雲就會受動作較為粗魯和輸不起的個性影響，出現推人打人，還有嘲笑、捉弄同學所導致。

2.自我中心：小雲較少考慮到別人的想法或需要，例如有次案導師將同事結婚的喜餅、喜糖帶到班上跟同學分享，結果小雲將自己最喜歡吃的巧克力全數拿走，有幾位同學發出抗議，但小雲依然故我，似乎並不覺得這麼做有何不妥。

3.學習表現：小雲口語表達和認知理解能力不錯，非常勇於表現，但也因為在課堂上經常為求表現或爭取發言機會，說話容易過於大聲，有時還會刻意提高音量搶話，故意引人注意，干擾上課秩序的情形。

（四）各種測驗結果

1. 語句完成測驗

(1) 小雲喜歡玩樂，逃避學習

我喜歡在家看電視，讓我好快樂。

我最快樂的時候是我每天都可以放學時候和別人出去玩。

我最大的弱點是不愛寫功課。

(2) 良好的親子關係

我的母親都要工作，對我很好，只有晚上才會回家休息。

我覺得奶奶每天都對我很好，我很快樂。

(3) 對身體狀況的關注

別的小孩比我還高，我想再長高一些。

我希望我不要一直生病。

(4) 對學校生活的渴望

我在學校裡希望每天都跟大家一起玩。

我是個很開心的人，因為下課都可以和同學一直玩。

四、分析與診斷

1.從問題行為描述資料得知，小雲「只顧著表達自己的意見或做自己想要做的事，不會考慮當下的情境狀況，也不配合老師的要求」而做出干擾上課的行為。在有體育競爭或分組競賽的活動時，若小雲組「贏了就洋洋得意還嘲笑別人，輸了則與人爭論」。

2.從家庭生活中得知「案外祖母及案母的管教是採取既放任又順從」的態度，小雲「通常只要稍加堅持或哭鬧，就能夠遂己所願」，案母也自述小雲就像「被捧在手心寵愛的小公主」，使得小雲常以自己的需求為核心，很少考慮到別人的處境和需求。

3.從學校生活資料中有關老師的描述，幾乎是和問題行為相當地符合。例如只要有競爭或比較，小雲就會「受輸不起的個性影響，出現推人打人，還有嘲笑、捉弄同學的情形」。還有當老師分享喜糖給全班同學時，小雲「將自己最喜歡吃的巧克力全數拿走，有幾位同學發出抗議，但小雲依然故我，似乎並不覺得這麼做有何不妥」、「對於書寫性質的作業，會找理由塘塞，有拖延、逃避，推卸責任的情形」等。

綜上，我們可以知道小雲不管是在家裡或在學校，都呈現這種「我想怎樣就怎樣」、「只要不順我，我就吵鬧」、「不認錯也不服輸」的樣貌，充分顯現其「權力掌控」且「鬆」的行為，可以說是非常自我中心的。又面對自己該承擔的作業就會出現「拖延、逃避，推諉」，呈現賴皮不願意負責的狀況。援此，小雲可以被歸為「孫悟空型」中的「賴皮卸責」型。

小雲僅8歲，案父一學期到校探視小雲約二、三次。案外祖母放任小雲，也極少花時間陪伴小雲。案母雖然會利用寒暑假等較長的假期安排家庭旅遊，但因其工作是輪班制，也就無法關照小雲的生活起居或學校功課。從語句完成測驗資料看到「玩」幾乎是小雲最關注

的，但仔細再了解小雲渴望的「玩」，其實有很大部分是希望有人「陪她玩」，由上述資料可以推測小雲行為表現雖然極為自我中心，但內心仍然是渴望被關注、被陪伴的！

五、結構式遊戲治療介入原則及策略遊戲選擇要點

1.建構一個正向且獨特的陪伴關係。

在自由遊戲過程，心理師運用追蹤描述行為、提升自尊等相應的遊療反映技巧，建構一個正向且獨特的陪伴關係，同時滿足其渴望被關注、被看見的內在心理需求。同時心理師還可以運用布偶客體、束口袋等活動建構初儀式性的活動，這都有助於建構出一個正向且獨特的陪伴經驗。

2.在「明確的界線及規範」之內，讓孩子充分的享受自主與掌控，亦即引導小雲對自己的選擇負責。

心理師可以善用設限、幫助做決定及給責任等技巧，陪伴小雲能進行具有規則的遊戲，使其自這樣的遊戲過程中，培養其自主自決，且能對自我負責的態度。

3.運用「照相」、「布偶客體見證」及「歷程小書回顧」等策略遊戲，創造並鞏固小雲的成功經驗。

透過結構性、規則簡單易遵守的策略遊戲與小雲互動：例如對對碰、五子棋、撲克牌排七接龍等等遊戲，並且在小雲能遵守界線及規則地進行遊戲時，將之反映出來，創造成功的經驗。

不想做大姊姊，只想當個獲得寵愛的小妹妹

因爲是姊姊，所以就要當好榜樣嗎！
如果我無法達到你們的期待、標準，
你們還會愛我嗎？

一、基本資料

1. 姓名：小怡　　　　2. 性別：女　　　　　3. 年齡：9歲
4. 年級：小學三年級　　5. 排行序：長女
6. 家庭概況：小怡爲家中老大，與案父母、案妹（二年級）共四人
同住。小怡與案妹兩人經常玩在一起，但也會吵架、打鬧；案母
爲家庭主婦，案父爲工廠作業員，負責家中經濟。
7. 家系圖：

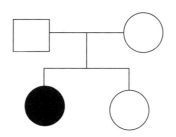

二、問題行為概述

1. 總覺得自己被人故意排擠之人際問題：小怡於小二下時轉進這
所學校，在新班級的生活適應較爲困難，經常認爲他人故意針對他有
不友善的互動。例如分組時小怡不敢主動問同學是否可以和他們同一
組，最後分組落單，小怡認爲是同學故意不和他同組而哭泣不止，難
以安撫。

2.若達不到目標，就放棄學習：因家長很重視小怡的學科成績，小怡對自己的行為、課業表現有一定的期待，一旦無法達到目標則會認為自己很笨、很糟糕因而放棄練習，經常需要家長或老師再三鼓勵才願意再繼續。例如在上次月考數學成績未達90分，自己很不滿意，跟媽媽表示下次一定要考更好，但當媽媽要求他寫數學練習卷時，經常還沒寫就說「我不會」，都要媽媽嚴格堅持下才願意去寫。案母也覺得小怡越接近考試時，就越會呈現抗拒或放棄的學習樣態。

3.對他人諸多抱怨之人際議題：小怡經常私下向老師抱怨同學超過線、小怡的東西被同學弄丟等生活事件，故小怡在班上經常獨自一人行動，其與同學的互動經常需由老師介入協調。例如老師描述下課時間，班上某位男同學不小心碰到她的桌子，她就很生氣地一直來跟老師抱怨那位男同學是故意的，即使那位男童都已經跟小怡道歉了，小怡還是會抱怨到放學。

三、背景資料

（一）生長史

小怡自幼個性較活潑，較愛撒嬌，無特殊疾病。

（二）家庭生活

1.親子關係

家長期待小怡作案妹的榜樣，故對其課業成績與生活要求較嚴格，當小怡未達到期待時，家長會責罵小怡不夠認真，家庭氣氛也會較為緊繃、嚴肅。例如案母經常會對小怡說：「你是姊姊，你要做妹妹的榜樣！你要懂事聽話。」「你看你就是努力不夠，這次成績才會退步！」小怡自述聽到媽媽這樣講，她都會很緊張、很擔心自己的表現未達爸媽期待。因此，小怡對於自我的表現經常處在一種擔心、緊張的警覺狀態，案母描述小怡當發現可能無法達到目標，經常傾向自

我放棄。例如當小怡成績未達90分的標準時，就會明顯看到小怡不願意複習練習該科的練習卷，總要媽媽嚴厲堅持小怡才會練習，或是下次考試進步了，才會比較願意複習練習。當小怡在校發生不愉快的事情時，會向家人傾訴，案母會以「不要理對方就好」或是類似「同學間要友好啊！」「你對人家好，人家就會對你好。」等講道理的方式安撫小怡。案父則忙於工作，較少參與小怡學校活動（如比賽、運動會、表演等），多由案母出席參加。

2. 教養態度

　　案母為孩子的主要照顧者，負責打理生活、課業等，案父因工作忙碌，較少參與孩子們的活動。

　　在案妹出生前，案父母會盡可能滿足小怡的需求，例如陪小怡講故事、遊戲。自從案妹出生後，家長希望小怡能成為案妹的榜樣，故對小怡有較嚴格的要求，家中氣氛經常受小怡課業表現影響。

　　案母對案姊妹的態度較為不一致，因小怡為長姊，對小怡的一言一行有較高的要求與期待，當有衝突發生時，家長經常會要求小怡禮讓案妹；例如小怡原本在玩某一個玩具，案妹要搶過去玩時，案母都會要求小怡禮讓給妹妹。小怡雖都會抱怨或生氣，但也都會遵照媽媽而禮讓給妹妹玩。

　　案父對孩子們的教養較為放任鬆散，平時會較疼愛小怡，但若案母處罰小怡時，案父較少主動介入。

3. 手足關係

　　案姊妹兩人平時經常玩在一起，感情尚可，若小怡因與案妹吵架而遭家長責罰，小怡對此感到不公平，偶爾也會藉機捉弄案妹。

（三）學校狀況

　　1. 學習表現：小怡學習表現中上，對英語、音樂、美術課較有興趣，對自我在課業表現上也有較高的期待，但當認為自己無法達到期

待時，會以自我放棄的方式來因應。

2.師生關係：導師經常介入處理小怡與同儕的紛爭，導師認為許多時候小怡會選擇性的隱瞞自己某些不合宜的行為，而小怡則認為老師處理不公平，例如老師處理「小怡未經同意拿了同學的筆」事件時，告知小怡以後要先經過同學允許才可以拿，小怡就會再三重複說有經同學同意，但實際沒有！然後就會覺得老師不公平。類似事件經常發生，長久下來師生關係也因此較為緊張。

導師仍會適時協助小怡與其他同學的人際，會事先安排分組規劃，降低小怡與同學發生爭執的機會，例如班上換座位，一定要由老師指定安排位置，否則大家不願意與小怡一起坐。

3.同儕關係：小怡在班上的同儕關係不佳，經常獨自落單一人，小怡下課時間會與其他低年級學生玩在一起。

四、分析與診斷

1.從「生活適應與情緒議題」和「人際議題」的問題行為資料得知，小怡與同儕的衝突，比較不是那種口語或身體攻擊的衝突，而是小怡經常會覺得同儕「故意不和他同一組」、「故意撞他的桌子」，然後就不斷地抱怨，甚至會哭泣。這樣的樣態導致小怡在校的同儕關係不佳，經常獨自落單一人。

小怡在學習上遇到挫折或表現不如預期，就會認為自己很笨而呈現抗拒或放棄的樣態，尤其越接近考試，這種樣態就越明顯。這種抗拒、放棄的樣態其實也就是一種焦慮、退縮的樣態。

以上可以感受到小怡內在是處在一個比較孤單、焦慮的狀態，呈現在外的就是不斷抱怨的的行為表現。應可以歸在屬於「緊」且是孤單、焦慮的內在狀態。

2.小怡為家中老大，案妹出生後，小怡不再是案父母關注、呵護的焦點，且案母在管教上不僅是偏袒妹妹的，還經常要求小怡要做榜樣要禮讓妹妹，經常會對小怡說：「你是姊姊，你要做妹妹的榜樣！你要懂事聽話。」加上案母對小怡的課業成績與生活要求較嚴格，當小怡未達到期待時，家長會責罵小怡不夠認真，「你看你就是努力不夠，這次成績才會退步！」導致小怡面對學習總是會很緊張、很擔心自己的表現。表現不夠好時，都會覺得自己很笨，接近考試時，小怡也常用逃避、放棄或拖延的方式來面對。這種逃避、放棄或拖延的行為樣態，也正是反映小怡內在的緊張、擔心。

小怡年僅9歲，對案母還是有很多依附，因此小怡還是經常會與案母傾訴心事，但案母的回應大都以一種理性的、講道理的方式來回應小怡，加上案母對案妹管教上的偏袒，可能都沒有真正滿足孩子渴望親密的心理需求。

從上述有關家庭生活的關資料得知，小怡的親密心理需求未能得

到滿足，加上案母的管教態度多數都是在要求，都使得小怡經常是處在一種擔心、緊張的狀態，當這種情緒越來越強烈時，小怡就採取逃避、放棄或拖延的方式來面對。這些樣態都呈現出「緊」及充滿擔心、緊張內在狀態。

3.從學校生活資料中得知，小怡會隱瞞自己不好或不對的行為，一直覺得別人對他不夠友善，都是故意針對他的，而易指責他人或負面解讀他人訊息，這反應出小怡較缺乏自信、不夠自我肯定，一種強烈的自卑心態作祟，也就是所謂的「玻璃心」狀態，內心或自我是是很脆弱的。

綜上，覺得此個案比較偏向是「含羞草型」的退縮焦慮樣態的個案。

五、結構式遊戲治療介入原則及策略遊戲選擇要點

1.建構一個穩定正向關係及連結

心理師提供一個固定、可預期的治療架構，透過布偶客體來與小怡的連結，增強小怡在遊戲治療過程中的安全感，並運用束口袋活動來做為每次結束前的儀式性活動，強化安全、穩定可預期的架構。

2.運用圖卡媒材幫助小怡接觸內在自我與情緒，提升小怡的自我價值感。

運用「情緒臉譜」來幫助小怡表達自我情緒，並引導小怡去看見情緒背後自己內在的期待與渴望，即使是犯了錯或是與人衝突，但內在其實是渴望被接受、被愛、被肯定。渴望被認同的內在需求也能透過「能量圖卡」來幫助小怡接觸內在的自我。也可以選擇適當的繪本故事，透過故事隱喻的方式來幫助小怡表達自我，在過程中感受到即使犯了錯或是做不好，但仍是值得被接納、被愛的。

3.提升小怡對自我的悅納感，並透過遊戲陪伴體驗到一個正向的情緒經驗。

　　在治療的過程中，透過反映內容、提升自尊、促進決定及做選擇等技巧來幫助小怡從遊戲中獲得我能感，心理師也會特別留意小怡在遊戲中展現出的特質、能力與優勢，並適時地反應回饋給小怡，幫助小怡從遊戲中去建構出正向的自我概念，並提升對自我的悅納感，也在過程中經驗到一個被接納的正向情緒經驗。

我哭，因我渴望愛與接納

我很努力想要做個乖孩子
我哭，因為我難過、傷心
我哭，更是擔心你們不接納我　不愛我了！

一、基本資料

1. 姓名：小淡　　　　　2. 性別：女　　　　　3. 年齡：7歲

4. 年級：小學二年級　　5. 排行序：老三

6. 家庭概況：小淡父母均從事服務業工作，小淡有一個小學五年級的哥哥，和一個雙胞胎的姊姊。

7. 家系圖：

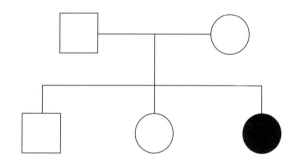

二、轉介原因或問題行為概述

1. 在校情緒崩潰哭泣：小淡一年級時會因考聽寫過程，當還沒寫完，導師就念下一個詞，或發現自己的聯絡簿有一小部分沒抄完整等類似事件時，會因此而哭泣半天或一整天。上述狀況越來越頻繁發生與嚴重，令導師困擾不已。

2.崩潰哭泣狀況越來越頻繁與嚴重：案母表示，小淡約從2歲時開始出現哭泣很久的狀況，隨著年紀漸大，哭泣的現象越來越頻繁，哭泣的時間也越來越長。

三、背景資料

（一）家庭生活

1.家人關係：從與案母互動中得知，案母與小淡的互動幾乎都是屬於任務導向，也就是都僅是在關注小淡的功課、生活的管理等。小淡與案父和案姊則有較多情感性的互動，例如會跟案父撒嬌，小淡與案父和案姊互動也較親近。

2.案父母教養態度：案母描述，小淡正常情況下是一個乖巧聽話的孩子，但不順其意或責備小淡時，小淡就會哭泣不已。由於父母親均一致認為小淡哭泣是為了達到其目的一種手段，因而自幼，長期以來他們均不理會小淡的哭泣，即使小淡已經哭泣了兩、三小時亦是如此。由於小淡平常跟案父較親近，因而有時小淡哭泣時會主動靠近案父，請求案父的擁抱、安撫，但是案父也會加以拒絕，要小淡停止哭泣才可抱她。

案母描述有天她帶小淡去大賣場，因小淡不聽話，案母說回家要給她打個叉叉，小淡就哭泣不停，無論案母說什麼都沒有用，小淡就是不要打個叉叉，雖然叉叉並不會帶來任何處罰。

（二）學校生活

1.一般的狀態：案導師表示小淡平時文靜乖巧、很少說話，說話的聲音也非常小聲，案導師常聽不清楚，有時會不斷地搓揉手指頭；在班級很少和同學互動，常在一旁靜靜地看別人玩。

2.無法預測的長時間哭泣：案導師表示小淡一年級時，班上考聽寫，當小淡還沒寫完上一個語詞，案導師就念下一個聽寫語詞時，小淡就會哭泣半天或一整天。小淡常因一些很小的事情而苦泣不已，如

聯絡簿有一小部分沒抄完整及其他類似事情，好像只要沒有達到她的標準或期待，她就會哭泣不已。

3.學習態度與表現：案導師表示小淡有時會不斷地搓揉手指頭，學習認真，懂得自我要求，寫字非常慢、像刻字一樣；學業成績在中下，國語稍好，數學較差，整體學業表現約在班上倒數前三名。

（三）安親班的生活

據案母表示，小淡也多曾次在安親班因功課問題而情緒失控，哭泣不已。如有次因一項數學作業，小淡與安親班老師對於書寫過程是否要寫直式之看法不同，安親班老師打電話和導師確認結果，得知安親班與導師的看法是一致的之後，小淡竟然又忍不住哭泣不已。

（四）各種測驗結果

1.小淡幼稚園時被診斷有語言發展遲緩，故學前和二年級時有接受語言治療。

2.學校一年級的智力測驗結果，百分等級38。

3.兒童行為檢核表

退縮分數落在邊緣臨床，焦慮和內向性問題分數均達到臨床診斷之上，顯示小淡有嚴重的焦慮與退縮等內向性的問題。

4.教師報告表

焦慮、退縮與內向性問題分數均達到臨床範圍；顯示小淡有嚴重的焦慮與退縮等內向性的問題。

5.語句完成測驗

從實施過程可以發現，小淡在第一次時，無法使用口語或書寫方式無法完成五個題幹的語句完成活動。第二次時總算可以完成三題，在過程中也發現，小淡面對「我媽媽」此題題目時，即使心理師不斷地鼓勵與引導也無法完成的語句。推測小淡很難表達心中的想法與感受，對於表達負向的感受則又更困難。

四、分析與診斷

1.從小淡智力測驗以及學校的學習表現得知，小淡智力較弱、學習與語言發展較較慢，學習能力與表現也低下，這些都可能使得小淡因表現不佳而缺乏自信。

2.從「兒童行為檢核表」和「教師報告表」測驗所顯示，小淡有嚴重焦慮、退縮問題，在鬆緊的向度上是屬於較「緊」的一端；又從語句完成測驗的進行過程，小淡似乎不容易表達自己的想法和負面的感受，此狀況也是看見小淡「緊」的面相。

從上述兩點測驗結果與實施過程，以及小淡在學校的行為及互動情形，均看見小淡緊與退縮的特質。

3.從家庭資料得知，只要面對小淡的哭泣，案父母均不理會，即使小淡過去請求擁抱、安撫時，仍然是被拒絕的。由此推論，或許小淡一開始的哭泣可能是被責罵或需求沒有滿足而哭泣，但當小淡哭泣很久之後，尤其是當她在尋求爸媽的擁抱、安撫時，已經明顯的是一種單純的「親密需求」，但這個時候仍被爸媽所拒絕，長期下來，對小淡的安全感有很大的傷害，推測小淡長期下來就形成一種「我不好」、「我不乖」的低自我概念，因此，當她在學校、生活中的各種表現，只要小淡覺得是「我不好、不乖、……」時，就會觸動其被拒絕的生命經驗而哭泣不已。

綜上，從小淡較低的智力與表現，以及在成長過程中，需求不滿或受挫的難過的情緒，長期被案父母拒絕，甚至否定，使得小淡較沒有安全感，較易焦慮、緊張，自尊與自信也較低，因而有退縮的狀況；同時也看見小淡非常渴望能得到父母的接納與肯定，有較強的親密之心理需求。因此，此個案可以說是比較偏向含羞草之退縮焦慮樣態個案。

五、結構式遊戲治療介入原則及策略遊戲選擇要點

（一）建構一個穩定正向關係及連結

1.建構一個穩定的遊戲單元時間與透過布偶客體以及心理師包容與接納的態度，與小淡積極建立良好正向穩定的關係與連結。

2.每次遊戲單元結束前透過「抽束口袋」活動，讓小淡從束口袋中抽一個小禮物，如一個小食物或小玩具，然後將此禮物送給小淡，傳達對小淡的滋養與撫育的意圖，透過此儀式性的活動，提供個案滋養撫育的效果。

（二）運用圖卡媒材協助表達及紓解壓抑的負面感受

對於不容易用口語表達自己的想法和負面的感受的小淡來說，協助其情緒的表達與紓解是很重要的一個目標。因此可運用「情緒臉譜」圖卡或繪圖、捏黏土等活動，協助小淡接觸、表達及紓解壓抑的負面情緒或感受。

（三）在安全氛圍及關係中，協助小淡能逐漸地放鬆

在與個案建立起穩定安全的正向關係之後，可以透過一些遊戲活動或媒材，來引導小淡勇敢面對壓力或焦慮的活動。對於有嚴重的焦慮與退縮的小淡，在一開始的自由遊戲過程，可能不敢去玩玩具，若經過兩、三次遊戲單元的反映、鼓勵下還是無法勇敢去玩時，可帶領個案到玩具櫃邊，協助個案在沒有指令下，能按照自己的想法、興趣，自由地遊戲，達到讓小淡逐漸放鬆的效果。

（四）滋養撫育的過程中，提升孩子的自我價值感與自信，讓他相信自己是有能力的

除了在每次遊戲單元結束前，進行當次遊戲單元的歷程中回顧時，運用「提升自尊」、「見證」等技巧，提升小淡的自信與自尊外，在整個遊戲過程中，不論自由遊戲、診斷遊戲或策略遊戲過程中，也要多運用「提升自尊」、「照相」、「見證」等技巧，提升小淡的我能感及自我概念。

附錄

語句完成

小天使　很可愛

我喜歡　我爸爸

我討厭

我爸爸　很可愛

我媽媽

我姊姊　很可愛

用我的壞，把孤單、想被愛的心藏起來

常常看到小天不聽話
甚至生氣或無故打人
然其內心是渴望被了解、接納與肯定的

一、基本資料

1. 姓名：小天　　　　2. 性別：男　　　　　3. 年齡：12歲

4. 年級：小學六年級　　5. 排行序：老大

6. 家庭概況：案母是中國籍，是小天的主要照顧者，案父是自由音樂工作者。有一個小5歲的妹妹。

7. 家系圖：

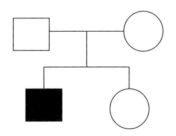

二、轉介原因或問題行為概述

1. 常欺負同學：常和同學發生爭吵、衝突或無緣無故打同學、欺負同學。例如不滿風紀股長登記他午休時和同學說話，就和風紀股長爭吵，甚至打傷風紀股長；或從同學座位旁邊走過，就無故伸手拍打同學的身體；又如有次下課時，無故將同學過肩摔，導致同學尾椎軟骨受傷，對方家長到校興師問罪，要提告霸凌。小天無故欺負同學的

事件層出不窮，案父母因而曾多次到學校和同學家長道歉。

2.嚴重師生衝突：小天時常對導師的管教不滿，進而常出言頂撞老師，或在上課中推擠桌椅、嚴重干擾上課。例如有次因小天無故打同學，導師因而取消小天參與班級的某項活動，小天就生氣、不滿導師的處置，甚至推擠桌椅。

三、背景資料

（一）家庭生活

1.父母管教態度

(1) 案父管教屬較權威方式，據案父表示，他曾狠狠地打過小天兩次，小天不敢在其面前鬧情緒，但會對案母生氣。案母的管教較案父溫和。案母表示，小天在家有時也會和妹妹搶東西、欺負妹妹，也不太聽她的話，只有她生氣要剝奪他的某些權利，如看電視，或拿棍子要打他時，他才會收斂一點。

(2) 據小天表示，案父管教是高壓式的，案父生氣時很「兇」，曾大力的鞭打他的小腿，當時小腿的感覺是有點刺痛，但後來是麻木的，所以不會痛。也因見識過案父的「兇」，因而覺得其他的大人都不夠兇，也不再害怕其他的大人。小天覺得案父看他的時候，常露出很兇的眼神。

(3) 小天在晤談時曾分享無緣無故被案父禁止看電視，感到生氣、怨恨，但是不敢說，怕會被案父打。不過小天會利用晚上在房間將門鎖上玩手機，玩到很晚才睡覺。小天對案父高壓的管教經常不理解，而產生怨恨、憤怒等情緒。

2.手足關係

小天表示因案妹而使他少了很多物質上的東西，小天生氣和討厭案妹是因自案妹出生後，吃的少一半，玩具逐漸少到現在完全沒有。案母表示，小天和妹妹有衝突時，案父都是指責小天，讓小天常常有

不公平的感受。但是案母認爲自己較會秉公處理。小天表示，案父對小天要求很嚴格或很不好，且覺得案父較偏心案妹。小天認爲案父和案妹較親近，自己就是獨自一個人，因小天也會罵案母，也沒有將案母跟自己放在一起。

（二）學校生活

1. 師生關係

(1) 輔導老師：據小天之前的學校認輔老師表示，小天常找他說話，有時甚至還需要給小天約定一天只能談一次，認輔老師覺得小天之所以會如此頻繁要找她，是因爲小天需要被關心。

(2) 導師關係：小天在中年級時，就常和同學爭吵，有時會出手打同學。但升上五年級後，除了與同學衝突時會出手打罵同學外，還經常無故欺負同學，且會故意和老師作對，如上課時常發出怪聲音，或大家在朗讀課文內容時，小天常常故意念得又大聲又快，導師請他唸慢一點後，就變得像月球漫步一樣慢，糾正他時就辯稱是老師要他念慢的；另外對導師的管教不滿，常出言頂撞老師，或在上課中推擠桌椅、嚴重干擾上課。如小天有次因被導師禁止玩科學遊戲而感到生氣，生氣指數1～10，小天說是100，之後還捏了一個象徵導師的人偶，並將黏土人偶切了好幾段。

(3) 學業表現：小天的導師表示小天在校語文的能力不錯，但是數學程度跟不上，有時分數會不及格。

（三）小天六年級時的樣態

小天對考試感到很大的壓力，很擔心考不好、被打，有緊張焦慮的情緒，小天表示，考前一週晚上經常做很多惡夢（如考0分），且多次從惡夢中驚醒，還有拉肚子現象。壓力來源於擔心月考再考不好，會被案父責打。小天分享因月考將近不斷寫考卷的壓力與煩躁情緒，擔心數學考不好會被案父鞭打的焦慮、害怕心情，此擔心來於過

去的經驗與最近案父曾對小天說：「考不好，你就死定了。」

（四）各種測驗發現

經醫生診斷有ADHD與輕微的亞斯。

四、分析診斷

1.從家庭背景資料得知，小天覺得自案妹出生後，其獲得的關注、食物與玩具很明顯地變少；案父對小天管教又較嚴厲，當小天和妹妹有衝突時，案父都是指責小天，讓小天覺得案父偏心案妹。又認輔老師表示，小天常去找她聊天等資料顯示，小天有「親密」的需求，渴望與人親近，需要被傾聽與了解，因而當發現輔導老師能傾聽他說話時，就常去找老師聊天。

2.從小天學校的生活看到，小天上課時常故意發出怪聲音，或故意念得又大聲又快，被糾正後又唸得像月球漫步一樣慢；且還常出言頂撞老師或在上課中推擠桌椅常、嚴重干擾上課；此外，還經常有意無意拍打同學身體、欺負同學，甚至有次無故將同學拐角過肩摔，導致同學尾椎軟骨受傷，對方家長到校興師問罪，要提告霸凌。小天除了在學校不服管教外，在家也不太聽案母的話，只怕案父。上述小天的狀態都呈現出一種極端「鬆」的狀態，且這些鬆的行為都還帶著一種自我中心及對立反抗的表現。

3.從家庭生活與測驗資料得知，小天有注意力不足過動衝動症與輕微的亞斯的特質。在幼年時，曾遭受家人嚴厲的體罰，被打的深刻經驗至今還深烙在小天的內心；案父高權威與負向的管教，使得小天積壓許多強烈與負面的情緒，對案父的管教常感到不理解、有情緒，但又不敢表達；過去被案父嚴厲鞭打的恐懼經驗，讓他產生害怕再被案父打的恐懼與焦慮中，案父一句「考不好，你就死定了」的負向言語，就讓小天產生極大的恐懼與考前壓力，甚至失眠或做了自己數學考0分的惡夢。上述狀況呈現出小天在兒童被嚴厲體罰後產生類似創傷後壓力症候群的心理創傷反應，亦即對某些情境，內心會過度敏感而引發焦慮、擔心與恐懼等情緒狀態。

綜上分析可知，小天是屬於內心易緊張、焦慮，渴望被關愛、撫

育，且疑似有創傷後壓力症候群的樣態；小天幼年被家暴的經驗，以及注意力不足過動衝動的特質，使其在人際互動與課業學習上不斷受到很多的挫折、指責與處罰；隨著年齡的增長，小天內心親密的需求無法被滿足，又增加更多的挫敗與指責，增添小天內在強烈憤怒、不公平等情緒。另外在面對案父較高壓與權威的管教，小天是非常壓抑的，但是當離開案父到學校後，他就把他壓抑的情緒發洩出來，而其發洩的方式就以是衝突、抗拒、對立等行為呈現在學校與同學、導師的互動上。但小天呈現衝突、自我中心、對立反抗的行為背後，其實仍渴望被關注的，因此，小天具有「孤雛淚型」樣態的內涵，但又因為他的行為越來越嚴重，已經有逐漸走向「孫悟空型」之對立反抗型的趨勢。

五、結構式遊戲治療介入原則及策略遊戲選擇要點

（一）建構一個穩定正向關係及連結

1.建構一個穩定的遊戲單元時間與透過心理師包容與接納的態度，與小天積極建立良好穩定的關係。

2.每次遊戲單元一開始，心理師和小天創造出兩人特有的見面儀式，如進行左掌互拍、右掌互拍；此外，每次遊戲單元結束前透過「抽束口袋」活動，讓小天從束口袋中抽一個心理師準備的小食物或小玩具等小禮物，然後將此禮物送給小天，讓小天感受到被滋養與撫育的體驗，透過上述儀式性的活動，滿足小天渴望被滋養撫育的需求。

（二）運用圖卡媒材協助表達及紓解壓抑的負面感受

運用「情緒臉譜」圖卡或繪圖、捏黏土等活動，協助小天表達與紓解在家被案父高壓管教及對案妹的情緒，以及小天在校被老師責罵或同學衝突的情緒感受。

（三）在明確的界線及規範中，提升孩子的自尊與自我肯定

　　由於小天常出現「鬆」的行為，也因此長期受到責罵等負向對待，因此要在了解、接納其情緒下，給予行為明確的界線及規範，並在其遵守界線或規範時，及時地給予肯定、鼓勵，在技巧上運用「設限」、「提升自尊」等技巧，以及結構式遊戲治療中鼓勵運用的「照相」、「見證」、「正向的歷程回顧」等活動都能提升小天的自尊與自我肯定。

我不是固著　我只是希望維持我既有的習慣

可以不要改變嗎？

可以把時間分給我嗎？

可以多陪陪我嗎？

一、基本資料

1. 姓名：小風　　　　2. 性別：男　　　　3. 年齡：6歲

4. 年級：幼兒班　　　5. 排行序：老大

6. 家庭概況：與案父、案母、案外祖母、案外祖父、案妹住在一起。案父的工作有時候需要出差，案母需要花很多時間在照顧幼小的案妹（哺乳）。小風放學回家的主要照顧者是案外祖母。

7. 家系圖

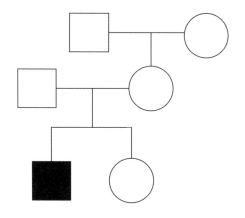

二、轉介原因或問題行為概述

小風是被診斷為自閉症譜系障礙。在表達自己的需求和情緒上有遲緩，小風對一些生活上的突發改變一時間難以接受，就會以哭泣的宣洩方式來表達。

1. 對於生活的規律變動很敏感

在家裡的生活裡，小風很關注及期待案父下班回到家，當案父因為塞車而遲回到家時，小風會因而大聲哭泣。小風也曾經因為案母沒有告知小風，逕進房間陪案妹而睡著，小風久久不見媽媽而傷心而哭泣。小風在面對學校時間表的改變，也同樣不能接納而選擇不去學校或哭泣。

2. 在學校不與其他同學互動

小風在學校沒有朋友，也不喜歡參與團體活動，特別是唱歌、音樂、舞蹈的活動。下課時間經常都是一個人玩。

三、背景資料

為更了解小風之問題行為，以做正確之診斷與實施輔導，所以，從下述幾個小風的重要他人及診斷工具來蒐集相關的背景資料。

（一）生長史

小風被兒童發展醫生診斷為自閉症譜系障礙（Autism Spectrum Disorder, ASD）

（二）家庭生活

1. 親子關係：案母描述在案妹出生前，自己比較有時間陪伴小風遊戲或進行一些如爬行、運動、身體按摩等活動。案母表示當時小風的情緒和行為相對比現在較穩定。案妹出生後，案母會儘量安排三個人一起互動，但常因為哺乳或案妹需要照料等原因而中止三人互動。爸爸也會陪伴小風遊戲或進行一些活動，但是爸爸的工作有時候會需

要出差，也無法穩定的陪伴小風。

當小風知道案母和案妹一起休息時，也會在房門外叫喊哭鬧要進房間，但是進房間後就一直要和案母談話干擾案妹睡覺的作息。

2. 父母管教態度：案母採比較接納性的教養，會以孩子的出發點來溝通。當小風有情緒和行為表現時，案母會關注並用詢問的方法來關心小風，但是也因為不了解小風的突然情緒波動及小風想表達的意思，時常覺得很無助和挫敗感。在了解小風的需求的前提下，案母都會儘量滿足其需求。例如小風在飲食上的需求和執著，案母不強制要求小風嘗試新的食物。

案父比較讓孩子自由性的教養：當小風有情緒波動時，案父會冷處理不主動理會小風，選擇讓小風獨自繼續宣洩直到平復。即使這個過程可能會熬上長時間，案父也堅持冷處理認為這樣可以讓小風管理自己的情緒。

案外祖母是比較傳統的教育方法，比較多的時間在日常生活的照顧上，傾向壓抑小風的情緒。當小風有情緒波動時，會以指示並哄騙方式讓小風停止哭泣。

3. 手足關係：小風和案妹互動很少，不喜歡案妹接近他的範圍。當案妹一靠近，小風會選擇自己離開到另一區域獨自玩。

小風會因為案妹拿他的玩具而哭，小風不喜歡案妹哭，當案妹哭泣時會選擇離開，但若無法離開則會跟著哭了起來。例如有一次案妹在開車回家路上哭泣，個案很難接受但又不能離開車子，後來自己也跟著哭起來。

小風看到案母和案妹一起互動時，會爭取自己也一起加入。如果不讓他加入，就會用喊叫甚至哭鬧的行為來表達不滿。

曾經小風和案母一起塗顏色的活動，然後案妹突然加入。小風很不高興的拿了水瓶敲案妹的頭。案妹因為痛哭了，小風也一起哭了。當時案母感覺到小風是因為案妹打擾了他和案母的快樂時光而氣惱。

（三）兒童目前概況

　　小風在社交發展上有良好的眼神交流，肢體行動比較生硬不協調、平衡感差，導致一些大動作如跑、跳、爬比較困難完成，也跟不上同學。小風能了解基本的心情，如高興、傷心、害怕，但是小風未能察覺自己的情緒以及情緒的導因。

　　小風有偏食的習慣，不愛米飯，只愛麵食；小風在飲食上也很堅持，如果沒有他愛的食物會選擇不吃。小風平時在家的遊戲行爲侷限在感官類型的遊戲：咀嚼玩具、敲打長的玩具類如棍子等等。

　　小風會主動邀請爸媽遊戲，但是不會主動邀請／加入小朋友的遊戲。

（四）學校生活

　　1.師生關係：從學校老師描述得知，小風和老師都有良好的交流，會主動擁抱老師。小風聽到一些讓他恐懼的兒歌時，會第一時間想離開現場，但是奈何不能離開，只能到一角哭泣，老師陪伴安慰。

　　2.同儕關係：小風不喜歡參與團體活動，特別是唱歌、音樂、舞蹈的活動，會自己一人在一角溜達。下課時間小風也不與其他小朋友互動，都是自己一個人玩。

　　院長觀察發現小風由於肢體的協調及平衡不好，跟不上同學的步伐速度或跌倒，例如小風都會選擇小朋友都上樓之後，自己在慢慢爬樓梯上樓，因爲小風需要比其他小朋友更長的時間爬樓梯。這可能導致小風自卑、退縮，都選擇一個人玩，不喜歡或不參與需要肢體活動的唱歌、音樂、舞蹈的活動。

　　3.小風目前學業樣態：小風由於在大班制裡無法專心上課，需要換了時間表，但是也因爲小風不能接受時間轉換，會哭述不要去學校。小風也覺得小朋友的叫喊哭鬧行爲都很吵，和心理師分享過吵鬧是壞孩子的表現。小風也會告訴老師和案母他認爲其他小朋友和案妹很吵鬧，不是好孩子。

四、分析與診斷

　　結構式遊戲治療在面對特殊孩子時，要了解個案特殊性的典型狀況及對個案的影響。然後再了解其環境脈絡的有利因素及不利因素。從小風的生長史資料得知，小風被診斷爲自閉症譜系障礙。這類特殊孩子的一些典型反應，似乎也都可以從小風的問題行爲及各向度的背景資料中看到。如對於生活規律的固著、對於情緒情感的覺察及表達能力低、某些生活習慣也很固著、固執、社交互動上的困難等。又因在肢體協調、平衡的發展上有所障礙，似乎也影響了小風的人際及自信。

（一）從小風的問題行爲得知

　　小風對於規律的作息是很敏感的，尤其是跟案父、案母或學校課程有關的規律產生變化，小風就會出現哭鬧的情緒行爲，「固著」或「規律」本就是自閉症譜系障礙者的一個典型特質。但從前述資料中可以推測，小風又因爲案妹的出生，使其感覺案母的陪伴與關注變少了，有時案母又必須中斷陪伴去照顧案妹。加上小風無法很清楚地表達自己的情緒，所以，就以哭鬧的情緒行爲來顯現。由此可以得知小風的哭鬧行爲不是破壞、攻擊或是賴皮、不聽話等「自主」或「自我中心」傾向的行爲，比較多的是渴望關注的親密需求。

（二）從家庭生活的資料得知

　　1.案父、案母對於小風的關心與照顧是有的，尤其在案妹出生前，案母可以專心陪伴的時間比較多，所以，小風的情緒、行爲相對是比現在更穩定。

　　2.小風基本上不會主動邀約人一起遊戲，但會主動邀約爸媽一起遊戲，當她發現案母和案妹在休息或互動時，會爭取自己也一起加入。

　　由上可知，案父案母是有陪伴及關注小風，小風也很喜歡跟案父

案母互動，但可能自身的特殊性及案妹的出生，使其在親密需求上更為期待。更值得一提的是從親子關係資料中得知，若有足夠的陪伴與關注，小風的情緒行為是可以明顯改善的。

（三）從學校生活的資料得知

1.小風學校老師和小風的關係及連結都非常好，小風也會會主動擁抱老師，感到害怕時也會尋找老師的保護和安慰。老師也都會陪著小風。可見小風在學校仍是很有安全感的。

2.由於小風自身自閉症譜系障礙使其在人際互動上是比較困難，或需要更長時間的培養人際關係的，但又由於其肢體的協調平衡不佳，導致他可能因此而自卑、退縮，都選擇一個人玩或不參與需要肢體活動的唱歌、音樂、舞蹈的活動。

綜上，我們可了解小風是一個有自閉症譜系障礙的孩子。在這樣的背景及其生活的脈絡下來看小風的行為，可以發現小風的父母及學校老師的照顧品質都還不錯，所以，基本上小風應該還是一個有足夠安全感的孩子。再從家庭生活及學生生活資料得知，小風渴望更多父母的關注，在學校因肢體因素及自閉特質，使其在人際上顯得比較自卑、退縮。由此，雖然可以將小風歸為「含羞草型」的類別，不過基本上小風的樣態尚屬於正常範圍內的「含羞草」特質，案母提出來的問題行為，其實都是自閉症譜系障礙的典型樣態，不能說是問題行為，但心理師仍須關注其已有的自卑、退縮樣態並配合自閉症譜系障礙的臨床介入。

五、結構式遊戲治療介入原則及策略遊戲選擇要點

基於小風的特殊狀況在團體和人際關係上比較缺乏自信和退縮，這裡提供一些以「含羞草型」為主軸的介入和策略的建議。

（一）建構一個穩定正向關係及連結是重要且首要的

小風非常需要在依附上更有安全感，因此固定規律建立一個穩定正向關係，建構更多正向的連結及伴隨連結時的物件，都是面對小風重要且首要的工作。

在遊戲治療裡建立規律、獨特和穩定關係的同時，心理師也運用了布偶客體讓小風建立連結。同時也加入親子教養的培訓，讓案母在家進行「夠好」的陪伴。由於考慮到案母大部分的時間都需要照料幼女和小風對時間觀念的敏感度，心理師初步建議案母規律的以10-15分鐘小片刻來達到獨特且優質的陪伴。

（二）提升小風自我價值感與自尊

由於小風是一位對自我要求高的孩子，會自我貶低自己的表現，在無自信的肢體活動下，甚至選擇不參與退縮。介入的原則是要讓小風相信自己有能力，讓他有勇氣面對自己的缺點，讓他覺得雖然做錯事，不會被標籤仍值得被愛。此外心理師也教導案母在和小風在家進行肢體訓練或活動時加入提升自尊的技巧，讓小風得到鼓勵，提升其對肢體的信心，並有能力面對更挑戰的肢體活動。

（三）遊戲和活動策略

1.建構一種讓小風可以掌控壓力或焦慮的活動，幫助小風善梳理內在不安、焦慮的情緒。

邀請小風和布偶客體進行下棋、繪畫創作等活動，讓小風主導規則可以進一步提升可掌握的感覺。並在過程中利用創作的隱喻及情緒反映來引導小風與內在的情緒進行接觸，幫助小風表達出內心說不出感受，這不只讓小風覺得被「聽見」也學習連結當下的情緒及自我表達。基於個案的特殊狀況，心理師會以小風的興趣出發的活動再擴展遊戲的挑戰或趨向。舉例小風對日曆有強烈的興趣，剛開始的活動是讓個個案導在日曆上塗鴉假期、上學的記號，到單元的後面活動可以

延深到邀請小風一起設計新日曆，在半主導的方式下讓小風嘗試不同的挑戰並利用這個機會提升個案在寫字的信心。

2.設計刺激緊張的活動，幫助小風在無法掌握但不會有傷害的狀況下處理自己和表達意願。

由於個案有著強烈的自我保護感，當感覺被侵犯時會表現得比較退縮並不能良好的表達出自己的意願，心理師就可以透過遊戲引導小風察覺自己的情緒、並且能表達Say No！當小風與布偶客體有了良好的連結的前提時，邀請小風和布偶客體甚至心理師共用區域、玩具一起互動，心理師在互動過程中觀察個案的反應，並反映情緒和內在需求。心理師也可以邀請小風玩黏土、積木等物件，在建構完成之後，邀請小風進行「破壞」的遊戲，即把黏土創作成型後再壓扁，把積木搭高後再推倒，過程中反映作品被破壞時的情緒。

我只想留在花果山

討厭充滿挑戰的世界
我只想做我想做的事

一、基本資料

1. 姓名：小福　　　　2. 性別：男　　　　3. 年齡：6歲
4. 年級：幼兒園大班　5. 排行序：老二，上有一姊（25歲）
6. 家庭概況：小福是養子，上有一姊姊（25歲），在小福不滿1歲時，案姊就到外地工作，於今年5月才離職回來同住，目前從事門市銷售員。目前家裡有爸爸、媽媽、姊姊和小福。案父今年53歲，初中輟學，目前經營運輸生意；案母則44歲，初中輟學，是一名家庭主婦。
7. 家系圖：

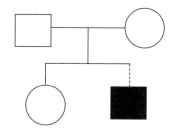

二、問題行為概述

小福是由案父送來進行遊戲治療，其問題行為如下：

1. 拒絕上學：據案母說，小福自從今年7月患手足口症（發疹性水皰性口腔炎），在家休息二個星期，之後就出現拒絕去上學的情形，每週大約一、二次。9月開始，這現象更為頻繁，一星期大約會

發生二、三次，主要都是發生在假期之後的上課日。表現症狀為不願起床、哭鬧、不願吃早餐和上車，最近有幾次在媽媽開車送他上學時，拉住汽車駕駛盤或緊抱住媽媽，試圖不讓媽媽開車，會對媽媽說：「我不要去，等下我做錯功課時老師會罵我，會打死我。」據案母說，老師只是用手輕打孩子的掌心。到學校時需要老師把他牽進去，但媽媽一離開，他又可以如常上課了，放學時也沒有投訴或抱怨些什麼。

2. 不願在日托班（安親班）完成功課：據案母說，小福在今年7月開始，每天在日托班不肯完成功課，即使老師不斷的催促，他也會故意拖延至放學或不斷要求帶回家做。小福對媽媽抱怨說「我不喜歡寫字，老師一直逼我」。但是在家裡，孩子是願意完成功課的，完成後會問父母：「我功課做完了，我乖嗎？有什麼surprise？」父母有時會允許他去看一下電視或手機，而孩子每日該做的數學復習（他很不喜歡）卻往往因為時間晚了就取消復習。

據老師說，孩子喜歡閱讀，也有不錯的閱讀能力，但對於書寫作業或是需要思考的東西是顯得非常的抗拒，尤其是華文和數學科。當同學們都在寫作業時，小福是楞在座位上或放空自己，什麼也不做，但也沒有干擾其他同學。如果老師坐在一旁督促，他會很緩慢的書寫。很多時候是需要一對一的陪伴，才能讓他完成功課。

三、背景資料

（一）生長史

小福甫出生就被領養，小福從小就由案母親自照顧生活起居，3歲開始上幼兒園，4歲時轉換去一間蒙特梭利幼兒園，在5歲時常因不願寫功課的問題而頻頻與案母產生親子摩擦，而後就開始留在該幼兒園的日托班服務，讓孩子完成功課才接回家。

（二）家庭生活

1. 案父母關係

　　夫妻關係親密。案父是外人眼中的好好先生，在生活上會盡量滿足伴侶，對妻子生活上的安排或決策會給予高度的配合。

2. 親子關係

　　案父在領養了小福的那一年，家庭生活順利，生意蒸蒸日上，對小福更是視如己出，疼愛有加。他把小福送去一間「名校」幼兒園就讀，每晚下班回家，會帶一家人外出用餐、陪小福溫習功課。案父常在親友面前稱讚小福聰明伶俐，學習能力佳。對小福的要求都會儘量的給予滿足，會和孩子說笑玩樂，即使腰酸背痛，也會願意趴在地上讓小福當馬騎的來與孩子玩樂；父子倆單獨出門時，小福常會撒嬌不肯下車自己走，要案父揹著他走；有時候案父在與其他長輩談話時，小福覺得無趣，要求離去，案父就會當下暫停討論事項，帶孩子先行離去。小福在案父幫他處理一些事情時，會對案父說「爸爸你是Hero」。

　　案母自從一次的子宮外孕手術後，就多年無法受孕，對於未能有個兒子這事耿耿於懷，情緒常因此有很大的起伏。案父擔心她的精神健康，會在生活上給與很大的配合與遷就。為了避免刺激她，答應案母領養一個小福。自從領養了小福後，案母憂鬱的精神狀況就甚少出現。案母對這孩子是十分呵護與寵愛，會努力的想要把孩子教育好，但自己心中沒有主張，常常容易陷入人云亦云的困境，比如：有人告訴她孩子不打不成材，她就會受到影響，而拿起藤條來教訓孩子。

3. 父母管教態度

　　案父雖然向來主張「慢慢教」，很少插手案母在教養孩子上的決策，甚至會給與很大的配合。

　　案母對小福的成績會有比較高的要求和期待，曾會因功課問題而

鞭打小福，案姊當年也常因功課欠佳而被鞭打得滿身鞭痕。在小福5歲時，案母曾經因為小福抗拒書寫華文課業，而連續三天的狠狠鞭打孩子。之後，小福會開始反抗，動手搶籐條，還畫一幅自己在屋子外面嚎啕大哭的畫，說：「媽媽不愛小福了。」而案父也揚言若再繼續這樣的管教方式，會把小福送去福利機構，案母只好停止以這樣的方式來教育小福。

4.手足關係

案姊與小福的年齡差距19年，對於父母領養這弟弟，她是樂觀其成的。雖然目前案母對姊弟倆的管教方式與當年有很大的差異，但案姊似乎不在意，只笑笑對小福說：「你比我好命咯。」

（三）學校和學習生活

小福3歲時在傳統幼兒園，4歲至6歲時則在一間蒙特梭利幼兒園上學，每天放學後會繼續留在該幼兒園的日托班直至下午五點半，由案母親自接送。

在學校，會因為有朋友向他討東西而毫不猶豫的把身上的物品送人，有時還會吵著父母去買玩具來送給朋友，父母拒絕時，就會鬧著情緒說「我已經答應人家了」。發現有同學帶點心去學校，也會要求媽媽也給他準備點心去學校。

四、分析與診斷

（一）從背景資料得知

1.從家庭生活的資料可以得知，案父在領養了小福的那一年，家庭生活順利，生意蒸蒸日上，對小福更是視如己出，疼愛有加；每晚下班回家，會帶一家人外出用餐、陪小福溫習功課；會和孩子說笑玩樂，即使腰酸背痛，也會願意趴在地上讓小福當馬騎；小福也常會撒嬌不肯下車自己走，要案父揹著他走；小福對案父說「爸爸你是Hero」。由此可以推測小福的親密需求是有被滿足的，案父有給予小福足夠的愛與陪伴，父子關係佳，但界限可能較為鬆散，導致小福有時出現依賴及驕縱的狀態。

2.案母對小福是十分呵護與寵愛，但同時亦對孩子的成績會有比較高的要求和期待。在5歲之前，因未有學校功課，小福是備受呵護的；但5歲時開始有學校課業，案母開始對孩子的成績有期待及焦慮，曾經因課業問題連續三天的狠狠鞭打孩子，小福會開始反抗，動手搶籐條，還因此畫一幅自己在屋子外面嚎啕大哭的畫，說「媽媽不愛小福了」。但後來案父介入停止了這種情形繼續發生。接下來則變成，小福刻意要把學校的功課拿回家寫，案母覺得是「孩子喜歡我教他功課」，而有點開心。

由上述資料得知，案母面對小福的學習時的教養態度有異於日常的教養，所幸案父及時介入，而沒有讓母子關係惡化。且從「小福刻意要把學校的功課拿回家寫」得知，小福和媽媽關係仍是很好的。

（二）從問題行為概述的相關資料得知

1.小福出現拒絕去上學的行為，主要都是發生假期之後的上課日，會不願起床、哭鬧、不願吃早餐和上車、拉住汽車駕駛盤或緊抱住媽媽，試圖不讓媽媽開車；到學校時需要老師把他牽進去，但媽媽一離開，他又可以如常上課了。據老師說，長假或連休公假之後拒絕

回校的行爲是打從4歲開始就發生了，有時家長會順著孩子的意思，導致這行爲會重複的出現。

以上呈現出一種「鬆」的狀態，加上「有時家長會順著孩子的意思，導致這行爲會重複的出現」，可見案父母的界限不清楚、不貫徹，導致小福不願意去面對自己該承擔的責任。

2.在日托班不肯完成功課，即使老師不斷的催促，他也會故意拖延至放學或不斷要求帶回家做。在家裡完成功課後會問父母：「我功課做完了，我乖嗎？有什麼surprise？」父母有時會允許他去看一下電視或手機，而每日該做的數學復習（他很不喜歡）卻往往因爲時間晚了而被迫取消。

由上述資料可以得知，案父母的行爲加強造成小福想把功課帶回家裡完成，也導致小福會不斷的討「驚喜」及出現不配合日托班老師要求完成功課的情形。

綜上，小福很多時候都呈現出很「鬆」的樣態，再加上案父母的界限不清楚、不貫徹及負向行爲的加強，導致小福想要一直舒適的待在家裡面，不願意去面對自己該承擔的責任，且出現依賴、賴皮、想「操控」父母的情形，想要得到更多的讚美與獎賞而不斷的討「驚喜」；因此，判斷小福是偏向「孫悟空型」賴皮卸責型的。唯這種樣態目前比較明顯出現在上學學習及作業撰寫的態度上，若爸媽能有明確的界線及規範，對於小福問題行爲的改善應該會有很大的幫助。

五、結構式遊戲治療介入原則及策略遊戲選擇要點

1.建構一個明確的界線及規範

從時間、空間界線開始，建構「固定而有規律」的「明確具體的界線」，心理師在遊戲治療過程中，把握溫和堅定的執行原則及給與規範。

2. **在明確的界線及規範中，創造成功的經驗，滿足自主需求，增強小福改變的動能**

　　遊戲過程中，運用「提升自尊」及「提供自由」反應技巧，讓小福在界線之內可以充分滿足自主與掌控的需求；透過照相、歷程回顧及小書製作，將小福的成功經驗具體的保留下來，引導他感受成功經驗的喜悅、開心與成就感。

3. **協助案母改善教養態度與方式，對小福正向關注與具體的鼓勵**

　　案父母一致地堅持並執行界線，當小福有遵守界線，尤其是有依照規定完成其責任事項時。

我想找到一個安全的避風港

為何生命如此波濤洶湧
我膽小、退縮、逃避、孤立自己
其實我渴望被愛、被了解、被接納

一、基本資料

1. 姓名：小自　　　2. 性別：男　　　3. 出生：12歲

4. 年級：小學六年級　　5. 排行序：獨子

6. 家庭概況：目前與案父、當專科醫生的案姑姑（單身）和案祖母同住。案父也是醫生，因患癌在家休養，案祖母臥病在床。週六會到當老師的案母家，有時會過夜。8歲時案父母雙方口頭離異，但未辦理手續，案父母都沒有再婚。

7. 家系圖

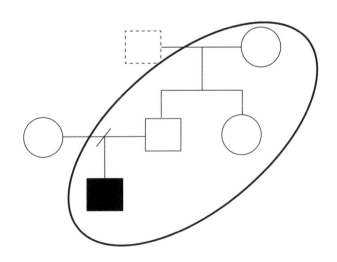

二、問題行為概述

　　案父及案姑姑得知學校有提供遊戲治療，就直接要求給小自遊戲治療。茲將其問題行為列舉如下。

1. 膽小缺乏自信，面對不合理對待不敢捍衛自己，不敢得罪別人

　　例如有位同學只要其課業簿不見，就會認定是小自所為，小自不敢澄清，直到其他同學作證是另一位同學拿了，這事件才了結。10歲重回案父身邊時非常容易被驚嚇，一直不敢自己一人睡在一間房，也不敢獨自一人在樓上，要與案父同睡一張床。半年後才能與案父分床睡。

2. 孤立的人際關係

　　小自不參與班上的活動。小自自述自己在班上沒有好朋友。案導師也反映班上同學都覺得小自不合群，且當老師或同學很正式的在交代事情而跟小自說話時，小自都會出現講話會結巴的現象。平常的溝通互動時就無此現象。

3. 上課不專心

　　老師都說小自上課時都好像在作白日夢、發呆、容易分心，點名詢問問題時，常答非所問。寫字會一直往下斜寫出線外都不自覺，往往都會被要求擦掉重寫。

三、背景資料

　　從下述小自的重要他人敘述及診斷工具蒐集來相關背景資料，以了解小自之問題行為作為診斷與實施輔導依據。

（一）生長史

　　足月懷胎生下，從小就患有哮喘（氣喘）。3歲進幼稚園。小一時搬家，讀小二時案父母兩人口頭離異。

　　小自從出生到8歲皆由傭人照顧。8歲案父母離異，剛離異的前兩年與案母同住，其間有半年之久，案母不讓小自與案父見面。10

歲時重新回到案父身邊。

（二）家庭生活

1. 親子關係：上幼稚園前案父忙於工作，案母忙於自己的社交，全日都交由傭人照顧。小自上幼稚園後，案母會接送及教導其功課。案父仍忙於工作。

案父母離婚後，小自前兩年與案母同住，上下學都是案母接送。案父每週探望一次。

目前與案父同住，坐校車上下學。開始時案父教導功課，後由案姑姑教導。案姑姑的教導是嚴厲和有要求的。每週六會到案母家，有時會在案母家過夜。

2. 父母管教態度：案父是以開明講理的教養方式，注重其學業進展。小自曾與案父一起修理家電、也一同建造了一座噴水池。

案母則注重物質的給予。週六到案母家通常案母會帶小自外出吃喝玩樂，逛商場，買禮物玩具給小自。

3. 生活概況：除了做功課外，都是一個人玩樂高，對組裝機器很有興趣。平時會作白日夢，發呆，看YouTube或看故事書。現在有時也與兩隻寵物小狗玩。

（三）學校生活

在幼稚園時成績還跟得上，但上了小一就不能跟上學校進度，案母要求案姑姑幫忙教導，成績漸漸有進步，但因案父母離異而停止。

10歲重新回到案父身邊發現其程度只有小二，同時在校常被一位同學打或用鉛筆戳小自，有一次差點被鉛筆戳傷眼睛，但小自都隱忍不敢向老師說。後來被案姑姑發現後，立刻將小自轉學到另一所國際學校。在這所國際學校只唸了一年，因被班上的一位同學遊說其他同學杯葛小自不和他講話，讓小自在班上交不到朋友。因此又再轉去另一私立學校。在此所私立學校，由於小自是插班生而且不同種族令他很難融入班上。加上在校因常挖鼻孔及個人衛生不佳，班上同學都不太喜歡接近他。

四、分析及診斷

從親子關係的資料中得知，小自成長過程中，8歲之前都由傭人照顧，而案母在小自上幼稚園之前，都忙於自己的社交生活，案父也都一直忙於工作，兩人皆無暇陪伴照顧小自。至於父母離異後，小自先與案母同住兩年，而後再搬回與案父同住至今，然此時案父已罹癌在家休養，案祖母也臥病在床。

由上述資料可以得知，在小自最重要的3、4歲前與父母的連結是薄弱的。8歲父母離異之後，又有長達半年是沒有與案父見面的，10歲搬來跟案父同住時，案父已經罹癌在家休養，家中又有一位臥病在床的祖母。這些對小自的安全感及情緒穩定都會有嚴重的負面影響。這也使得小自顯得非常容易受到驚嚇與膽小。這是一種充滿焦慮、緊張，很「緊」的樣態。

從學校生活資料中得知，小自10歲重新回到案父身邊發現其程度只有小二，同時在校常被一位同學打或用鉛筆戳小自。有一次差點被鉛筆戳傷眼睛。但小自都採取隱忍的因應方式。後來小自先後又轉學讀了國際學校及私立學校，但似乎都無法交到朋友或融入班上團體。由上可知，在不到兩年的時間，小自至少讀了三所學校，且都是被霸凌、孤立。

與人溝通時「因在意對方的反應導致講話會結巴」，以及一些挖鼻孔及衛生不佳等小習慣。加上小自長期都是在只有自己一個小孩的環境中成長，這些似乎都可以感受到小自其實是非常孤單的，再從老師描述小自「上課不專心、作白日夢，不交功課，不愛參與討論或發問」等，加上小自的課業也一直都沒跟得上正常水準，由上述種種樣態，可以推測小自在面對學校生活是有壓力、焦慮與沒自信的。這些都使得小自在人際關係及學校適應上出現問題與困擾，小自則是選擇逃避或不參與討論或發問等方式來因應。

綜上，「幼稚園前與父母的連結薄弱」、「父母離異」、「父親罹癌」、「轉學至少三次」、「學業跟不上學校進度」、「在校被霸凌孤立」等這些重要事件，都使得小自沒有安全感，無助、焦慮、緊張、自尊與自信低，進而選擇逃避或不參與，將自己孤立的行為模式。因此，小自可以說是傾向「緊」、沒自信又自我封閉的含羞草型。

五、結構式遊戲治療介入原則及策略遊戲選擇要點

1. 建構一個穩定、正向、安全的連結與治療關係

小自在成長過程中與父母的連結是薄弱的，在校曾被霸凌、被孤立等負向人際經驗，這都使得小自沒有安全感、無助、焦慮、緊張等情緒。因此透過一個穩定的遊戲單元時間，布偶客體與小自打招呼說再見等儀式性的活動，加上心理師不帶評價、接納、理解和關心的態度，與小自積極建立良好穩定、正向、安全的連結與治療關係。

2. 提升小自的自我價值感

選用適當的遊戲媒材如提升我能感的桌遊和能掌控的3D拼圖遊戲。在遊戲過程中強調小自展現出的能力，幫助小自從遊戲中獲得我能感，並且讓小自透過遊戲來完全表達及探索自己的感覺、想法、經驗及行為以促進其成長，表達想法和感受，探索關係，理解自身的經驗，揭露心中的渴望，提升自我價值和發展因應策略。

3. 運用圖卡媒材協助表達及紓解壓抑的負面感受

運用「情緒臉譜」圖卡來引導小自與內在的情緒進行接觸，心理師透過治療性的回應來幫助小自去表達出內心裡最真實的感受。在情緒能被「接住」的幫助下，讓小自經驗到我可以很安全的表達我自己，我不會因此而被指責或評價，感受到被了解、被接納的感覺。

4. 滿足渴望被滋養撫育的需求

每次遊戲單元結束前透過「抽束口袋」活動讓小自從束口袋中抽一個小糖果或小玩具，然後送給小自，傳達對小自的滋養與撫育的意圖，滿足小自渴望被滋養撫育的需求。

我哭　是因爲我怕

我的哭是在訴說　我怕受傷害
我的埋怨是在訴說　我渴望被關注、被陪伴

一、基本資料

1. 姓名：小如　　　　2. 性別：女　　　　3. 年齡：8歲
4. 年級：小學二年級　5. 排行序：獨生女
6. 家庭概況：個案與案父、案母三人住在一個公寓。白天父母上
　班，個案由案外祖父母看顧，下班後才接回家。爸爸是貨車司
　機，收入不穩定；媽媽是辦公室主任，收入比爸爸高。目前夫妻
　處於冷戰的狀態。
7. 家系圖：

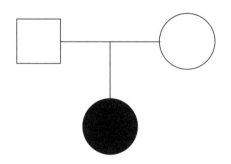

二、問題行為概述

　　1. 畏懼上學：根據案母描述一月份開學一個禮拜後，小如考英語
聽寫時偷看抽屜裡的答案，被老師發現，老師爲了懲罰她以及警惕學
生們，就將小如的桌子倒轉放，讓抽屜向外。這件事後小如就開始哭
說不要上學。每天早上準備出門上學前就開始嚎哭甚至嘔吐。到了校

門口更放聲大哭，拒絕進入課室。

2.在校嚎哭至干擾同儕：案母表示，小如平日本來就愛哭，但可以很快停止。自聽寫考試偷看的事件發生後，在學校哭的次數增加了，而且哭得更久更大聲，有時會哭上一小時至二小時，大大影響到其他同學上課。

3.變得特別愛投訴：案母述說自聽寫考試偷看事件之後，小如的變化很大，在校發生的小碰撞，如：同學不小心踩髒校鞋、撞到書包、弄到眼鏡、同學取笑、老師很凶等等，都會打電話到媽媽辦公室投訴，令媽媽感到非常厭煩，案父也認為小如變得容易小題大做。

三、背景資料

為了更了解個案的問題行為，以做正確的診斷及實施輔導，以下為筆者與個案父母四次的晤談所蒐集的相關背景資料。

（一）生長史

案母是一型糖尿病患者，小如是剖腹產出生。小如從出世後嬰兒時期都由案大姨（案母的姊姊）日夜看顧。週歲後，白天還是交由案大姨看顧，晚上個案父母帶回自己家。上幼兒園開始，個案白天在案外祖父家，等案父母放工後才接回自己家。案外祖父家成員有：案外祖父、案外祖母、案舅舅、案舅母和兩個表妹表弟。

（二）家庭生活

1.小如與案父的關係：案父主要照顧小如生活的起居飲食。根據案父敘述自己從小不得案祖父的關愛，所以要對小如給予更多的父愛，比如小如要求買小物件或零食時，案父都會點頭答應；不過當小如做出案父不能忍受的行為時，案父也會打罵小如。根據案父描述，小孩哭泣是正常的，哭夠了就會停，或者買點小如愛吃的零食來哄哄她就可以了。案母表示小如養成的一些行為有部分是受到案父的影響，比如：案父最常對小如的抱怨是：「妳咯，都是因為妳！」而養

成小如也常常會用與案父同樣的語氣抱怨身邊的人或事。

2.小如與案母的關係：案母的工作忙碌，即使下班了也常帶工作回家做，這使得案母感到愧疚與自責。在家案母負責協助小如的功課、聽寫、考前準備。案母不認同案父常滿足小如的要求，反向地採取凡小如要求的，她都拒絕，所以小如都不跟媽媽提出任何要求，因為她認定媽媽是不會答應的。當小如有不適當行為時，案父會用打或罵的方式恐嚇小如，案母則是用說道理的方式溝通。

案母表示小如每天目睹案母注射胰島素，也常陪伴案母到醫院看診，因為小如沒有過問，案母也沒有解釋。

3.案父母關係：由於案父覺得案母不能做好家庭衛生，而不讓案母打掃房屋，家裡也不需開火煮飯，案母只須負責輔導小如的功課。案母不認同案父對待孩子的方式，夫妻因此常有爭執，多年試圖改變也沒有改善，最後兩夫妻逐漸少溝通了。一家人去逛街時，案母為了避免不愉快的場面，案母會選擇自己一人逛，而小如則跟著案父一起逛，約定時間到了才會合一起回家。

（三）學校生活

1.根據案父描述，小如開始上幼兒班時，哭鬧了兩個月，逢學校假期開學後也是如此，進入小學一年級也哭了兩個星期。

2.案母描述小如的學業成績呈現兩個極端，用華文教課的科目如：國語、數學、科學成績非常優越，而且可以認真聽課，做作業也很快；反之馬來文和英文則從來不曾及格，甚至低至百分之二十，教這兩門科目的老師常常投訴小如上課不專心聽講，老師罵了她就一直哭，一旦哭了就更不能聽課也不抄功課了。

3.老師曾對案母描述小如是個沒有自信的孩子，可能是暴牙的關係，說話、讀課文時發音不準確，還常常被同學們譏笑。

4.據案母稱小如一年級時曾表示很喜歡上學的，因為學校有好多朋友，在家的話沒有朋友好無聊。

四、分析及診斷

從學校生活資料得知，小如開始上幼兒班時，哭鬧了兩個月，逢學校假期開學後也是如此，進入小學一年級也哭了兩個星期。再來就是案母的管教態度是比較採取拒絕的教養態度，「凡小如要求的，她都拒絕！」加上個案自小目睹媽媽每天注射胰島素、陪媽媽上醫院看診，雖然不能斷定這對小如在依附關係上有影響，但仍可以推測小如在適應上需要比一般同年齡兒童花更長時間，也是個比較容易焦慮的孩子。

從案父的管教態度自述是要給小如更多的父愛，但從案父對待個案的態度可以感受到，案父也許以為給予物質上的滿足就是愛，從案父描述「小孩哭泣是正常的，哭夠了就會停，或者買點零食來哄哄她」，加上案母描述案父最常對小如的抱怨是：「妳咯，都是因為妳！」由此，可以感受到案父在與小如的互動與關係上，並沒有去了解小如內在心理需求。且「妳咯，都是因為妳！」這樣的抱怨或責罵會讓小如感受到是被拒絕、被否定的。

綜上，可以推測小如在人際關係本就是比較容易焦慮、需要比較長的時間適應，比較傾向焦慮依附的樣態。

從問題行為概述得知，小如考英語聽寫時偷看抽屜裡的答案，被老師發現，老師為了懲罰她，以及警惕學生們，就將小如的桌子倒轉放，抽屜向外。這個事件之後，小如就開始哭說不要上學。到了校門口更放聲大哭，拒絕進入課室。可見此事件對小如的傷害很大！尤其小如在校表現華語、數學、科學成績非常優越，而且可以認真聽課，做作業也很快，算是一位在課業表現上不錯的孩子，遭到如此傷害自尊的懲罰，致其內心遭受很大的衝擊。加上小如是一位容易焦慮的孩子，在受到如此的傷害後，使其本來就容易焦慮的樣態，惡化到每天早上準備出門上學前就開始嚎哭，甚至嘔吐。到了校門口更放聲大

哭，拒絕進入課室之拒絕上學的問題行為，且狀態越來越嚴重。

　　至於小如在校被同學不小心踩髒校鞋、撞到書包、弄到眼鏡、同學取笑、老師很凶等等事件，都會打電話給媽媽投訴，可能都是其內在的焦慮及渴望被關注的表現。又小如因暴牙的關係，說話、讀課文時發音不準確，還常常被同學們譏笑，馬來文和英文則完全沒有學習動力與意向，常被該科老師指責不專心，成績也不理想，都使小如感到挫折、挫敗、缺乏信心。

　　綜合以上資料，從小如的家庭生活以及在學校的表現，挫敗的經驗，使小如容易緊張、焦慮、不安，導致小如目前呈現出退縮、焦慮、渴望被關注的樣態，都說明小如傾向於含羞草之退縮焦慮類型。心理師優先處理小如考試偷看事件對其造成的影響，讓小如感受到被了解、被關注，且能將這事件對她造成的負向影響，充分地表達抒解，然後再逐步提升小如的自信自尊，可能是重要的介入策略。

五、結構式遊戲治療介入原則及策略遊戲選擇要點

（一）建構一個穩定正向關係及伴隨連接的物件

　　1.小如因為在校遭遇到自尊的創傷，內心充滿著挫敗感，加上本身的特質是一個極端沒有安全感、且容易緊張、焦慮的孩子，所以呈現出低自信、退縮等行為，因此建構一個輕鬆、穩定、有規律的諮商輔導關係，提供正向的陪伴可以修正小如過去的負向經驗。

　　2.運用布偶客體建構一個穩定的儀式活動，增進小如的安全感與我能感。從小如的家庭構造以及其缺乏同儕玩伴的脈絡，布偶客體與小如的連接可以滿足小如的親密需求。在進行遊戲單元中，配合著客體布偶加入遊戲歷程中，一起見證了每一項活動，創造一個陪伴的替代角色。

（二）運用媒材以明喻或隱喻來接觸個案的內在情緒

1.運用情緒臉譜的互動，紓解及轉換小如的內在情緒及感受。由於小如在作弊事件中受到嚴重傷害，且呈現容易緊張、焦慮、不安的困擾。而此策略能協助個案將其內在的情感、態度、需求、價值等反映出來，去面對自己的情緒，進而學習去控制它、處理它。

2.選擇合適的繪本，故事主題接近小如所困擾的情緒，以及碰觸她內在渴望被看到、被聽到的需求。

《害怕也沒關係》：正常化「害怕」的感覺，鼓勵兒童別隱瞞恐懼感，並向大人尋求幫助，引導兒童勇敢面對害怕的感覺，心中恐懼會減少，自信和勇氣會漸漸展現。

《獨一無二的你》：描述小魚丹尼即將出發去探索世界之前，爸爸媽媽告訴丹尼他是獨一無二的，也告訴他如何在於別人和睦相處的同時，做個獨立而特別的自己。

（三）提升小如的自我概念以及我能感

1.在遊戲歷程中，小如常呈現依賴他人和不敢做決定的行為，因此強調催化做決定與歸還責任感，以及提升自尊的技巧，可以幫助個案經驗到自己所擁有的能力感，並提升其自尊。

2.邀請小如將完成的手工作品，如畫作、摺紙、黏土等拍照，以促進小如體驗和找回「掌控感」，建構小如自我肯定、自我鼓勵及正向思考的能量。

誰來安慰我 ── 不要被我平淡的反應騙了

我沒有媽媽了
我不哭，是我怕太難過了
孤單、焦慮又不安的我
你聽到、看到了嗎？

一、基本資料

1. 姓名：小同　　　　2. 性別：男　　　　3. 年齡：7歲
4. 年級：幼稚園大班　　5. 排行序：獨生子
6. 家庭情況：一家三口之前在國外生活過一年，因考慮到想給小同更好的教育，於是小同大班時舉家遷移A市居住，現就讀一所私立國際學校。父母非常關心小同的教育，給小同報了很多興趣班，有把小同送到國外留學的打算。案父為肢體輕度殘障人士，之前在國內一家大型企業工作，收入頗豐。案母於小同6歲時自殺身亡，案母之前曾經被家人發現有自殺行為（約小同5歲時），經醫生診斷為思覺失調症。案母拒絕服藥與看醫生，只有在情緒極度不穩定的情況下，才願意服用藥物。自從案母患病，案父就辭職在家照顧母子，平時以買賣股票為生。案母去世後，案父想讓小同的祖母幫忙照顧，故計畫搬回原來居住的城市。
7. 家系圖：

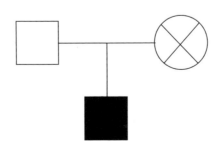

二、問題行為概述

案母自殺身亡，案父情緒低落。小同雖未目睹案母自殺過程，但突然失去案母，案父覺得小同的情緒反應太平淡，跟過去經常黏著案母的樣態很不一樣，沒見到案母也不哭不鬧的，案父非常擔心小同的情況。

三、背景資料

（一）成長史

1.小同為家中獨子，出生後都是由父母照顧。小同1歲多不再使用尿布後，睡覺的時候會出現有遺尿的情況。父母帶他去看過醫生，醫生建議小同需要動小手術，而且需要吃抗生素一個月治療。父母覺得這樣對小同不好，就沒有治療。隨著小同慢慢長大，雖然有改善，但現在仍偶爾有遺尿的情況，特別是小同上幼稚園初期的晚上、案母生病、案母不在家或小同有壓力的情況下比較容易發生。家人的應對為八點後不讓小同喝水，睡覺時給他用隔尿墊。同時嚴格控制小同的飲食，例如讓小同不要吃會利尿的西瓜。據案父描述，小同知道自己的遺尿情況，因此他也很自制及配合。

（二）家庭生活

1.小同與案母的關係：小同與案母關係很親近，也喜歡黏著案母。若沒上學或上課，小同是可以整天跟案母在一起，若案母不在家時，則會一直詢問案母去哪裡？何時回家？平常在家裡是案母在做飯，小同非常喜歡吃案母做的菜。案母覺得小同太內向，不太像男孩子，於是堅持給小同報名參加一個橄欖球班，希望小同能變得更男性化，小同也聽從案母的想法去上課。

2.小同與案父的關係：據案父描述，小同平常比較乖巧，但有時候會玩iPad玩到停不下來。案父的應對方式為大聲罵小同，案父自述

是因為覺得大聲責罵，小同才會知道案父生氣了，知道自己做錯了，才會改正這樣的行為。但每當案父罵完小同之後，小同常會僵住沒有表情，動作緩慢，似乎是受到驚嚇。除此之外，案父覺得自己跟小同互動還是不錯的，也會帶他上學、逛街、陪他玩！自從案母過世之後，小同幾乎是沒有哭鬧過，甚至小同看到案父掉眼淚時，還會過來抱著案父，似乎是在安慰案父。

3.案父母關係：案父描述案母情緒有時會不穩定，導致夫妻之間經常爭吵，而且案母在爭吵過程，經常會情緒失控地摔東西。小同自幼就都有目睹父母爭吵的過程。

（三）學校生活

1.師生關係：據案父的說法，小同非常聽話，幼稚園老師也挺喜歡他。小同班上有調皮的同學，老師凶了一下全班，要求同學們要忍到不行才能去廁所。小同就不敢表達想去上廁所，導致曾經在課堂上因忍不住而尿了褲子。

2.同儕關係：小同面對陌生人時會比較害羞，被動，需要別人跟他示好，他覺得安全才會跟對方玩。小同也曾跟案父分享說，班上的某某同學不會罵人也不會打人，他很好，所以會跟那位同學玩。小同描述他在幼稚園中，還是有一兩個好朋友。按照案父的說法，小同這種與人交往的方式，要很確定對方很友善之後，才比較敢與對方互動。

四、分析與診斷

1.從家庭的基本資料得知，案父母非常關心小同的教育，因想給小同更好的教育而搬遷，也給小同報了很多興趣班（才藝班），有把小同送到國外留學的打算，都顯示出案父母對小同的高度期待。

2.從家庭生活及學校生活資料中得知，有關避免他遺尿的要求，「小同都很自制及配合」。案母幫他報很多興趣班（才藝班）的課程，「小同也聽從案母的想法去上課」。案父描述：「小同平常比較乖巧」、「幼稚園老師也挺喜歡他」，都可以了解小同是一位很順服很聽話的孩子。但其可能也容易緊張或壓抑。「每當案父罵完小同之後，小同常會僵住沒有表情，動作緩慢，似乎是受到驚嚇。」「老師凶了一下全班，要求要忍到不行才能去廁所。小同就不敢表達想去上廁所，導致他在因忍不住而尿了褲子。」

由上，可以推測小同是一位非常配合、聽話的孩子，但容易使自己處在一種高度壓力、緊繃、難以放鬆的身心狀態，通常這樣緊繃的小同在面對壓力事件時，會以自我壓抑的方式來處理情緒，也讓整個情緒調節陷入一種「凍結」的狀態。

3.在小同的成長過程中，案母是主要照顧者，但案母被診斷出有思覺失調症，其服藥不穩定、情緒波動起伏大；加上小同也都有目睹父母爭吵，案母情緒失控摔東西的情景。這些都可能加深小同的不安全感。在案母生前，小同非常黏案母的樣態，可能顯示小同對關係感到焦慮、不安。同時，小同在這幾年也歷經搬家、轉換幼稚園等經驗，這些經驗對尚處在學齡前的小同而言，都是一個壓力事件，這從其讀幼兒園初期的晚上會有遺尿情形得到證實。

由此可以感受到小同自幼兒期起，就一直處於變動、不穩定及父母爭吵的家庭氛圍，這些事件對小同都有很大程度的影響。也從上述小同面對這些壓力事件時，似乎都比較傾向是以壓抑的模式來因應。

4. 「平淡的」創傷後壓力反應

小同在面對案母突然過世事件，合理推論這對小同是一創傷事件，突然的失去案母更是讓小同的不安全感和焦慮感上升到一個高點，但這樣的焦慮、不安全感卻不知該如何表達或反應。通常一個人在面臨突如其來的壓力事件，如重要他人過世、突發的天災、意外（如風災、地震、重大車禍等）等事件時，會有焦慮、緊張、生氣、難過、悲憤、麻木、沮喪、做惡夢、睡不好、吃不下等身心反映，理應都屬正常。但若這些身心反應經過一個月左右仍未緩解，就可能會演變成創傷後壓力症候群的症狀。

小同對於案母過世後在情緒較為平淡，案父描述「跟過去經常黏著案母的樣態很不一樣，沒見到案母也沒哭也沒鬧的」樣態，這樣的反應更接近是一種「麻木」的樣態。這也是創傷反應中常見的一種行為，透過與內在情緒保持一定的距離，來降低內在的痛苦。似乎也和前面對小同因應壓力事件時，都會採取「壓抑」情緒的因應方式符合。

綜上，小同本性就是一位很配合、很聽話的孩子，面對各種壓力事件都習慣採取「壓抑」的因應模式。這樣的模式在面對案母過世的事件，就呈現一種案父所描述的「平淡」反應，合理推測這更是一種「麻木」的重大創傷事件後的壓力反應。這種「麻木」的因應壓力反應已超過半年以上，心理師需要非常關切此議題。小同的配合、聽話及壓抑情緒的樣態傾向「含羞草」型的自我封閉型個案，心理師同時還要更關切小同面對案母過世的的「麻木」、「封閉」自己情感的反應樣態。

五、結構式遊戲治療介入原則及策略遊戲選擇要點

1. 透過遊戲治療的過程建立良好的諮商關係，支持小同面對案母過世的調適期

依據上文，小同對關係感到焦慮、不安，對於新的關係建立也極度缺乏安全感，需要感覺到對方的主動、善意，感到安全才願意踏出第一步。可見心理師與小同要建立良好關係，營造安全的環境就非常重要。結構式遊戲治療中，心理師會使用布偶作為客體，降低小同焦慮、緊張或抗拒。在遊戲治療過程中，運用布偶和小同有適切的身體接觸，藉此協助構建一個溫暖的輔導關係。另外，心理師溫暖友善的態度，專注的陪伴和及時對小同的情感、意圖以及行為作出回饋，都有利於與小同良好的關係的建立。

2. 從遊戲治療的過程中，表達和抒解其壓抑的情緒

小同是一位非常配合、聽話的孩子，但容易使自己處在一種高度壓力、緊繃、難以放鬆的身心狀態。在其成長經歷中，經歷過很多搬家、目睹父母爭吵等壓力性事件，同時也經歷了案母突然去世的創傷事件。按照其慣用的應對壓力事件的方式，他會以自我壓抑的方式來處理情緒，也讓整個情緒調節陷入一種「凍結」的狀態。因而在遊戲中，心理師除了保持專注，多回饋小同的情感外，還可以使用情緒臉譜，能量圖卡等幫助心理師去理解，以及幫助小同去表達自己的情緒。

3. 從遊戲治療的過程中，提供自由以及鼓勵做決定，協助小同重新建立自我掌控感

在小同過往的經歷中，無論是搬家、換學校，還是父母爭吵到案母去世，這些都不是小同能夠掌控的。換言之，小同的生命中充滿著無力感以及不確定感，因而在遊戲過程中，增加小同的自我掌控感非常重要。運用提供自由以及鼓勵做決定的技巧，不僅可以重新建立自

我掌控感，同時也可以讓小同的能力感有所提升，從而更有力量面對生命中的壓力事件。

4. **同步對案父進行諮商和指導，協助案父更好地支持小同渡過調適期，重新建立良好的親子互動關係**

　　案父對小同有高期待，高要求，但同時在訪談中，心理師也能感受案父對小同的擔心以及濃濃的愛。案父母在過往的時間裡面，他們所做的考慮都是從能夠讓兒子有更好的未來出發的。案父現在是小同的唯一照顧者，但他現在其實也深受案母突然離世的影響，以及案父對於案母離世後自己作為父親的角色，如何與兒子相處，其實還需要摸索、學習。為了更好地支持案父逐漸適應獨立照顧小同的生活，同步對案父進行諮商和指導也很有必要。

我大發脾氣，因爲我渴望愛與關注！

哭鬧、暴怒、攻擊的背後，
是小喜對孤單、無力、被忽略的恐懼，
也是小喜對父母的關愛、關注的渴求

一、基本資料

1. 姓名：小喜　　　　2. 性別：女　　　　3. 年齡：7歲

4. 年級：小學一年級　　5. 排行序：老大

6. 家庭概況：小喜跟案父、案母、案妹一起生活。案父工作較忙，通常只有週末在家陪個案及案妹。案母工作也較忙，晚上六點半之後才回到家，所以，小喜週一到週五，放學後都要晚托（課後照顧班）在學校，直到案母下班。家中保母主要是照顧案妹，對小喜的照顧較少。

7. 家系圖：

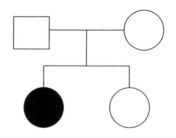

二、問題行為概述

小喜由案母帶到遊戲室，且案母將其問題行爲描述如下：

1. 小喜缺乏安全感、膽小：比如在亮燈的情況下，也不敢自己一人在房間，有次亮著燈並開著房門在房間裡畫畫，期間案母有事走出

房間，小喜發覺後立刻跑出來找案母說自己害怕。

2.情緒爆發時比較激動，會摔東西。例如上週小喜和案妹爭玩具被案父指責時，小喜就把玩具往地上摔壞掉。還有某天晚上，小喜看到案父逗案妹咯咯笑，本來要睡覺的小喜，頓時情緒爆發，跑到案父面前大哭，情緒激動，並抱怨案父和案母只愛案妹，不愛她。

三、背景資料

（一）生長史

小喜出生後，案父母工作很忙。6個月至3歲期間，小喜由案祖母撫養。案母提供的資訊中提到：案祖母很有耐心，對小喜沒有太嚴厲，生活照顧的很好。小喜描述：「奶奶會做很多好吃的；爺爺還會做很多玩具給小喜。」

去年9月，小喜開始進入小學，回到了案父母家庭，從此跟案父母和案妹一起生活，但是案母下班較晚，所以小喜從9月份至今的週一到週五，晚上放學後都會在學校的晚托班（課後照顧班），等案母下班後來接他回家。

（二）家庭生活

1.小喜與案父關係：小喜讀小學前的主要照顧人是案祖母，案父會經常回案祖母家探望小喜，相對於案母，案父與小喜的互動多些，包括探望、陪玩。案母也認為小喜跟案父玩的比較好，且案父陪小喜玩的時間更多，比案母陪玩的品質更高。

但是案父遇到一些小喜沒表現好的事情，也會批評小喜，比如：有段時間，小喜在學校好幾項活動中表現不佳，案父會說：「這個妳學不好、那個妳也沒做好……」等等之類的話；平時小喜跟案妹起爭執時，案父也會罵小喜。小喜在語句測驗中也多次提到「爸爸老是罵小喜，並且不解釋原因」、「希望爸爸心情好，不罵小喜」、「小喜

害怕被爸爸罵」等內容。但同時，小喜也表達出案父一些行為帶給她很多的快樂，如趁案母不在家時，案父會帶小喜體驗一些案母平時不允許做的事，如吃點「垃圾」食品、多看會兒電視等。

2.小喜與案母關係：與案父相比，案母參與小喜的成長相對較少，6個月之前，案母全程照顧小喜。6個月後幾乎都由案祖母照顧。小喜快3歲時，案妹出生，案母主要負責照顧案妹，參與小喜的成長極少，小喜主要由案祖母照顧，案父探望。案母感覺小喜比較敏感，心裡藏的事情很多，但是不願意說出來，比如：從學校放學回來，案母問「今天過的怎樣？」小喜要嘛回答：「挺好的！」要嘛就說：「不知道！」哪怕看到小喜情緒低落時，案母問：「在學校是不是發生了什麼事？」小喜也會回答：「沒什麼！」遇到小喜跟案妹搶玩具什麼的，案母會要求小喜應該讓著案妹要求。

平時的生活中，小喜不太願意與案父案母交流自己的想法，不願說出自己的情緒，把想法埋藏在心底，積累到一定程度就大發脾氣、情緒爆發。但小喜在遊戲治療過程中描述：「遇到問題想跟媽媽說，但是有時是不知道怎麼說。」小喜很期待有個小天使可以協助小喜及時傳遞小喜的想法給案母，「不用說媽媽就能知道」。

3.手足關係：案妹很喜歡跟小喜玩，對小喜很好，看到好吃的東西，自己拿一份，總不忘給小喜也帶一份。小喜平時大部分時間，也會關照案妹，只是被挑戰或干擾時會過度反抗，如：小喜正在做事，案妹來打擾，小喜會大聲訓案妹或打案妹；小喜看到案妹玩自己的玩具，宣告主權不成功時，會發脾氣摔玩具或打案妹；或是小喜看到案妹得到案父案母較多關愛的時候，會有情緒爆發，製造機會打案妹的情形。

小喜對案妹的不當行為，會引來案父案母的指責，加之案父母在這種情況下，有時會表揚案妹愛小喜的舉動，如：案妹平時遇到好吃的好玩的，有多麼地惦記小喜。這讓小喜覺得案父母更喜歡案妹，更

加深了小喜對案妹的「討厭」情緒。在遊戲室裡，小喜經常會表達出對案妹的討厭，但也會對心理師說案妹是非常可愛的，甚至每次選束口袋食物時，都會爲案妹選好吃的。

（三）學校生活

1.師生關係：當前的小學老師反映，小喜在學校很獨立，非常積極幫老師收拾教室衛生，不太愛表達交流；案母也說小喜很喜歡老師，每天去接她時對老師都依依不捨。

2.同學關係：小喜平時有跟案母說過，兩個壞女同學小A和小B的事情，但是案母以爲這沒有影響小喜上學的積極性，所以沒有太特意去處理。但在遊戲室，小喜多次說到班裡兩個淘氣的小A和小B「壞孩子」在說她的壞話，對他們非常的痛恨，甚至想用刀切了他們。後來，案母從老師處得知，其實小A和小B只是有些小祕密不願和小喜分享，但小喜會覺得他們就是在說自己壞話，又不知道她們說了些什麼，因而對此深感困擾。

四、分析與診斷

1. 從小喜與案母關係資料中得知，小喜6個月大之前，案母全時照顧小喜，在6個月至6歲半之前，就都是由案祖父母照顧，案母參與小喜的成長相對較少。小喜快3歲時案妹出生，使得「案母對小喜的成長關注度更是微乎其微到幾乎沒有」。這可以推測小喜與案母間的連結與親密度，相對於案妹是較為薄弱的。

在小喜入小學前這段期間，案父相對于案母，與小喜的互動多些，包括探望、陪玩；但也就是比案母多一些探望而已。小喜在語句測驗中多次提到「爸爸老是罵她，並且不解釋原因」、「希望爸爸心情好，不罵小喜」、「小喜害怕被爸爸罵」等內容。

此外，小喜6歲半前是生活在一個案祖父母細心照顧，以「小喜」為核心的情境中，但現在天天都是在學校的晚托班（課後照顧班）等案母接回家，回到家案母的重心又都是在案妹身上，可以感受到小喜本身也是很「失落」及「孤單」的。

由上述資料內容可以得知，在小喜學齡前的成長，案父母的參與度是低的，後來又有案妹的出生，使得案母與小喜間的連結更是薄弱，這相對於之前案祖父母的照顧，都可能使得小喜的感受是被忽略的，是孤單的。

2. 再從小喜在遊戲治療過程中的描述：「遇到問題想跟媽媽說，但是有時是不知道怎麼說。」「小喜很期待有個小天使可以協助小喜及時傳遞小喜的想法給媽媽，不用說媽媽就能知道。」

又從小喜「在學校很獨立」，喜歡幫著老師收拾教室等；案母也說：「小喜很喜歡老師，每天去接她，都對老師都依依不捨。」也似乎看到小喜在學校老師處得到正向關注，所以也就可以表現的很獨立。

由此可見，小喜是很渴望被關注的，在學校有得到老師的正向關

注，所以就表現的很獨立。因此可以假設，若小喜在家中也能感受到到案父母的正向關注，尤其是案母的正向關注，都可能有效改善其沒有安全感及比較激動的負向情緒反應。

3.再從手足關係資料中得知，小喜覺得案父母與案妹親近、偏愛案妹，這也使得小喜有很強烈的憤怒、難過相關情緒，「聽到案父母逗案妹玩、哄案妹睡覺，小喜就非常生氣且難過的表達『案父母只愛案妹，不愛小喜！』」所以，小喜總看案妹不順眼，「當案妹不小心碰觸到小喜或當案妹搶小喜玩具時，小喜會立刻還手打案妹」。

從小喜與同學關係資料中得知，小喜對班裡的小A和小B「壞孩子」實在非常的痛恨，痛恨到「想用刀切了他們」。但案母從老師處得知，其實她們只是有些小祕密不願和小喜分享，但小喜會覺得他們就是在說自己壞話，又不知道她們說了些什麼，因而為此深感困擾。

上述這樣的情形，似乎看到小喜在關係方面的安全感是很不足的，且會出現極為強烈的憤怒、痛恨、甚至想傷害對方的情緒反應與想法。其實這種看似攻擊性很強的反應，更像是一隻「受傷的小動物」，在強烈的情緒深層，其實是很怕被傷害，有著一顆很受傷、很脆弱的心。

綜上，可以明顯了解小喜是非常渴望與案父母有更深的連結，有非常強烈的親密需求。但案父母都沒能看到個案的內在心理需求，加上案母對案妹的照顧和表揚，更讓小喜覺得案父母比較親近案妹。這樣的情形長期下來，使得小喜回到案父母的家時，她感受到的是被忽略的，是孤單的。使得當她面對與案妹相處而被指責或批評時，小喜會有情緒爆發的狀態出現，有時還會激動地摔東西，學校同學相處也會有很激烈的情緒反應，有時這些情緒還都具有攻擊性，但這個激烈情緒反應之下，其實是一個很受傷、很脆弱的內在。所以，小喜可以說是一個同時兼具「含羞草」及「孤雛淚」型的樣態，亦即小喜暴怒、攻擊的樣態，其實是渴望被關注、被愛、被接納的吶喊。

五、結構式遊戲治療介入原則及策略遊戲選擇要點

1. 建構一個穩定、安全的連結與正向的治療關係

小喜成長過程中缺乏母愛滋養，形成了「不安全依附關係」，以及近期從以小喜爲中心的家庭情境，轉爲以案妹爲中心的家庭情境的變動，都給小喜帶來「不穩定」、「不安全」、「被忽略」以及「失去掌控感」的經驗。

所以，在建立治療關係時，建構一個小喜可掌控的時間、地點，以及與小喜有穩定連結的布偶客體、穩定的遊戲室擺設、穩定的見面儀式、固定而有規律的儀式感活動，以及心理師全然接納的安全遊戲環境等，可充分滿足小喜內心有關「穩定」、「安全」、「被關注」、「被接納」、「可掌控」的需求。

2. 運用圖卡媒材協助表達及疏解壓抑的情緒及負面感受

運用「情緒臉譜」、「圖卡編故事」、「語句測驗」、捶打、繪畫、捏黏土等活動，協助小喜表達內心的負面感受，表達出對案父母、案妹、討厭的同學的情緒及期待，以及通過捶打、繪畫等掌控感強的活動，釋放壓抑的情緒。

3. 提升小喜的被關注度和自我價值感。

小喜在家會覺得「案父母偏愛案妹」，在學校會覺得「同學說自己壞話」、「不愛表達和交流」，這其實也是小喜「被忽略」和「沒有安全感」所帶來的「缺乏自信」、「自我貶低」、「焦慮退縮」的樣態。在遊戲過程中，透過追蹤描述行爲技巧來滿足小喜的「被關注」的內在心理需求，透過提升自尊和鼓勵、見證能力、提升自我決定和負責等方式，積極強調小喜在遊戲中所展現的能力、特質、情緒等，幫助小喜獲得成就感和力量感，建立小喜相信自我、願意展現自我、表達自我的「自我價值系統」。

漂亮亮麗的外表，藏著深深的焦慮與緊張

我是別人眼中的小學霸
但我覺得自己只是一個小學渣
我生氣、我緊張，我快要無法呼吸了

一、基本資料

1. 姓名：小平　　　　2. 性別：女　　　　　　　　3. 年齡：9歲
4. 年級：小學二年級　5. 排行序：老大，有一個4歲的弟弟
6. 家庭概況：案父母親均是同一個省份的人，但老家都在縣城，兩
　 人婚後就一直努力在城市打拼，案父工作相對比較穩定，案母是
　 自己創業，有自己的公司，典型的事業型女強人，每個月都有銷
　 售業績的要求，所以壓力很大。去年案母因為工作壓力過大，情
　 緒一度很低沉，被當地的醫院診斷為憂鬱症，需要吃藥治療，但
　 吃藥後，總感覺精神狀態不好，於是自行停藥，那段時間對小平
　 也超沒有耐心，經常打小平，連案外祖母都覺得案母瘋了。
7. 家系圖：

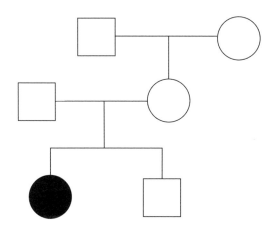

二、轉介原因或問題行為概述

1.每天早上都表示害怕上學：據案母描述，從一年級下半學期，小平早上就經常說害怕上學、害怕上數學課、上課很緊張之類的話。二年級上學期的近三個月，這種情況幾乎每天早上上學之前都會上演，不停的重複說害怕上學，害怕上數學課，緊張之類的話。案父母也會反覆跟小平講沒什麼可怕的，但小平還是很害怕。然而小平到了學校，案老師回饋她也能正常上課，而且感覺很快就能適應一切正常，但第二天早上小平還是會反覆說害怕上學。

2.對自我表現高度焦慮：小平的情緒每天都繃的很緊。據案母描述：「小平每次考試都會很緊張，生怕自己考得不好，這樣別人會怎麼看她？」「老師在學校批評別的同學，她也會覺得老師是在批評自己」。媽媽一直強調自己的小平是其他家長心目當中典型的學霸，成績很好，完全不用家長操心，是讓很多家長羨慕的那種類型的小孩，但小平卻認為自己就是學渣，似乎外在的很多光環都沒有讓小平覺得自己很優秀。

三、背景資料

（一）成長史

小平從出生後第7天到2歲半一直是在外地的案外祖母家長大。2歲半之後因為要上幼稚園，案外祖父母和小平一起回到案父母所在的城市。剛開始上幼稚園的階段小平很不適應，過了大半年才適應城市的生活。

案外祖父母從小對小平照顧的超級仔細和認真，讓案母覺得好像近似有些強迫，「怕新襪子會勒傷小平的腿，都會把新襪子用針挑鬆了才給小平穿。」一次在切生日蛋糕的遊戲過程，小平拿了刀切蛋糕，小平主動說這是她第一次拿著刀子，因為以往案外祖父母都不會

讓小平碰到或做出有一點點可能會受傷或危險的物件或動作。

（二）家庭生活

案父母老家都在縣城，來城市打拼就是希望未來能夠給家人創造更好的生活，所以對於工作也是格外努力。

1.小平與案父的關係：案父工作比較穩定，上班時間比較靈活，所以很多時間都是案父在照顧家庭和小平的生活起居，陪伴她的時間相對比較多，小平的功課由案父輔導，案父不會打罵小平。

2.小平與案母的關係：2歲半前，小平是案外祖母帶大，每週週末都會回案外祖母家看望小平，因為週一到週五都見不到小平，為了彌補自己內在對孩子的虧欠，那段時間案父母很寵她，給她買很多的東西，玩具買到有一間屋子那麼多，多到每次回去看她都不知道該買什麼新玩具，似乎已經沒什麼玩具可買了，小平的衣服也多到整半年每天都可以穿不同的新衣服。這種情況持續到小平2歲半，案父母把她接到身邊讀幼稚園為止。

案母工作比較忙，有時會出差，週末會很盡心的陪伴小平，但是案母做事情比較著急，脾氣比較大，尤其是從去年起，自己得了憂鬱症，情緒很容易波動，對小平很沒有耐心，會打小平，案母自己的原話是「怎麼舒服怎麼打！」比如：打耳光，甚至有一次用刀子威脅小平，要捅死她。

小平平日穿著很整潔，頭髮梳理的也很漂亮、整齊，案母也一再強調小平「很乖的」。案父母也承認別人都羨慕自己的小平是學霸，讓他們感覺到很自豪和榮耀。案父母一直在強調對小平學習沒有任何要求，但也表示如果小平考得不好，案父會說這不是小平的真實水準，也會在家不停的催小平複習，會給小平出額外的題目讓他練習，也會有一些額外的考卷讓小平做。

3.小平對爸媽管教的順服：小平自述她在遊戲室裡做的手工小狗

的作品，案父擔心膠水味道太重，不健康，於是在回家的路上就給她扔到了垃圾桶，小平說她剛開始不同意，案父一直在勸她，最後她就同意案父把小狗作品扔了，雖然她還是很捨不得，小平還說之前案母也說家裡沒有地方放她的這些手工作品，所以很多她的作品都被扔了。說到這些的時候，小平內心還是覺得很惋惜，但似乎對於爸媽的這些做法與要求，她也習以為常了。

4.案父母關係

兩人的關係還不錯，只是案母對案父還是很多抱怨，覺得案父有時候不願意承擔責任，讓案母太操心了。案母穿著很講究，有領導風範，意見很多，說話速度也很快，家長訪談中沒有給到案父更多發言的機會，很強勢、掌控感很強。

（三）學校生活

1.師生關係：因為小平成績很優秀，各方面表現也很乖，所有的老師都很喜歡她，學校老師經常在班級及家長群表揚她，要其他同學以她為榜樣。案導師還很器重的鼓勵她去競選中隊委（幹部），而且順利競選成功，學校的舞蹈社團老師也很喜歡她，還特意選她擔任了C位（重要）的位置。

小平非常害怕學校的數學老師，覺得她很凶、很嚴厲，會讓她很緊張，因此每天都很害怕上數學課。小平自述也很害怕校外的舞蹈班老師，因為授課老師也很嚴厲，所以每次小平上舞蹈課前都會哭很久，遲遲的不願意進入教室。但實際上在數學或是舞蹈班的老師口中，都表達小平表現是非常好的。

2.同儕關係：案母回饋小平在班級裡有一個相對比較要好的朋友，彼此還會用寫信的方式互動，小平自述有時她害怕上課的時候，這位同學會安慰她，讓她覺得就沒有那麼可怕了，但小平平時能和同伴一起玩耍的時間相對比較少。

四、分析與診斷

　　1.案外祖父母從小對小平近似強迫的超級仔細和認真照顧，「一點點可能會受傷或危險的物件或動作，都不讓小平碰或做」。由此可見，小平的自主性可能是很受壓抑的！案外祖父母過於保護的愛，剝奪了小平很多學習與成長的機會，這樣的環境下長大的孩子，有的會變得凡事都不敢主動去做，這通常並不是懶惰而是要等待指令與允許；有的孩子則會變的過度謹慎或膽小；有的則會有很多情緒，因為太多事情都被限制不能自主地去做！

　　2.平日小平穿著很整潔，頭髮梳理的也很漂亮、整齊，案母也一再強調小平很乖。「小平在校成績很優秀，各方面表現也很乖，所有的老師都很喜歡她，老師經常在班級及家長群表揚她，要其他同學以她為榜樣」，「導師還很器重的鼓勵她去競選中隊委（幹部）」，「學校的舞蹈社團老師也很喜歡她，還特意選她擔任了C位（重要）的位置」。連小平最害怕的數學老師和舞蹈老師，也表達小平的表現是非常好的。媽媽也表示小平是其他家長心目中典型的學霸，成績很好，是讓很多家長羨慕的那種類型的孩子。

　　由上可知，小平在外人的眼裡幾乎是完美的，讓人喜歡及羨慕的！但小平的內在卻是戰戰兢兢的，因她都要表現或保持的很好。

　　3.小平2歲半前是與案外祖父母一起生活，每週週末案父母會去看他，案母為了彌補自己對小平疏於照顧的虧欠，則是購買大量的玩具、衣服來寵溺小平。小平回到爸媽身邊之後，案母平日因工作很忙碌，週末會很盡心的陪伴小平，但案母「做事情比較著急，脾氣比較大」，尤其去年得了憂鬱症，情緒更是容易波動，對小平很沒有耐心，會打小平，且是「怎麼舒服怎麼打」，甚至曾經用刀子威脅小平，要捅死她。案母這種寵溺與暴力的愛對小平的安全感會有很大的負面影響。使得小平面對很嚴格的老師都非常懼怕。只要面對考試，

或即使老師是在罵別的同學，她也都會非常緊張，這也難怪「小平的情緒每天都繃的很緊」。

4.案父母也承認小平被人稱為學霸，「他們感覺到很自豪和榮耀」。爸媽雖嘴巴說對小平學習沒有任何要求，但如果小平考得不好，爸爸「就會在家經常的催小平複習，會給小平出額外的題目或考卷讓小平做」。可見他們對小平是有很高期待的，甚至就是要小平一直維持著「學霸」的狀態。

由上述資料可以推測，案外祖父母及案父母對於小平的精細照顧的背後，也對小平各方面有著較高的期待和嚴格的要求，導致小平從小的自主空間就相對地少。加上小平個性也比較順服、乖巧聽話、認真學習，各項表現都很好，堪稱所謂的「學霸」。但一到考試就很緊張會考不好！又加上案母對小平的教養，可說是一種既寵溺又暴力的愛，這對小平的情緒與安全感有很大的負面影響。

都使得外表整潔、漂亮的小平，其內在卻是戰戰兢兢的，有著高壓力與高焦慮的！深怕自己表現不夠好或被批評。綜上，從目前小平的情緒、行為和人際互動能感受到小平可以說是一個較傾向王妃公主型的追求完美個案。

五、結構式遊戲治療介入原則及策略遊戲選擇要點

1. 建立正向積極連結，提升內在安全感

小平內在缺少穩定的安全感，心理師在遊戲治療中，透過與小平更多的眼神、面部表情、說話的語音、語調和態度等細膩的互動；以及遊戲中給小平自主的自由、有趣、接納、包容、安全的空間；無威脅、無控制、充滿興趣的遊戲氛圍，固定而有規律的遊戲時間陪伴；布偶客體與小平在遊戲治療開始時打招呼，束口袋在結束時選禮物儀式性的活動等等，這些細緻敏銳的陪伴都會給予小平穩定的滋養與安全感的建立。

2. 將小平壓抑和緊繃的情緒運用適當媒材予以抒解及轉化

在遊戲治療中，心理師應用一些結構性的玩具，如紙黏土、氣球、塗鴉等具有情緒發洩功能的玩具，引導小平透過這些玩具來釋放壓抑的情緒。心理師善用語句完成測驗、圖卡編故事、動物家庭等活動，配合情緒臉譜圖卡和能量圖卡這些媒材的使用，都可以接觸並促進小平壓抑情緒的表達及宣洩釋放。此外，幽默笑話、隱喻繪本故事、詩歌和歌曲，則可以引發小平由衷的笑聲，釋放身體和心理的緊張，體會更多正向情緒，讓小平情緒更加放鬆，幫助釋放內在情感。而心理師在遊戲中對小平情緒的無條件的接納、理解、體會、回饋都會讓小平感受到自己被理解、被關注、被認同。以上這些會讓小平的情緒從「緊」的狀態過渡到「鬆」的狀態，更好的促進小平的情緒健康，這對小平也是極其重要的治療環節。

3. 在遊戲治療中給予小平充分的自由並鼓勵做決定

受家庭和環境的影響，小平渴望自由、自主，但卻一直默默忍受，長期的壓抑也讓小平有了很多負面情緒。心理師在遊戲治療的界限規範內，給予小平充分的自由，小平可以自主決定並主導自己遊戲的內容，將百寶箱活動、照相活動、歷程小書融入小平的遊戲內容，並鼓勵小平在遊戲中做決定、做選擇，體會到擁有權力選擇、決定的特別經驗，獲得掌控感，感受到自己是非常有能力的，有價值的，提升小平的自我責任感，以上這些對於小平都具有非常重要的療癒作用。

4. 在遊戲治療中關注和回饋小平遊戲中努力的過程而非結果，提升自尊

對於像小平這樣比較「緊」的個案，除了在遊戲室建構接納、尊重的氛圍，並鼓勵小平做決定這些方法和技巧來提升小平的自尊和我能感之外，心理師要更關注和看到小平在遊戲中不斷努力的過程而非結果，對小平的遊戲過程進行具體性描述的鼓勵，例如「妳剛剛有認

眞的塗抹膠水，還站了起來，小心翼翼的按住，想要把毛絨小球黏結實」，並將小平努力的過程，製作成「鼓勵小卡片」送給個案，這些很簡單，但卻是很有力量的介入技巧，卡片上可以寫「在製作小熊時，妳一直在努力將毛絨小球黏結實，妳一直相信自己，沒有什麼可以難倒自己」。透過心理師正向積極的態度和點滴的回應，讓小平看到並相信自己是有用的和有價值的，提高小平的自尊、自信。

六、附件檔案

附件一：語句完成測驗

  1. 我喜歡我的弟弟

  2. 我最快樂的時候是星期天

  3. 在家裡放屁

  4. 使我生氣的是爸爸跟我玩的時候，很幼稚

  5. 我想知道爸爸媽媽到底是怎麼認識的

  6. 我的媽媽太凶了

  7. 我最害怕的是沒有

  8. 我和弟弟一起玩

  9. 我寫作業的時候打瞌睡

  10. 我不能捏弟弟的臉

  11. 在晚上我喜歡玩手機

  12. 在小的時候我把屎拉床上

  13. 我的爸爸愛放屁

  14. 別的小孩喜歡玩

  15. 我的心情很好

  16. 將來的日子討厭

  17. 我上課的時候開小差

  18. 有時候我想玩

19. 我需要吃漢堡

20. 我最棒的時候是當上全班唯一一個中隊長

附件二：畫雨中的人測驗

我哭！我鬧！因為我怕

我哭，我不想去上學
我鬧，我不想去安親班
我沒有朋友，沒人喜歡我
我更害怕爸媽不要我，不愛我

一、基本資料

1. 姓名：小安　　　　2. 性別：女　　　　3. 年齡：8歲
4. 年級：小學二年級　5. 排行：長女（有一個2歲弟弟）
6. 家庭概況：案父是商人，常忙於工作和出國洽公。大部分時間都是案母照料個案。案母也有上班，工作時間比較有彈性。案弟從出生開始到快要2歲時是由保母日夜的照顧。案母會在星期五接案弟回家住，然後星期天再把案弟送回保母家。週末案母就忙於照顧案弟，沒時間陪小安玩。因此，星期一至四都只有小安和案父案母一起住。案弟滿2歲後，就被案母接回家，由案母和幫傭照顧。
7. 家系圖：

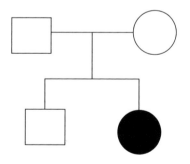

二、問題行為概述

1. 每個星期一去安親班和學校都哭鬧：根據案母描述，小安從一年級開始上學就每個星期一哭鬧，不肯去安親班和學校。每個星期一早上，案母送她到安親班。她總是哭鬧得很兇，不肯進去安親班和學校。在其他天，她則正常到安親班和學校，沒有哭鬧。星期一哭鬧的情況一直持續到二年級下半年。

2. 充滿負向情緒：老師告訴案母，小安每天在學校都不開心，常說肚子痛。今年她已經四次因為肚子疼沒去上課。案母描述小安還常說「死了算了」，感覺她過著不開心的生活，經常情緒低落。小安也會經常打自己的頭說自己很笨。似乎都可以感受到小安內在有很多情緒壓抑。

三、背景資料

1. 家庭生活

小安嬰兒時期白天是由保母照顧，晚上則由案母和案父一起照顧。成長過程並無特別之處。案母分享表示如果週五到週日，她接案弟回家後，基本上她大部分的專注力都在案弟身上，很難有精力再去理會小安。

案母工作雖有彈性，但週一至週四案弟不在家，她就把握時間投入於工作。因此甚少和小安有互動或玩遊戲。案母如有陪伴，大都是任務導向，多數都是做家務和做功課。小安曾經分享案母會要求其做家務，如果小安不做，案母會告訴小安：「那妳就別住在這間骯髒的家，妳搬出去住。」

案母面對星期一的哭鬧情形，一開始是盡力安撫，但一直不見效果，有時也會生氣，罵她「不乖，媽媽不喜歡妳」，「這樣放學時，媽媽就不來接妳回家」，結果小安更是大哭。後來案母就索性不理會直接拉著她帶進安親班，當作沒聽到她在哭。小安自述：「內心非常

希望媽媽能夠陪她玩，但每次跟媽媽說陪我玩時，媽媽經常說你自己玩，媽媽在忙。」

據案母分享案父常出國，曾經有一次，案父隔天清晨需要出國。小安當晚哭著對案父說：「我好想你喔！爸爸，你可不可以不要出國？」小安也曾表示她經常會亂想，擔心爸爸發生事情，沒能回家。小安也曾跟案母表示她不喜歡爸爸出國，也不喜歡離開家，因為外面的人都不好，會欺負人。

據案母說小安只有在週末看到案父。案父很忙，他倆也很少有互動。而且小安週末被允許玩電腦遊戲，所以週末她比較多是對著手機或是電腦玩遊戲。

2. 安親班和學校生活

案母表示小安常常提起在安親班和學校沒朋友。小安也表示她沒有朋友，朋友常常取笑她，例如：常笑她屁股大。小安描述：「覺得去安親班和學校得和案母分開，她很怕案母不見。」小安常跟媽媽說：「她在學校和安親班不開心，沒有朋友，沒有她喜歡的老師。」案母表示小安的課業成績屬於中等，但小安的數學比較差，曾跟媽媽說她很擔心自己的數學聽不懂，很多地方都不會。

學校老師告訴案母小安在學校看上去就經常是不開心的樣子。但小安在學校表現是很有禮貌，很乖巧守規矩的，一定在被明確允許獲得同意之後，才會去玩或去做某些事情。老師也覺察到小安每隔約一、兩週，就會告訴老師她肚子疼不舒服的現象。常快到放學時，就會問老師：「媽媽今天會來接我嗎？」似乎很擔心媽媽不來接她！

安親班老師表示小朋友是願意和她互動的，但小安很敏感。對於同學若有些言詞讓小安覺得討厭或被批評時，她就會放在心上而覺得不開心，其實同學是沒有討厭或批評之意。例如有一次同學說「妳畫的蝴蝶好大」，她就覺得是被取笑而悶悶不樂。

四、分析與診斷

　　從小安的問題行為得知，小安星期一上安親班會有哭鬧的行為。通常面對孩子不合理要求或賴皮而出現的哭鬧行為，我們在事先講好界限或規範，並給予情感反應之後，就可以比較不必將焦點一直放在孩子的哭鬧行為上。這樣的因應方式，幾次之後絕大多數都會有改善。但小安卻持續超過一年以上仍未見改善，這表示其內在還有更深一層的需求或原因，值得進一步分析與了解。

　　1.小安在案弟出生前受案母無微不至的照顧，自案弟出生後，案母每逢週末便花較多心力陪照顧案弟，導致小安內在渴望案母的關注一直無法獲得滿足，直至週日將案弟送去保母家，似乎才又可以得到案母的關注，但這也可能使得小安週一上課要與案母分離時，引發小安內在更大的不安與焦慮，因此小安開始有各種身體抱怨或是表達出自己不重要的語言出現。再從案母對此事件的處理方式，從安撫到會生氣的責罵。到目前大多數都是採取冷處理的忽略方式因應。不能說案母的處理方式完全不對，但顯然是沒有太大效果的！又當案母生氣時，有時會說「不乖，媽媽不喜歡你」、「這樣放學時，媽媽就不來接妳回家」等氣話，都更增加了孩子的不安全感。

　　當一個孩子的哭鬧比較是因為擔心，焦慮等這種沒有安全感而出現的哭鬧行為時，若採取忽略、不理會的因應方式，就會讓孩子更沒有安全感。其哭鬧行為當然就不會緩解或改善。甚至對個案的安全感及情緒會有更負面的影響。

　　2.從案母與小安的互動情形可以得知，案母「甚少與個案有互動或玩遊戲」。案母的陪伴都是要求個案做家務和做功課等任務導向的事情。加上案母也自述「週五到週日接兒子回家後，她很難有精力再去理會小安。」。又案母處理小安不聽話不順服時，會出現類似「那妳就別住在這間骯髒的家，妳搬出去住」等口語。

　　以上這些都會讓小安覺得不受關注及重視。關係的連結很薄弱之外，對小安的安全感也會產生很負面影響。再從案父要出國時孩子的反應，如哭著對案父說「我好想你喔！爸爸，你可不可以不要出國？」加上個案覺得「外面的人都不好，會欺負人」等，以及星期一上安親班時，小安覺得去安親班和學校得和案母分開，「她很怕案母不見」。以上這些似乎都在印證孩子有很深的不安全感。

　　3. 從案母與小安的互動資料中得知，小安內在的親密心理需求是沒有被案父案母充分滿足。又當自己出現「哭鬧的行為」，「擔心爸爸的出國」或「媽媽生氣時會講出不喜歡小安，不來接小安放學等言詞」時，當下小安的內在其實是有很多複雜的負向情緒。孩子自身表達不出這些情緒，且這些情緒似乎也沒有被了解與接納。長期下來，這些負向情緒就一直被壓抑或累積在小安內心。又從前述分析可以得知小安是一個沒有安全感和低自尊的孩子。在這樣的狀態下，導致小安壓抑了很多情緒。甚至有時小安還會出現「死了算了」、「不開心」的低落情緒，甚至是憂鬱的狀態。也經常會「打自己的頭說自己很笨」。

　　4. 從小安在安親班和學校的相關資料得知，小安常常跟媽媽提起在安親班和學校沒朋友，沒有她喜歡的老師。但老師都覺得小安在學校表現是很有禮貌，很乖巧和守規矩，一定被明確允許獲得同意之後才會去玩或做某些事情。安親班老師表示小朋友是願意和她互動的。只是小安很敏感，容易將同學無心的言詞，覺得是在討厭或批評自己，導致她放在心上而覺得不開心。所以常跟媽媽說「她在學校和安親班不開心，沒有朋友」。案母表示小安的課業成績屬於中等，但小安的數學比較差，曾跟媽媽說她很擔心自己的數學聽不懂，很多地方都不會。

　　由上述資料得知，小安對於學校老師和同學的感覺與真實狀況似乎有很大落差。老師對個案是抱持正向與接納的，同學也是願意與她互動的。但小安卻表示「在學校和安親班不開心，沒有朋友，沒有她

喜歡的老師」。由此，似乎看到小安是一個低自尊的孩子。這樣的低
自尊投射到學校的人際互動中，就覺得自己是不被喜歡的。這也導致
她在安親班和學校都不開心，覺得沒有朋友。

　　綜上，小安的親密需求似乎沒有得到滿足，案母的管教更增加了
小安的不安全感及情緒的壓抑。在學校則是呈現出低自尊的樣態，總
覺得自己是不被喜歡的。這些樣態都顯示出小安傾向是「含羞草」之
退縮焦慮型的個案，尤其小安「每個星期一去安親班和學校都哭鬧」
的行為已持續超過一年，這對小安有很深的影響，可能都已造成小安
內心的創傷，治療過程特別需要關注此議題。

五、結構式遊戲治療介入原則及策略遊戲選擇要點

（一）建構一個穩定正向關係及連結

　　1.建構布偶客體：心理師除了會以包容和接納的態度陪伴小安，
也會準備一個布偶客體給小安。心理師會在整個遊戲療程應用布偶客
體和小安互動。在剛開始遊戲時，心理師會把簡單的遊戲規則和架構
告知小安。這些介入都旨在建立一個穩定以及正向關係，以便增進小
安的安全感。

　　2.建構儀式般的滋養活動：每次遊戲開始和結束前，心理師會和
布偶娃娃一起向小安來個歡迎和鼓勵的儀式活動，如擊掌和束口袋。
這樣固定與規律的連結及關係，也能讓小安感受到被撫慰照顧，增進
其安全感及自我價值感。

（二）在安全和包容氛圍和關係中，讓負面情緒有所表達及紓解

　　1.運用圖卡引導小安表達內在自我感受與情緒：每一次遊戲時
段，心理師會以情緒臉譜邀請小安把過去一週或是當下的內在感受和
情緒表達出來。同時，也會邀請小安使用能量圖卡以便讓她可以感受
到正能量。

　　2.邀請小安參與具情緒表達的遊戲活動：案母表示小安喜歡畫

畫，因此心理師設計了一些自由作畫的時段。此外，心理師也會邀請小安參與一些能夠宣洩情緒的活動，例如：拳打腳踢不倒翁，撕紙，塗鴉等等。也會選一些與情緒辨識及表達相關的繪本，與小安一起共讀和討論。此外，還會邀請小安一起玩躲貓貓的遊戲，各自輪流把布偶客體藏起來讓對方找。

　　心理師會全程投入和包容小安，讓小安在被允許充分的做自己的情況底下，可以不用擔心和畏懼被批評或被阻擾，以便能夠讓負面情緒得以表達及紓解。

（三）提升孩子的自我價值感與自尊

　　1.善用「提升自尊技巧」提升孩子的自我價值與自尊：在小安的每個遊戲活動進行時，心理師都會時刻關注著小安並給予正向的反饋。心理師會儘量把小安在遊戲裡的正向態度，努力，做到的和進步的地方都反映出來。例如：「小安，妳畫的娃娃眼睛睫毛好長，妳也把她的衣服畫上好多花朵來裝飾，衣服上還綁了一個蝴蝶結……，哇！畫的好仔細喔！」「小安好用心地準備食物哦！」「Yes，小安做到了」等等。這樣有助提升小安的我能感。當小安品嚐到成功的經驗，她願意嘗試的意願也會變得更多一些。其價值感被提升，就會覺得自己仍然是值得被愛的。

　　2.善用「情感反映」技巧：心理師會在小安遊戲的過程裡，做許多的情感反映，例如：「小安笑得好開心呀！」「小安看起來好像有心事哦！」「小安很生氣朋友，生氣他們一直取笑小安」等等。這樣有助於小安更清楚和明確地認識那些在內心竄動的情感。潛移默化下，小安也將能夠表達自己的內在情感。

六、檔案附件

（一）附件一：語句完成

　　1.我最快樂的時候是<u>在家裡自由玩電腦遊戲</u>

2. 我需要的是鉛筆，用鉛筆來寫字和畫畫

3. 這個測驗我覺得好奇

4. 我最大的弱點就是怕鬼屋

5. 我最大的恐懼是家裡的昆蟲，老鼠，蝸牛和蟑螂

6. 有時就這樣（個案不會答，放棄）

7. 我生氣的是去學校因為在學校被人家欺負，因為我在學校不受歡迎。不受安親班的老師和朋友歡迎。安親班的朋友講我是蝸牛，托書包很慢。我在學校比在安親班開心。

8. 去學校一直哭，怕媽媽不見。要一直和媽媽在一起。

9. 朋友，在學校有一位朋友，在安親班有兩位朋友。

（二）附件二：情緒臉譜

1. 擔心：怕老師罵，擔心自己忘記做功課

2. 煩惱：忘記要寫什麼功課

3. 興奮：因為生日快到了，可以收到禮物

4. 開心：星期六日可以很自由玩電腦遊戲，可是星期一到五要掃樹葉，還要曬衣服，有時還需要抹地，排鞋子。她說媽媽講不要家變垃圾家，就做家務。要不然就讓她離開家。

5. 害怕：怕鬼

6. 擔心：怕自己死掉

7. 失望：對朋友失望，因為被朋友欺負

8. 不安：被弟弟咬，還有一次被咬到屁股黑青

9. 討厭：討厭去學校

10. 傷心：媽媽可以和爸爸去韓國，自己沒得去

11. 生氣：親戚的孩子小妹妹把枕頭丟向自己，覺得很生氣

12. 不公平：朋友送別的朋友多一點禮物，送自己少一點，覺得不公平

13. 委屈：在學校講一件事，朋友覺得自己講廢話，就覺得委屈

不被了解與支持的自我堅持　換來更多的責罵

我有自己的思想，我能展開想像的翅膀自由翱翔

我想擁有掌控自己的力量，讓自己更加強壯

希望你能夠進入我的世界，看見我的閃亮

一、基本資料

1. 姓名：小得　　　　2. 性別：男　　　　3. 年齡：10歲

4. 年級：小學三年級　　5. 排行序：長子

6. 家庭概況：小得從小與案父、案母及2歲的案妹一同生活。案父母均是知名大學畢業，有收入穩定的好工作。

7. 家系圖：

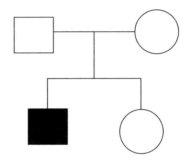

二、問題行為概述

　　1.疏離的人際關係：據案母描述，小得從小不愛到樓下社區和別的小朋友玩。剛上小學時經常獨自站在操場自己轉圈玩，不主動找同學玩，同學也不跟他玩。從小沒啥朋友，好像也不需要朋友，自己一個人在家玩10天也不會悶，會自得其樂，二年級開始有了一個朋友，是同班同學，又是鄰居。

　　2.固著與堅持：據案母描述，小得從小在某些事情上很堅持，出

門一定要走他認定的那條路，堅決不走其他路，如果不依著他就會又哭又跳地持續到走他認定的路。到小學一年級表現更明顯，寫作業總是擦了寫寫了擦，邊哭邊寫，邊哭邊擦，自己發自己的火，生自己的氣。現在三年級不能用鉛筆了，就大量用塗改符號，滿篇都是塗改符號。他無法忍受哪怕一個字寫不好或一個標點錯誤，一定要糾正修改。

3. 不敢自己做決定：很多事情都需要大人幫忙決定或覺得自己沒有能力做好。例如：「爸爸，你來幫我選吧，我不知道選哪個」、「媽媽，你幫我找一找，我找不到」、「爸爸，你幫我開一下瓶蓋，我沒有力氣」。有時遇到緊急情況，不會馬上處理，要等大人催促大喊才會動。

4. 學習若遇到挫折，引發強烈情緒：據案母描述，小得進入小學時英文是零基礎，與班裡同學的差距很大，單詞和句子總是記不住，每次默寫單詞，20個單詞能記住2個就算是很不錯。每天為了完成英文作業，小得都會很難過和洩氣，有時還會因煩躁，掉眼淚，摔書，然後開始崩潰哭泣。

三、背景資料

（一）成長史

小得是家中長子，案父母均知名大學畢業，有收入穩定的好工作。案母在孕期身心正常，產後憂鬱了一段時間，小得出生後跟案母睡，案母帶了7個月後恢復上班。之後白天由案外祖母或案祖母輪流來幫忙，晚上週末還是案母帶，案外祖母和案祖母共輪換了七次。3歲上幼兒園後老人家回老家了，6歲時妹妹出生。

據案母描述，小得去年初感冒咳嗽了一段時間，之後兩三個月會頻繁做出清嗓子的動作和聲音，到3月時發展到頻繁吸腮幫子的動作伴隨喉部聲音，就像青蛙肚子一鼓一鼓的樣子，嚴重時會連續吸個不

停。平時則平均幾分鐘就有一次，連睡覺時也會發出這種聲音。案父母為此相當困擾，有時會責備他，急起來會吼他讓他停止，反而情況會更糟。同年4月經醫院神經科診斷為抽動症。

（二）家庭生活

1.與案父關係：與案父感情有些疏離，與案父溝通是能免就免。案父自述對自己與小得要求都很嚴苛。寡言少語，不善於與小得互動交流，小得不聽話時會吼小得、教訓、講道理，還會說氣話狠話，不關注情緒層面的處理。例如，小得放學回家，書包扔到地板上，直接去玩，案父就會呵斥：「書包拿到自己房間去！你知不知道這樣會絆倒別人！」「自己的事情不要老讓別人幫你做！」吃飯的時候，案父會教訓他：「把碗拿起來吃！你這樣掉的到處都是！你有沒有看到我是怎樣做的？！拿起來！吃飯要把碗拿起來（一字一頓地）！你注意看我是怎麼端碗的！手指頭！筷子怎麼拿？說了多少遍了！不拿好不要吃飯！你這樣會戳到別人的，不禮貌！」

案父催促小得吃飯：「叫了多少遍都不來吃飯！」「我下次不會再給你做了！你知不知道我花了多少時間在廚房！特意做了……！我費這個勁幹嘛！」

案父催促小得睡覺：「我明天還要上班呢，不要以為就你一個人累！我明天還要早起！我們不是全家都圍著你轉的！爸爸媽媽上班也很辛苦也很累！作業做不完是你自己的事！我不管！你愛做不做！我不管你有沒收拾完，馬上關燈！」（說完砰一聲把門摔上。）

案父經常使用的是命令句，也忽略小得的感受，例如：「你給我馬上做……！我不管你做不做的完！那是你自己的事！我就要求你這樣做！」

「我再也不會管你了！我再也不會為你做了！我再也不幫你了！」「你別跟我講這麼多，馬上去做！」「我知道你可能會不高

興，但我還是要求你這樣做。」案父要讓小得覺得案父的發脾氣和提要求是小得的責任。

小得對案父的管教最常見的應對方式就是消極抵抗，拒不行動，有時會因為害怕而委屈著去做，但常會忍不住回房間關門大哭，邊哭邊嘟囔一些案父母聽不清的話。

2.與案母關係：與案母關係較為親密，相處更加自然，更多事情願意和案母一起做，但案母也有其在意及較高要求的部分，如對小得的抽動症狀和英文學習成績差不太接納。小得會自創遊戲規則與案母玩，但案母會惦記著還有很多事情沒有做完，有時缺乏耐心聆聽與配合。有時壓力過大而小得又不配合時，案母會情緒爆發歇斯底里對小得大吼：「沒良心！自私鬼！滾！現在！馬上滾！」每當這時，小得自述自己就會很痛苦，眼睛一閉，淚水撲面而下，言語上並不敢有所表達。

有時案父母會同時對小得施壓，嚴厲催促他睡覺前洗澡刷牙之類，小得會大哭，案母看他哭得堅決會心軟，但案父不允許案母去管，直接關門關燈由得小得一人在客廳打滾痛哭，往往哭到半個小時後會忍不住出去哄他，小得不討饒不屈服，依然不去洗澡刷牙，但會停止哭泣去睡覺。

3.與案妹關係：小得有一個比他小近6歲的妹妹，父母均認為案妹比個案在各方面表現都更優秀，更懂事，更聽話乖巧。案母的原話是「妹妹比哥哥好的地方太多了，數不勝數。」有時候案母接小得放學回到社區，案妹看到就會一路欣喜狂奔過來，小得發現後會死死拽住案母，不讓案母過去迎接案妹，說：「媽媽！求你了！我們快走吧！媽媽我們快點走吧！」小得與案妹沒有明顯衝突與爭奪，但很介意案母花更多時間在案妹身上，介意案父母覺得案妹更好。

4.案父母關係：案父母的夫妻感情較好，有時會欠缺溝通，有時會有情緒衝突，事後能夠溝通和反省。各自有原生家庭帶來的問題，

案母一直在努力學習和成長，案父也開始有所覺悟。案母已勸說丈夫接受心理諮商進行個人探索與成長，考慮到經濟負擔，決定等小得的遊戲治療結束後再進行。

5.與案外祖母、案祖母的互動：案外祖母很關注小得的飲食，作息時間缺乏管理，任由小得玩到忘記時間，對小得的不按時吃飯和睡覺束手無策；而案祖母在作息管理上比較強勢，會用訓斥、恐嚇、假打的方式要求小得按時作息，但飲食方面不太注重，經常是開水泡麻花，或者一日三餐都是小米粥。顯見案外祖母與案祖母的管教方式差異極大。

上學後暑假基本會回案外祖母家一個月。在老家每天可以睡到中午再起床吃飯，長輩除了照顧他飲食，其他基本由著他。案外祖父、案姨媽特別喜歡他，覺得他各方面都很好，有個性、會表達、有主見、能溝通。還有案表哥（案姨媽的兒子）跟他玩。

（三）學校生活

1.師生關係：在校師生關係比較疏離。小得拒絕談論在學校的情況，偶爾會不小心說出被老師責罵，曾表達回學校會倒楣。據案母描述小得曾經哭訴在學校的委屈。一次是同學上課踢他，他很煩，但不敢告訴老師，因為他堅信老師絕對不會相信他，只會連他一起責罰。另一次是同學們一起玩繩子，握繩子的同學的力氣大小沒有控制，他被長長的繩子勒住腳踝，勒出了一道深深的血印子，他都沒敢說，痛的都喊不出聲了，其他同學也沒發現。同學故意撞了他也不敢說，他說同學肯定不會承認的，說了也沒用。

2.同儕關係：案母描述小得不主動與人交往，班上同學也不跟他交往，他到二年級時在班上才交到一個朋友，同時也是鄰居。

四、分析與診斷

1.從問題行為及案母的描述中得知，小得本身因為清嗓子的動作和聲音被診斷為抽動症。另外就是其原本就有固著與堅持的現象，出門一定要走他認定的那條路，堅決不走其他路，如果不依著他就會又哭又跳地痛苦不堪情緒崩潰。也值得去進一步地做臨床上的診斷。

再從問題行為描述中得知，小得具有非常固著與堅持的特質。在讀小學一年級之後，這種特質具體呈現在寫作業及英文學習上，這都使得小得在面對學校的學習，都比別人有更大的壓力、也容易會壓抑情緒，當事情一直沒有做好時，就會洩氣、生氣、煩躁⋯⋯甚至會情緒崩潰。這種的固著與堅持看似類似王妃公主型的追求完美，但兩者間仍有差異，小得的固著與堅持更接近於臨床上自閉或亞斯伯格症狀的樣態，無關外在環境或人事的要求。而王妃公主型的追求完美，是在追求一個極高近乎要完美的標準，且這個標準常高於一般家長、老師的期待，所以，王妃公主的追求完美仍有一個自身及外在的評價標準。

2.從案父母的管教方式得知，小得雖與案母較為親密，但案母對小得有較高要求，又缺乏耐心，情緒爆發時會歇斯底里對小得大吼，「沒良心！自私鬼！滾！現在！！馬上！！滾！」

案父的管教則是會吼小得、教訓、講道理，說氣話狠話，不關注情緒層面，類似「我再也不會管你了！我再也不會為你做了！」「不要以為就你一個人累！⋯⋯爸爸媽媽上班也很辛苦也很累！作業做不完是你自己的事！我不管！」等，以上有關案父母的管教及生氣時的責罵言詞，都會使得小得與案父母的關係上有很大傷害，難怪小得自述「會很痛苦、會哭泣但不敢有所表達」。使小得在日常生活中的行為經常出現不敢表達、沒有自我、情緒壓抑的現象。這樣的狀態也反映在學校，例如小得在學校即使嚴重被欺負，也壓抑著不敢跟老師表達，因小得認為老師不會相信他，甚至會連他一起處罰。

有時案父母會同時對小得施壓，從要求小得睡前刷牙事件得知，

關門關燈由得小得一人在客廳打滾痛哭，往往哭到半個小時後，案母會忍不住出去哄他，小得不討饒不屈服，依然不去洗澡刷牙，但會停止哭泣去睡覺。

小得對案父的管教最常見的應對方式就是「消極抵抗，拒不行動，有時會因為害怕而委屈著去做，但常會忍不住跑回房間關門大哭，邊哭邊嘟囔一些案父母聽不清的話」。

從上述資料似乎也可以合理推測，案父母這樣的管教方式使得小得很壓抑、很沒有自我、又沒自信！甚至可以大膽推測小得在關係上是很沒有安全感的！這似乎也從小得面對日常生活中很多事件，沒有自信或沒有安全感而不敢做選擇與決定有關。

3. 從小得與案父母關係與手足關係資料中得知，案父母對案妹讚譽有加，「妹妹比哥哥好的地方太多了，數不勝數。」又「有時候媽媽接小得放學回到社區，妹妹看到就會一路欣喜狂奔過來，小得發現後會死死拽住媽媽，不讓媽媽過去迎接妹妹」，這些都顯示小得覺得案父母都偏愛案妹，未能在案父母身上得到充分的親密需求滿足。

4. 從小得與案外祖母關係資料得知，案外祖母的管教是比較多滋養與關注的，在每年暑假回到案外祖母老家時的樣態，更可以看到小得的自主自由充分地被滿足，也得到很多的關注與滋養。使得小得在案外祖父、案外祖母、案姨媽的眼中是一位有個性、會表達、有主見、能溝通的小得。可見在不同的管教情境下，小得呈現出另一種迥然不同的樣態。

綜上，從上述1、2兩點可以得知，小得本身可能就有固著與堅持的特質，這個特質在進入學校後，都使得小得在面對學校的學習，都比別人有更大的壓力、也容易會洩氣、生氣、煩躁，甚至會情緒崩潰。而案父母平日的管教及生氣時的責罵言詞，都會使得小得更壓抑、沒有自我、沒自信！導致小得在生活中會有很多擔心做不好的樣態，導致其不敢做選擇與決定。再從第3點也可以得知，小得在親密

需求上也同時很匱乏，父母的管教方式也使得小得在關係上有很深的不安全感。由此更可以說明小得是一位「含羞草型」的退縮焦慮個案，這種樣態的兒童，若在親密需求及情感連結上要特別給予關注就會明顯改善。這從第4點可以得到證明，小得在案外祖母給予一個充分自主自由的滋養環境時，就可以表現得很有主見及好溝通的樣態。

五、結構式遊戲治療介入原則及策略遊戲選擇要點

1.能讓小得擁有自主性、決定權

受家庭因素影響，小得的自主需求缺乏充分滿足，因此心理師讓小得在遊戲室中主導遊戲，充分享受自主權，並於適當時候邀請案父母進入遊戲室與小得一同遊戲，遵守小得制定的遊戲規則，體驗被小得帶領遊戲的感覺，因此滿足小得對於「自主」、「掌控」、「權力」的需求。例如「拍照」、建構自己的「百寶盒」、「歷程小書」相片的選擇與編排、「捉迷藏」、「藏寶物」等遊戲都很適合。

2.設計活動或運用媒材引導小得適當表達和釋放內在壓抑的情緒

小得本身有固著與堅持的特質，導致事情沒做好就容易引發壓力與情緒，而案父母的嚴厲管教會使小得更壓抑，因此，運用「情緒臉譜」等媒材可以協助小得辨識及表達內在情緒感受；在「飛鏢」遊戲投擲飛鏢的過程得當成就感與掌控感；在「對抗」遊戲中擔任擁有裁判權的角色，則可達到自主掌控、釋放情緒的目的。

3.滋養撫育的過程中，提升小得的自尊與自我肯定

小得在親密需求上也很匱乏，父母的管教方式使小得在關係上有很深的不安全感。心理師透過布偶客體與小得建立正向連結，布偶客體在每一次遊戲中均以溫暖滋養的一致形態陪伴小得，可以讓小得獲得放鬆和安全感。心理師在遊戲中透過「追蹤描述行為」和「情感反映」等技術，正向強化「補充能量」的滋養效果，例如透過正向描述小得建構的「美食廚房」、「能量寶盒」、「休閒區」等滋養性遊戲，提升小得的自尊與自我肯定。

渴望被肯定的賴皮小王子

我的賴皮，是被姑息的
請關注與肯定我　我就不會再賴皮

一、基本情況

1. 姓名：小壽　　　　　2. 性別：男　　　　　3. 年齡：5歲
4. 年級：幼兒園中班　　5. 排行序：老二
6. 家庭概況：目前小壽和父母、姊姊生活在一起。小壽上學後，案母自己經營事業，平時工作比較忙，主要是下班後照顧孩子。案父在政府部門工作，有酗酒傾向，一週會有四、五次在外與朋友喝酒，會晚歸。小壽的姊姊與其在同一間幼兒園同一個班上學。
7. 家系圖：

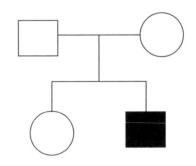

二、問題行為概述

個案是由幼兒園老師轉介來到遊戲室的，茲將其問題行為列舉如下：

1. 情緒不穩定，一點小事就會出現強烈情緒：案父提醒小壽吃飯並拿走了他正在玩的平板，小壽就跑到屋裡去哭；第二天案父又在餐

前提醒小壽，小壽又一次跑到屋裡哭，案父母決定讓小壽自己冷靜一下，對他的哭鬧沒有做出反應，小壽見沒有人來，就穿著睡衣，開門跑了出去，自己在門外躺在地上哭。案母稱，小壽之前遇到類似情況，只是發脾氣，但現在開始出現類似這樣的過激行為。

飯前洗手時，姊姊不小心碰了一下小壽，小壽就生氣不吃飯，還一個人占兩個人的椅子也不坐下，講道理也無法平復情緒，案父嚴厲的批評了小壽兩句，小壽就情緒爆發哭了半個多小時。案母稱，有時候小壽還會在情緒強烈時動手打姊姊和案母。

早上吃飯時，小壽把腳翹到桌子上，案父要求他放下去，並打了一下他的腳。小壽就生氣的把案父的碗踢翻，案父惱怒打了小壽，小壽大哭起來。之後案母單獨在房間陪了一個小時，小壽情緒才平復，但依舊不承認過錯。案母稱，平時小壽自己做錯事也總喜歡責怪別人。

另外，小壽在玩遊戲時，常會因為玩具沒有如自己的意，無法實現自己的心願就突然生氣，並說：不玩了。之後就丟在一邊，去尋找其他玩具。

2. 對新環境適應差，無法獨立上課：小壽在興趣班無法獨立上課，必須有家長陪同或和姊姊一起上。班級若來了陌生人或新同學，小壽都需要很長時間去適應，整天會沿著教室的四邊走，不敢正面去看陌生人，要好長時間才能適應。

第一次來到遊戲室，案母抱著小壽進遊戲室，小壽開始喊爸爸，並抬手要打案母和心理師，心理師對其行為設限，小壽大哭但沒有離開遊戲室。後面心理師抱著小壽，小壽一開始不配合，但心理師向小壽展示了其他小朋友玩遊戲的照片後，小壽安靜下來開始玩，而結束時，小壽又不願意離開了。

3. 遇到困難就放棄：案母稱小壽很難堅持完成一件事，例如：小壽喜歡拼樂高，但遇到不會的地方就不再拼了。

三、背景資料

（一）成長史

小壽是家中老二，案母在姊姊屆滿1歲時，意外有了老二，起初並不想留下小壽，但因為當時姊姊老是發燒，延誤了人工流產手術時間，才留了下來。所以家人無意間會說是姊姊救了弟弟。

（二）家庭生活

1.案母的管教態度：案母自述照顧孩子時比較缺乏耐心，在教養上要求比較多，尤其不喜歡孩子們相互爭吵或弄亂家裡的東西，比如：玩水、彩泥等。案母會要求孩子們玩完一定要收拾乾淨，但孩子們會互相說不是自己弄的，然後各自跑開而沒收拾，所以案母雖然有要求，但孩子們經常沒能做到。

當小壽哭鬧時，案母通常會把小壽拉到屋裡，單獨陪小壽待著，過程中會告訴小壽這麼做沒用，要求小壽認錯，小壽如果表現出反抗情緒時，案母可能會不耐煩的打幾下小壽。

2.案父的管教態度：案母描述案父只要孩子們的行為不會打擾到他，案父就不會干涉，如果打擾到了，一般是比較直接的去制止，生氣時也會打小壽。

3.與姊姊的關係：案母描述小壽喜歡做和姊姊一樣的事情，比如：玩一樣的玩具，上一樣的才藝班，但姊姊並不喜歡和弟弟共用，所以經常爭執，爸媽一般會罵搶的一方。姊姊一般會聽從爸媽指導，但小壽很難被安撫或遵守規則。

案母描述姊姊經常搶著幫弟弟做事情，還沒等弟弟自己做，姊姊就幫忙做了，比如：拼積木時，姊姊見到弟弟不會拼，不等弟弟嘗試，會主動幫他拼好。

4.案父母關係：夫妻兩人關係比較緊張，案母覺得自己為了照顧孩子，曾一度全職在家。現在自己在工作了，卻因案父的酗酒，使得

自己還要承擔大部分照顧孩子的工作，且目前小壽出現很多很難處理的行為，所以倍感委屈。但案父覺得在外應酬是幫忙維護人際關係，穩定家中生意，也是在為家著想，卻不被理解。案母覺得這些都是案父的理由藉口，因為案父一直很喜歡和朋友在一起熱鬧的感覺，尤其在結婚初期，特別喜歡邀請朋友來家中聚會，但有了孩子之後，不能常邀朋友來家裡玩，就在外喝酒。

（三）學校生活

　　1.與老師的關係：老師描述小壽平時常用「無言的抵抗」，逃避老師們的要求，且對學習興趣不大，信心不足。很喜歡幫老師們做事情，很看重老師們給予的正向回饋，希望得到更多關注。比如：老師讓小朋友幫忙搬桌子，小壽會過去幫忙，特別享受老師給出的鼓勵。

　　小壽平時喜歡模仿別人，尤其是不當行為，比如：班級中，有個孩子喜歡做一些「嘩眾取寵」的事情，小壽總會第一時間模仿。小壽還喜歡模仿姊姊，在教室裡姊姊做什麼，他一定也要做什麼，兩個人經常因此有衝突。

　　2.與同儕的關係：老師描述小壽和班上小朋友平時都比較友善，但更喜歡和班上不當行為較多的小朋友一起玩。有時候會毫無預兆的和小朋友打起來，事後了解情況，小壽其實早就和對方對抗很久了，只是沒有爆發。

四、分析與診斷

1.從小壽的問題行為內容得知，小壽無法遵守一些很基本的生活規範。「案父提醒小壽吃飯並拿走了他正在玩的平板」；大家對其的哭鬧沒有做出反應，小壽就「開門跑了出去，還把自己反鎖在門外，躺在地上哭」，以上呈現非常自我中心的樣態，就是「大家都必須關注我！」

小壽大哭，案母安撫一個小時情緒才平復，但「依舊不承認過錯。案母描述平時小壽自己做錯事也總喜歡責怪別人。」這也是非常自我中心的表現。

又與姊姊衝突時，竟然「不吃飯，一個人占兩個人的椅子，也不坐下」，這好像是「我生氣了，我也不讓你們好過！」的心理狀態。

上述這些行為呈現的樣態，可以說是一位基本規範都不能遵守且非常賴皮、不認錯、不對自己行為負責的孩子！另外，從「小壽喜歡拼樂高，但遇到不會的地方就不再拼了」，可見小壽的挫折忍受力低，自信心低，有需要被正向關注與肯定之需求。

2.從父母管教態度得知只要孩子們的行為不會打擾到案父即可，若案父感受到被打擾就會直接的制止或打小壽。平常案父就是酗酒晚歸。顯見案父幾乎沒有與小壽有正向互動及陪伴。

案母則自述自己缺乏耐心，多半都是在要求，例如生活中的收拾東西，「案母雖然有要求，但孩子們經常沒能做到。」又當小壽哭鬧時，會「單獨陪著小壽待著，但不會以同理心對待孩子，更多的是講道理，讓小壽認錯，小壽如果表現出反抗情緒時，案母可能會不耐煩的打小壽」，由此可知，案母雖然投入很多時間陪小壽，但效果似乎不大，若再從小壽的問題行為「大家對其的哭鬧沒有做出反應，小壽就「開門跑了出去，還把自己反鎖在門外，躺在地上哭」可以推論，案母的單獨陪伴不僅無效，還可能強化小壽的哭鬧行為。所以，

案母也覺得「小壽之前遇到類似情況，只是發脾氣，但現在開始出現升級的過激行爲。」

綜上可知，案父母的管教不僅沒能有效規範小壽，還可能都強化了小壽的問題行爲，使得小壽的問題行爲有越來越惡化的趨勢。

3.從學校生活資料得知「小壽對學習興趣不大，信心不足」，也會與同學有衝突、喜歡模仿不當行爲等問題行爲，但呈現強度沒有在家裡那般強烈，且小壽「很看重老師們給予的正向回饋，希望得到更多關注。」。這些似乎都印證了小壽沒自信，經常表現出哭鬧賴皮、不遵守規範等「鬆」的行爲，但內心其實還是很渴望被正向關注的！

綜上可以得知，小壽呈現出一種賴皮不能遵守基本規範樣態的行爲，可能是「孫悟空型」或「孤雛淚型」的個案，但小壽的一些不當行爲都傾向是「自我中心」、「爲所欲爲」的樣態，所以，筆者傾向將小壽歸爲「孫悟空型」的「賴皮卸責」個案。不過小壽年齡不到6歲，心中還是很渴望能得到父母的關注。但由於他出現不當行爲樣態時，父母無效的管教方式，都使得小壽呈現一種小霸王與「作威作福」，一切都要順小壽心意的「賴皮卸責」互動型態，且有越來越惡化的趨勢。而這種樣態，從社會發展理論來看，會使小壽在對家人以外的情境，例如課業的學習或遇到困難及挑戰時，反而呈現退縮或自卑的樣態。這似乎可以在小壽對新環境適應差的樣態得到證實，「小壽在興趣班無法獨立上課，必須有家長陪同或和姊姊一起上。」小壽在面對新的事物或有挑戰性的任務，就會顯得沒有自信，表現在對事情都無法堅持做到完成，例如「小壽喜歡拼樂高，但遇到不會的地方就不再拼了。」等等。

所以，小壽可以被歸爲「孫悟空型」的「賴皮卸責」及「孤雛淚型」的「鬆垮懶散型」。亦即在面對小壽經常出現自我中心「鬆」的外顯行爲同時，卻不能忽略其內在渴望被正向關注的親密心理需求，以及他內在自卑沒有自信的樣態。

五、結構式遊戲治療介入原則及策略遊戲選擇要點

1. 在建立正向的連結，滿足小壽渴望被正向關注的需求

運用布偶客體與固定而規律地進行遊戲治療單元，讓心理師可以給予小壽一個被接納、被肯定的正向連結。

建構「束口袋」活動，在小壽享用心理師所準備之滋養食物時，同時進行回顧本次遊戲的過程，在回顧過程時針對小壽有轉變、有做到的行為進行見證，透過這樣見證小壽的轉變與進步，同時滿足其親密與自主需求。

2. 邀請小壽進行一些規則簡單但具有安定、專注引導作用的遊戲，幫小壽創造成功經驗。

如迷宮遊戲、藏寶物等遊戲，並在過程中運用照相、「布偶客體見證」、「家長見證」及「歷程小書回顧」，建構小壽在遵守界線、規範下有成功、被肯定的經驗，進而使其更能夠起願意遵守界線及規範。

3. 運用「追蹤描述行為」、「提升自尊」、「提供自由並促進做決定」等反應技巧貫穿於整個遊戲單元，提升自信、自尊，同時滿足小壽的自主需求。

4. 透過情緒臉譜、能量圖卡等媒材，並搭配反映意圖及情感反應技巧，引導小壽紓解其情緒，感受到被接納與了解，進而滿足其親密需求。

5. 建構兒童挑選情緒臉譜、能量圖卡成為一種儀式性活動。透過這樣的活動，引導小壽接觸並使用更合適的方式表達情緒和需求。遊戲治療過程中，若又有因情緒引發的不當行為時，增加反應小壽內在想法、意圖或期待及同時進行情感反映，這有助於讓小壽感受到正面的了解與關注。

披著完美皮甲女孩的召喚，如何羽化成蝶？

因為我就是我

請接納我做我自己

讓我活出屬於自己的模樣

一、基本資料

1. 姓名：小婉　　　　　2. 性別：女　　　　　3. 年齡：6歲

4. 年紀：幼兒園（大班）　5. 排行序：老二

6. 家庭概況：案父是一名商人；案母是家庭主婦。小婉有個大她兩歲的案兄。家裡有案父，案母，案哥與小婉，是一家四口的小康之家。

7. 家系圖：

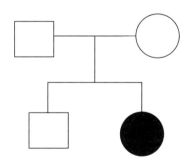

二、轉介原因或問題行為概述

1. 情緒敏感：小婉很敏感，不喜歡人家評論她。遇到不順她意的事情也容易不開心。一不開心就會開始發出屬於她表達不開心的聲音，而那聲音容易讓家人處在一個不和諧的氣氛狀態，嚴重起來，小

婉幾乎可以生氣和傷心一到兩小時。對於與親密的人，如好朋友、家人說分離或道再見的情境，小婉突然會哭泣，感覺非常悲傷。

2. 手足衝突：小婉幼兒園大班前與案兄的關係特別黏，一起玩樂，一起成長，一起挨罵，一起挨打，且表現追隨著案兄的一切，但從讀幼兒園大班開始，小婉開始有了自己的想法和想要有自己的主權，在玩樂中也要有自己設定的規則，不再像以往一樣只是追隨著案兄的一切。因此案兄與小婉倆的衝突就越來越多。但衝突之後或平日有時也看到小婉還是會想親近案兄，這都使得兄妹互動經常有很多矛盾，並引起情緒反應及相互競爭。

3. 人際焦慮：小婉會擔心同學們不跟她玩，也認為不被同學、老師喜歡就是屬於「不乖」或「不好」的孩子。案母去陪案爸、陪案兄、去工作了、出國了等，這些都會讓小婉很傷心也很害怕。案母出門沒帶上她，她就追到門口大哭，直到案母回來，案父案兄怎麼勸也沒辦法。若案母嚴厲的語氣對她說話時，小婉感覺很受傷，哭泣著說：「媽咪不要我了。」小婉晚上一定要有案母和「布布」（一條布巾）在身邊才能夠安心入睡。

三、背景資料

（一）家庭生活

1. 父母管教態度

案母對子女的身心發展特別重視，總是親身親力的專注陪伴著孩子們成長，孩子做錯會有更大的包容與理解的態度來處理。案父則是屬於街頭教育，相信「天生天養，天公庇佑」的概念。當孩子們行為態度上有犯錯，就得即刻及時改正和懲罰，讓孩子知道立即性的承擔自己的行為後果，負起責任。

家裡非常重視排行，長幼有序。第二個的孩子就得尊稱第一個孩子是哥哥或姊姊。在小婉3歲開始就會好奇的問：「為什麼我不是排

第一？」或「爲什麼是哥哥先出生？」小婉甚至非常的渴望：「我可以再重新選擇嗎？我想排第一。」

案母描述當小婉牙牙學語或是學習爬行時，她手上的玩具總是會一瞬間就被案兄拿走了。導致現在小婉特別呵護自己的東西，像是擔心自己的東西會一瞬間就不見了一樣。但也因爲這樣，小婉有幾次被嚴重的訓誡是一位不懂得分享的小孩。之後，小婉就開始很主動且一直地把自己喜愛的東西，玩具或是食物做分享。但案母覺得小婉似乎是用「討好」的方式來得到認同，渴望著別人的肯定。

2. 家人關係

(1) 與案父關係：小婉敬畏案父，在案父面前不太勇於自我表露個人想法和感受。似乎會擔心案父生氣、傷心，基本上是順著案父，表現得是一個懂事與文靜的女兒。很多時候會請案母幫忙傳達訊息。

(2) 與案母關係：會呈現調皮的樣子，有時候有說不完的話，語調也變得很像大人，人小鬼大的模樣。貼心關愛案母，在案母鼓勵下學習勇敢的說出自己的感受和想法。喜歡跟案母在一起進行活動與做事。

(3) 與案兄關係：幼兒園大班前的個案非常愛跟案兄一起玩，案兄很會逗她笑，非常呵護她，什麼事情都爲她安排。她會享受這樣的寵愛，但是又不喜歡案兄太愛管她的事情，尤其小婉在專心做一件事情時，感覺被打擾了。而且小婉也害怕案兄欺負或罵她。因此，自己跟案兄的關係非常矛盾。例如，兄妹一起玩遊戲時，案兄會引導她，但是若當她玩的方式一直不符合案哥的要求時，案兄就會失去耐心而大聲責罵她。平時在互動中，小婉做錯事情或處理不當，案兄就會用責罵的口吻對她，這讓小婉覺得案兄好凶，而身爲妹妹的她又沒有勇氣反抗。

在遊樂場，經常跟隨案兄和案兄的朋友們嬉戲。小婉雖是年紀最小的女生，但小婉的表現就是不服輸，有一次在操場上踢足球，她一

路追球一路不停的嚷著：「我要拿第一，我要拿第一……」直到球被案兄踢進籃中，她頓感絕望，蹲下身子哭泣，不斷還嚷著：「我要拿第一。」

3.案父母關係：案父案母都非常重視孩子們的內在需求，感受，想法與行為表達。雖然案父案母的教養理念不一樣，但是彼此都秉持著互相尊重和彼此協調的態度，跟著孩子們成長的狀況不斷的做調整。

（二）學校生活

1.小婉轉入新幼兒園時的第二天，案父案母就出國了。由小婉的阿姨來照顧和載送。這段時間，小婉每晚睡覺前一直哭泣和嚷著要案母，天天告訴案姨自己覺得害怕和想念案母。案母回來後，每個晚上更是要求要案母陪到她入睡為止，這樣的情況連續了半年才停止。

轉入新幼兒園的三至四個月，小婉每天晚上睡覺前都會說學校的男同學經常向老師投訴，還叫同學們不要跟她好。這件事情讓小婉非常不安和害怕。而且，小婉還告訴案母，要送東西給該位同學，對方才會跟她好，因為自己是新來的同學，擔心沒有人要跟自己做朋友。

就讀新的幼兒園後半年，小婉開始把專注力放在學習上，非常用心。小婉晚上背課到午夜，就是為了要考到100分。

2.與同學的關係：案母描述剛開始適應新校園時，小婉會擔心同學們不跟她玩，也認為不被同學、案老師喜歡就是屬於「不乖」或「不好」的孩子。為了能夠交到新朋友，小婉用送東西的方式來討好對方。

3.學習態度及表現：案老師表示她不屬於優秀的學生，但是在學習上，小婉非常認真和努力，也非常有禮貌。個人學習上，小婉在電腦的運用上，獲得學校冠軍獎勵。

四、分析與診斷

1. 從小婉與案父的關係中，「小婉敬畏案父，在案父面前不太勇於自我表露個人想法和感受。似乎會擔心案父生氣、傷心，基本上是順著案父，表現得是一個懂事與文靜的女兒。」

在學校老師眼中，「在學習上，小婉非常認真和努力，也非常有禮貌。」

在與案兄及案兄的朋友們嬉戲互動中，看到「小婉就是不服輸，一路追球一路不停的嚷著：「我要拿第一，我要拿第一……」直到球被案兄踢進籃中，她頓感絕望，蹲下身子哭泣，不斷還嚷著：「我要拿第一。」

在小婉進入新校園後半年，小婉把專注力放在學習上，非常用心。小婉晚上複習功課到午夜，「為了考到100分」。

從小婉與哥哥的互動中，「自讀幼兒園大班開始，小婉開始有了自己的想法和想要有自主權，在玩樂中也要有自己設定的規則，不再像以往一樣只是追崇著案兄的一切」，看到小婉有想要有自己的想法和決定權的自主的需求。

從上述幾個不同向度的資料都可以發現小婉的行為都是在「求好」、「第一」、「懂事」、「好乖」、「有禮貌」、「100分」、「自主」…等樣態，明顯呈現一種追求卓越、追求完美與自主決定的行為樣態。

2. 從問題行為資料中得知，「小婉有幾次被誤解和嚴重的訓誡是一位不懂得分享的小孩」。之後，「小婉就開始把自己喜愛的東西，玩具或是食物做分享」。這是一個很大的轉折改變，案母覺得小婉似乎是用「討好」的方式來得到認同。筆者認為小婉這樣的行為還不能確定是不是「討好」？但可以確定的是小婉很擔心自己成為不被接受的小孩，渴望著別人的肯定。

這樣的影響在小婉在轉校後，使其在人際互動上有更多的焦慮與

不安，「小婉會擔心同學們不跟她玩。」也認為不被同學、老師喜歡就是「不乖」或「不好」的孩子。為了能夠交到新朋友，小婉用送東西的方式來降低自己的焦慮。「小婉還告訴案母，要送東西給該位小同學，對方才會跟她好，因為自己是新來的同學，擔心沒有人要跟自己做朋友。」

　　小婉在人際互動上的「情緒敏感」，可能也跟「追求完美」的態度有關，她可能會過度擔心別人覺得她不夠好、不乖，導致她很敏感於別人的評價，或自己的表現結果是否夠好。

　　3.從小婉的問題行為概述及與案母的關係資料，得知小婉「對於與親密的人，如好朋友、家人說分離或道再見的情境，小婉會突然哭泣，感覺非常悲傷」。又「小婉自述喜歡跟案母在一起，但案母去陪案父、陪案哥、去工作、出國了，這些都會讓小婉很傷心也很害怕。」晚上一定要有案母和「布布」（一條布巾）在身邊才能夠安心入睡。

　　小婉轉入新幼兒園的第二天，案父案母就出國了。由小婉的阿姨來照顧和載送。「每晚睡覺前一直哭泣和嚷著要案母，天天告訴案姨自己覺得害怕和想念案母。」「案母回來後，每個晚上更是要求要案母陪到她入睡為止，這樣的情況連續了半年才停止。」

　　再從案母與小婉的關係及互動可以得知，母女關係是很好的，小婉對案母也很有安全感，經常需要案母的陪伴來抒解他的焦慮。但小婉對於分離及人際互動上的確是呈現嚴重焦慮的樣態。

　　綜上，小婉有明顯的「王妃公主型」的追求完美的樣態，使得其在學習及很多事件上都很努力的追求完美及第一，這帶給小婉很大的心理壓力及負擔。同時小婉在人際互動上擔心被拒絕、渴望被接納及肯定，而以一種「討好」型的溝通型態面對人際互動，這都可能使小婉更加壓抑，也使她害怕嚴格、嚴厲批判性強的人。上述這些壓抑及擔心都使得小婉在人際上呈現類似含羞草型之焦慮的樣態，使其特別要案母的連結與陪伴，對於一些關係比較親密的人分手、再見時都會

顯得特別難過傷心。由此可知，除了要關注小婉「王妃公主」的「追求完美樣態」之外，同時也要關注小婉因壓抑、擔心而呈現出嚴重焦慮的情緒狀態。

五、結構式遊戲治療介入原則及策略遊戲選擇要點

1. 建構一個穩定，感受被關注和安全的連結關係

　　建構一個可以讓小婉感受到被關注的同時，也建立一個穩定與安全的連結關係。運用「專注陪伴」的概念，專注地陪伴，搭配「追蹤描述行為」、「提升自尊」、「情感反映」和「見證」技巧陪伴小婉。同時也邀請小婉身邊重要的人，如案父案母、案兄、案老師，一起在生活上可以配合，協助和滿足小婉在這一方面的心理需求。

　　除此之外，也需要案父與案母給予小婉有一個固定和規律的「一對一陪伴時間」。讓小婉可以與父母之間建立一個穩定和安全的依附關係，也感受到自己雖然是排序在第二，但是也一樣被關注和被滋養著。

2. 引導小婉情緒的表達及釋放

　　除了「情感反映」技巧之外，心理師也運用「情緒臉譜」，引導小婉進行對話，讓她在安全的氛圍下，放鬆和放下防備，慢慢展開遊戲及對話。從中再進一步針對小婉在一些很在意的事件上進行探索，如：在案父面前不太勇於自我表露個人想法和感受；小婉會擔心同學們不跟自己玩；案母會突然不見了；討厭，生氣，害怕案兄等等。之後在慢慢的引導小婉，表達內在的壓抑情緒和伴隨著的想法，讓她學習和更懂得如何表達內在的情緒感受，提升自我表達能力。

3. 安排「容易掌控」和「釋放」元素的遊戲活動

　　心理師讓小婉可以紓解焦慮，壓力和壓抑的情緒。設計一些策略遊戲，如：撕紙張、拍打氣球、戶外水戰、塗鴉、敲打樂器與吶喊、玩黏土等透過體驗式的活動把這些情緒釋放出來。另外，心理師也應用與小婉有類似生活經驗的繪本、故事與小婉進行分享，如《因為愛，所以我勇敢》來達到治療的效果。

4. 提供被看見的正向經驗

　　王妃公主型的小婉是處在於比較「緊」的樣態，所以心理師需不急不躁的允許和接納小婉依自己步調來進行各種遊戲活動。加上在家庭背景與案兄的關係，不難看到小婉需要被尊重和自主的需求。因此，在安排每個遊戲活動之前，心理師都會先跟小婉溝通討論，在徵得小婉的同意後再決定選擇進行遊戲活動。讓她體驗自己是可以「自主」、「掌控」、擁有「權力」的感覺。

　　小婉很在乎外在的評價及自我的表現，如案父和案老師的看法，會過度擔心別人覺得自己不夠好、不乖……，導致自己很敏感於別人的評價，或顧慮自己的表現結果是否夠好。因此，當面對同樣的一件任務或挑戰時，小婉的壓力與焦慮都有可能要比其他的小朋友要來得大。如，在生活中她的學習上「求好」、「100分」、在踢球時要拿「第一」、在老師面前要「懂事」、「好乖」、「有禮貌」。小婉會擔心自己是否夠好？而且好還要更好，若表現得不夠好，小婉就會哭泣，覺得挫敗感。因此，也變得沒有自信和低自尊感。一直跟案兄比較，很多時候需得到別人的讚揚及肯定後才覺得安心。因此，心理師善用一些沒有對或錯、好與壞的遊戲，並提供自由和鼓勵作決定的技巧陪伴小婉，讓小婉在自由和完全被支持的氛圍下做決定。如：看圖說故事、畫畫、簡單的手工創作。在進行時，給予小婉支持和自由創作：「這故事要怎麼說都行，這是屬於你自己的故事」、「你可以挑選任何顏色，只要是你喜歡的」。而在反映技巧上只關注小婉的努力，專注等過程，而非結果，「哇！你可以這樣畫啊！好特別哦！」「雖然小婉不滿意這裡，但是小婉還可以繼續的畫下去，還做出不一樣的形狀，真的好創意啊！」心理師表達欣賞她的大膽嘗試和接納自己作品的不完美。完成任務後，給予小婉肯定，並且可以自己做選擇的，提升她的自我價值和成就感，也見證她可以接納不完美也是沒關係的正向經驗。

我不是壞小孩，我只想要被愛！

愛故意搗亂、生氣打人的我
其實只是渴望被看到
我也渴望被尊重和細心的照料

一、基本資料

1. 姓名：小康　　　　2. 性別：男　　　　　3. 年齡：4歲半
4. 年級：幼兒園混齡班　5. 排行序：獨生子
6. 家庭概況：目前小康與案父、案母住在一起，租住在案外祖父母在市區的房子。案父任職項目主管，每天都很早出門，加班到半夜1到2點才回到家。案母現在是全職主婦。
7. 家系圖：

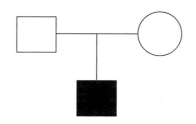

二、問題行為概述

　　小康是由案母求助。茲將其問題行為列舉如下。

　　1. 膽小、適應力差：在面對陌生人或陌生情境時，會出現膽小不敢接觸的樣態，例如與不熟悉的親戚吃飯，直接趴在進餐廳的門口地板上，不願意進門。剛轉入新的幼兒園之初，上學時大哭大鬧了好幾天，不讓媽媽離開。過了幾天，有大哥哥，大姊姊來帶小康進課室，才願意跟他們走。

2.打人之攻擊行為：若不順他的意就會動手打人，例如在混齡班的幼兒園裡就讀時，混齡班的哥哥讓他先玩一會兒腳踏車，過了一陣子哥哥過來表示要玩腳踏車了，但小康執意不肯，就出手打那位哥哥。若沒有經過他同意就拿了他的玩具，他也會出手打對方。或在他面前說出有傷自尊的話，例如「**騙人、說謊」，小康就會動手打人。

三、背景資料

為更了解小康之問題行為，以做正確之診斷與實施輔導，所以，從下述幾個小康的重要他人來蒐集相關的背景資料。

（一）成長史

1.成長過程：小康3個月後出現對牛奶、雞蛋等多種食物過敏徵狀，需要經常就醫、入院。小康8個月左右，案父帶小康出外回來，一直拉血兩週，需要緊急啟動專家會診。

2.發展狀況：小康目前身高103公分，15公斤，發育中下。晚上睡覺需要穿尿布。2歲半的時候做過語言能力測評，報告說孩子語言遲緩。但案母當時沒有給孩子接受任何治療或訓練。3歲左右才肯開口說話，之前只會叫媽媽、爸爸。上幼兒園後，小康的詞彙缺乏，少長句表達，緊張時會說疊字重字。

3.成長過程的重要事件

(1) 搬家：小康在省城出生，1歲半左右隨案父被外派搬到外省居住，由於居住在中國富人聚集的地段社區，小康及其案母都出現社交困難及情緒困擾的現象。半年後，重新回到省城居住，但小康的過敏徵狀再次加劇，案父同時考慮小康過敏狀況及照顧妻子娘家的兩位老人，兩人共同決定搬回案母老家居住至今。

(2) 轉學：小康自3歲開始至今就讀過3所學校。3歲時就讀一所早教機構三個月；後又就讀於一所私立幼兒園四個月；隔兩個月又轉

到一所公立幼兒園蒙特梭利混齡班迄今超過半年。

（二）家庭生活

案父、案母在小康出生後的幾年生活有很大的變動，故特別針對父案母的工作樣態、親子關係、管教態度、夫妻關係及家庭經濟做整理。

1. 父母的工作樣態及家庭經濟狀態

案父原本在省城工作，月收入超過兩萬人民幣，後來賣掉省城的房產，小康2歲半時，全家搬到現居地之後，曾有半年在家沒有工作。半年後任職項目主管，每天都很早出門，加班到半夜1到2點才回到家。月收入只有八千人民幣左右。

案母大學後留在省城做服裝設計工作，月收入兩萬元。自從生了小康以後，為照顧過敏體弱的小康，無法穩定工作，現在基本上在家照顧小康，沒有收入。

現在整個家庭主要靠案父的收入和賣掉房產的款項支撐家庭日常開銷，基本開銷包括小康每月超過兩萬元的氨基酸奶粉、過敏藥物及住院費用，每月兩千元的沙盤治療費用，幼兒園、英語興趣班（才藝班）學費，半年前還有案母心理諮商的費用及治療藥物。

2. 父子關係

小康與案父相處融洽，喜歡跟案父玩遊戲、看故事書，案父沒工作在家的半年時間裡，小康（2歲半到3歲）各方面都表現都很好。自從案父開始工作，沒有時間像過去這樣陪伴小康、小康的行為問題逐漸浮現。

小康的案父比較平和，會看小康的優點，不建議案母跟外人說太多小康的事情。

3. 母子關係

　　小康與案母兩個人相處時間很長，由案母負責照顧起居及上學、上課。案母自生產後疑似產後憂鬱，但家人並不重視；居住外省期間，案母曾先帶小康回省城，期間情緒爆發失控，確診憂鬱，開始心理諮商及服用抗憂鬱藥物。由於無法支撐費用，已暫停心理諮商及服用藥物半年左右。

　　小康的案母經常受到案外祖父母的責怪；案外祖父還對案母表達「自己培養了一個優秀的女兒竟然回家做全職媽媽，還做得很失敗。」故案母與案外祖父母很少來往。小康的案母在老家也基本很少社交活動或朋友聚會。小康經常很在乎案母的感受及狀態，經常詢問「媽媽，妳開心嗎？……」

4. 案母管教態度

　　案母自陳自己比較易怒，當小康有問題行為時會習慣性打罵或直接懲罰孩子，會把他最喜歡的讀書時間，遊戲時間取消。或直接威脅孩子，比如會說：「媽媽不愛你了，你不聽話，你沒有說到做到，可是媽媽說到做到，守約定。」「你找爸爸吧，不要來找我了，你不愛我的，我不想陪你了。」「你不要來找我，不要靠在我身上，不要故意搞破壞，我討厭這樣，你走開。」「如果媽媽死掉了你就可以換一個媽媽了，叫你爸爸給妳找一個新媽媽。」之類的話語。

　　孩子不吃飯和不肯睡覺，或者不喝水，不洗手之類，媽媽就會說：「生病了，醫生會抓她進去醫院關起來，外面病毒很嚴重，到時沒有爸爸媽媽陪著和照顧，見不到爸爸媽媽。」等。

5. 案父母關係

　　由於案父忙於工作，缺乏溝通陪伴的時間，且管教理念與案母有所差異，夫妻關係有時候會比較緊張，偶有發生言語衝突，但案母很欣賞丈夫勤勞和堅韌的品質。

（三）學校生活

1. 師生關係

根據小康兩所幼兒園老師的描述，整理如下：

私立幼兒園老師描述小康一開始有點小害羞，但後面玩開了放開了，會主動和老師說話，而且有很多話題；不喜歡做的怎麼勸說都不做，不過也是會慢慢改變，比如提醒小康喝水，一開始不聽勸，但慢慢熟悉之後，就越來越能夠接受勸告或提醒。喜歡畫畫和唱歌，喜歡模仿別的孩子的行為，有點小調皮，並不會主動攻擊人。

現在就讀的公立幼兒園老師描述，小康剛進班時表現不錯，但一個月後開始不配合老師上課，打擾同學，在班級裡面亂跑，被老師提醒很多次之後，答應不亂跑，還是繼續亂跑，被老師領到隔壁班只留下小康一人在該教室，案母聽說有好幾次，小康自己哭著跑回去教室。午飯後帶動其他人亂跑，老師懲罰回去班級，並且不給小康參加戶外活動。據案母描述，幼兒園老師給小康起過一個綽號：「**騙子」，說他不守承諾總是一再犯錯。

2. 同學關係

轉學到公立幼兒園一兩個星期就交了幾個朋友。小康每天都和班上另兩位小班男孩子一起玩，儘管經常打架、衝突，但是很快和好，總愛喜歡一起玩。平時還會約大班一個姊姊，中班一個姊姊，還有小班一個男生在週末出去玩。個案很聽那個中班姊姊的話，兩人很玩得來、都很喜歡畫畫看書。

（四）各種測驗結果

看圖說故事：從此測驗的結果，有5項發現：

1. 小康家庭氛圍整體不太融洽，經常會有爭執、矛盾。家人之間的溝通方式也比較粗暴，「一家人最常做的事情是跑步和打架」。

2. 小康依賴媽媽的照顧，很喜歡媽媽，也很在乎媽媽的感受，

「小獅子更喜歡親近鯊魚媽媽，願意待在她身邊」。

3.案母平時情緒比較平和的時候，能勝任照顧孩子的職責，「因為鯊魚案母平常對小獅子很好」。但如果案母情緒不穩定，就會用嚴厲粗暴的方式管教小康。與丈夫相處，「鯊魚案母喜歡打人，也會打獅子小孩和熊貓爸爸。」

4.案父因為忙於生計，無法參與及了解孩子的被照顧和養育狀態，「熊貓爸爸沒有看到、也不知道鯊魚媽媽咬人。」

5.案母很擔心被案父知道她會以體罰方式管教孩子，「鯊魚案母咬人的事情，不敢跟熊貓案父說，很怕被熊貓案父知道她會咬人」。

四、分析及診斷

1.從「問題行為」的「膽小、適應力差」資料中，可以感受到小康面對新的環境、不熟悉的人時，會需要一些時間適應，且幾天之後，只要有其他同學陪著，他就可以順利進入課室，這對於4歲左右的孩子而言，實屬正常。但在與不熟悉的親戚吃飯，直接趴在進餐廳的門口地板上，不願意進門。這樣的樣態就顯得過度退縮，帶有含羞草的樣態。

又「打人攻擊行為」資料中，可以感受到多半都是小康感受到自己的「自主需求」無法被滿足時，如「哥哥要求要騎腳踏車了」，或自己的「自主需求」被侵犯了，如「沒有經過小康同意就拿了他的玩具」，或小康感受到自尊受辱、不被尊重時，如「**騙人、說謊」。由此可知，小康對「自主需求」很敏感，還處在比較「自我中心」的樣態，沒能理解界線、物權或尊重對方的需求。這樣的樣態也從小康學校生活「同學關係」中得到證實，「小康每天都和班上另兩位小班男孩子一起玩，儘管經常打架、衝突，但是很快和好，總愛喜歡一起玩」。另外小康「平時還會約大班一個姊姊，中班一個姊姊，還有小班一個男生在週末出去玩。個案很聽那個中班姊姊的話，兩人很玩得來、都很喜歡畫畫看書。」，似乎還是有看到小康是可以正向融入同儕間的互動開建立友誼。

從兒童心理發展的觀點來看，「自我中心」是幼兒期的發展特徵，尤其是0-3歲之間完全是以「自我」為中心的。小康目前雖已經4歲半，從問題行為資料看到小康也表現出很多「自我中心」的特徵，但也看到小康能有好的同儕互動並建立友誼，且從小康的語言發展、身高、體重等樣態，可以推測其可能有輕微發展遲緩現象，故推測小康的「自我中心」的特徵，有很大的因素是與其身心發展及照顧品質有關，這的確是需要密切關注小康的照顧品質，若不及時有適切的處

理，日後會演變爲更嚴重的情緒及行爲問題。

2. 從家庭生活資料中得知

案父沒工作的那半年都能夠專注陪伴小康，小康那時的狀況也是非常穩定。當案父開始新的忙碌工作之際，小康的起居及上學、上課皆由案母負責照顧，兩人相處時間很長。但小康的問題也就開始浮現。

從案母的管教態度及與小康的關係得知，小康的案母自陳自己比較易怒，當小康有問題行爲時會習慣性打罵，尤其案母會以口語直接威脅孩子，比如會說：「媽媽不愛你了，你不聽話，你沒有說到做到，可是媽媽說到做到，守約定。」「你找爸爸吧，不要來找我了，你不愛我的，我不想陪你了。」「你不要來找我，不要靠在我身上，不要故意搞破壞，我討厭這樣，你走開。」等口語，這跟案母的「憂鬱」狀態可能有很大關聯，但這樣的口語內容是很破壞關係，甚至會讓小康很沒有安全感的。

小康的案母自生產後疑似產後憂鬱，但沒被家人重視，居住外省期間，案母曾先帶小康回省城，期間情緒爆發失控，確診憂鬱症，案母居住在老家期間，基本很少社交活動或朋友聚會。小康似乎也感受到案母憂鬱低落的情緒，經常詢問「媽媽，妳開心嗎？……」。

上述案母的管教態度及自身憂鬱情緒樣態度對小康有很深影響，可以合理推測這對小康的安全感、情緒及面對新環境的適應都有很負面影響。

3. 從學校生活資料中得知

前後兩個不同幼兒園老師對小康的描述是有很大差異，似乎證實學齡前孩子的情緒及行爲狀態很容易受到照顧者的影響。

從私立幼兒園老師的描述得知，「小康一開始有點小害羞，但後面玩開了放開了，會主動和老師說話，而且跟老師有很多話題說」，覺得小康「有點小調皮，並不會主動攻擊人」。

公立幼兒園老師描述，小康「剛進班時表現不錯，但一個月後開始不配合老師上課，打擾同學，在班級裡面亂跑」，而公立幼兒園老師的處罰是「被老師領到隔壁班只留下小康一人在該教室，案母聽說有好幾次，自己哭著跑回去教室」，另外據案母描述，「幼兒園老師給小康起過綽號：「＊＊騙子」，說他不守承諾總是一再犯錯」，這樣的管教對小康應該有很深的面影響，由此可知，公立幼兒園老師的管教方式，對小康的安全感與自尊是很大的傷害，這似乎也是小康之所以覺得別人批評或取笑他時就出手打人的可能原因。

從上述分析可以了解小康目前雖然是呈現出一種很「鬆」或「自我中心」的行為樣態。但推測有很大的因素是與其身心發展及照顧品質有關，再從家庭生活及學校生活資料中得知，在管教品質比較好的案父及私立幼兒園老師帶領下，小康的情緒、行為都是很穩定的，但目前案母的管教態度及自身憂鬱情緒樣態，對小康的「安全感、情緒及面對新環境的適應」都有很負面影響。而公立幼兒園老師的管教方式，對小康的「安全感與自尊」是很大的傷害。

綜上，可以推測小康具有「孤雛淚型」之渴望關注及部分「含羞草型」之退縮焦慮兩類型兼具的樣態，但不是優先處理小康的問題行為，而是首要關注小康內心渴望被正向關注、接納及陪伴的親密心理需求，同時要確認或接受小康身心發展遲緩的樣態，然後再佐以「界線」及「生活常規」的訓練與教導，相信在這樣的脈絡下，小康的問題行為就會有很明顯的改善。

五、結構式遊戲治療介入原則及策略遊戲選擇要點

1. 建構一個穩定正向關係及連結

(1) 受家庭和幼兒園管教品質的影響，小康心中充滿擔心、焦慮、緊張、恐懼、憤怒等情緒，同時缺乏足夠的安全感以適應和面對新環境。因此建構一個穩定的遊戲單元時間、固定的遊戲地點和擺

設，透過心理師包容與接納的態度與小康積極建立良好穩定的治療關係，可有效增進小康的安全感。

(2) 每次遊戲單元開始，心理師和小康所創造出兩人特有的見面儀式，如透過「左手拍！右手拍」、「布偶客體」打招呼歡迎儀式，與小康進行正向連結；此外，每次遊戲單元結束前讓小康選擇一枚表情貼紙貼在他的專屬「遊戲小書」上，並且透過「抽束口袋」活動，讓小康從束口袋中抽一個小汽車玩具，或者一個小食物，然後將此禮物送給小康，傳達對小康的滋養與撫育的意圖，透過上述儀式性的活動，滿足小康渴望被滋養撫育的需求。

2. 運用圖卡媒材協助表達及疏解壓抑的負面感受

運用「情緒臉譜」圖卡、繪圖、捏黏土等活動，引導小康充分表達和疏解在家被案母長期高壓管教的不安、壓抑，以及在幼兒園被老師責罰或同學衝突的情緒感受。

3. 在明確的界限及規範中，提升孩子的自尊與自信

小康常出現不遵守規範「鬆」的問題行為，主要是因為受到案母、案老師的責罰等負向對待，缺乏正向關註、照顧或教導。因此要在了解、接納小康情緒的基礎上，給予行為明確的界限及規範，及時地肯定、鼓勵小康有做到的遵守界限或規範的行為。同時，讓小康體驗到「掌控感」，在技巧上運用「提供自由」、「促進做選擇」、「提升自尊」等技巧，以及結構式遊戲治療中鼓勵運用的「照相」、「見證」、「魔法箱」、「正向的歷程回顧」等「儀式般」的活動都能提升小康的自尊與自信。

附錄1：

動物家族

　　孩子把鯊魚帶到沙盤，然後是小獅子、大熊貓。鯊魚是媽媽，小獅子是小孩，大熊貓是爸爸。

　　鯊魚媽媽喜歡打架，也會打獅子小孩和熊貓爸爸，但小獅子更喜歡親近鯊魚媽媽，願意待在她身邊，不會因為她好喜歡打架而害怕和討厭她，因為鯊魚媽媽平常對小獅子很好；熊貓爸爸沒有看到、也不知道鯊魚媽媽咬人。

　　鯊魚媽媽咬人也不敢跟熊貓爸爸說，不想讓他知道她咬人。

　　一家人最常做的事情是跑步和打架。

　　然後鯊魚媽媽一直打架（孩子單獨把鯊魚不停在空中翻騰跌下，然後在沙盤裡衝撞其他動物），沒有人幫助她，最後她死了，是熊貓爸爸殺死的，因為她打人（孩子把鯊魚拿出沙盤外的動物架子上面）。

　　讓孩子選擇一個禮物送給每個家庭成員，孩子把能量圖卡都撥亂弄散，後來送電腦給熊貓爸爸，因為他要工作，要上班去；先送翅膀後來換了小兔子面具給獅子小孩，因為戴在頭上很好玩；沒有給鯊魚媽媽送禮物，因為她死了。

　　整個家庭是不開心的，命名為「小屁股一家人」。

我放棄，是因為渴望被關注卻無人在乎我

我調皮叛逆，是因為大家都說我不乖
我好孤單　你看了到了嗎？

一、基本資料

1. 姓名：小儉　　　2. 性別：男　　　　　　3. 出生：10歲
4. 年級：小學三年級　5. 排行序：獨生子
6. 家庭概況：小儉平時和案父、案母、案外祖母一起生活，案母在
　　國企工作負責人力資源，案父在銀行工作，案父母週末帶小儉上
　　才藝班。寒暑假是案祖父負責接送小儉上才藝班。
7. 家系圖：

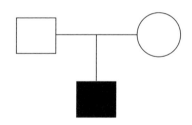

二、轉介原因或問題行為概述

　　1. 學習不專注及無法管教的樣態：據案老師描述小儉有關學習
及管教的問題有：(1)上課不拿書，不寫題，作業有時候在家寫完了
也不交。(2)近期總喜歡在地上爬，昨天爬到地上去解前面同學的鞋
帶。(3)對所有老師、校長，沒有懼怕，說也不聽，打也不聽，激
勵，懲罰，一概不起作用。(4)學習拼音和英語有認知困難，對語文
閱讀沒有興趣，上課也不拿書了，作業也不交。在學校每天就是等著

盼著吃午飯，然後體育課去操場玩。(5)在家裡不自己讀書，一定要案母陪讀。

2.人際互動上呈現孤獨不穩定的樣態：據案老師描述小儉有關人際上的問題有：(1)在學校沒有同學跟他玩，他總是一個人，比較孤獨。(2)曾經因為在走廊排隊的時候有同學一個勁兒碰他，他說他心煩，就撕了一個看起來沒用的本子，撕了一地紙，這本子卻不是碰他的那個同學的。(3)跑步慢，協調性不好，沒有人和其一起玩，也不願意和其同桌坐，因此自己一個人一桌。

三、背景資料

（一）成長史

足月，剖腹產出生。案母懷孕期間各項生理指標正常。孩子從小很少哭鬧，是非常容易看護的孩子。4個月時，案母返回公司工作。白天由案祖母照料，晚上案母陪伴。

1歲會走路，2歲會說話，但不會爬，節奏感差，跳舞、唱歌跟不上節奏，各項運動能力較差，不愛動，比較懶。

2歲零3個月時，進入幼稚園，與案父母分開生活，每天與案祖母生活在一起，案祖父母離異，但經常見面，每次見面彼此都不友好，容易爭吵。案祖母的個性比較安靜、內向，沒有朋友聚會，也不經常出門，經常把小儉一個人放在嬰兒床。不和小儉說話交流。案父母會在每天晚上下班後陪伴兩個小時，然後離開。每個週六、週日案父母都和個案生活在一起。直到小儉6歲入小學，小儉才搬回與案父母同住。

3歲以前，身高、體重均低於平均值。5歲時，進行了甲狀腺、扁桃腺切除手術。

6歲開始發胖，7歲體重開始超重，9歲時已經43公斤，身高正常。

7歲至9歲學習了2年羽毛球，身體結實，不過體重依然超標。

（二）家庭生活

1. 小儉與案父關係

　　案父承認自己個性特別急躁，特別喜歡批評、挑剔小儉，幾乎沒有表揚和鼓勵過小儉，小儉與父感情疏離。一次案外祖母把案母切好的水果吃了，小儉就氣哭了，說案外祖母不應該吃水果，案父覺得小儉自私並且對案外祖母不禮貌，案父就打了小儉。

　　每當案老師對案父抱怨，小儉在校違反紀律、和同學相處不好或上課睡覺不寫字，案父回家後情緒就會比較暴躁及打小儉，晚上輔導小儉寫作業有題目不會時，案父也會打孩子。

　　案母不同意案父打小儉，約半年前與案父談了幾次話以後，案父現在就完全不管孩子了，除了開車接送孩子上下學，別的事一言都不發。

2. 小儉與案母關係

　　案母表示小儉與母親、奶奶關係比較親密。案奶奶比較不與人互動及社交，但對小儉生活照顧是很無微不至的。

　　案母個性比較急，易焦慮，對小儉批評和說教比較多。案母在輔導小儉學習的時候，批評比較多，通常會只說寫錯的內容，然後說小儉不認真，極少表揚寫對的那部分。經常在糾正小儉作業時，小儉就會因為媽媽的指出錯誤或批評他，而傷心難過的趴在桌上哭。

3. 案父母關係

　　案母表示，夫妻關係融洽，案父案母幾乎不吵架，偶爾吵架也帶有開玩笑的感覺。每天一起下班回家，一起吃晚飯，如果一個人回來晚了，另一個人會等對方到家再一起吃飯。週末只要不上班都是在一起度過。過去案父在打小儉的時候，案母都會批評案父。

（三）學校生活

　　2歲零3個月進入幼稚園，3歲開始，案老師反應孩子不遵守紀

律、與老師頂嘴、中午不午睡等等，各種問題層出不窮。7歲開始上學，在校紀律不好、學習成績差、和同學相處不好。

據案老師描述，小儉經常是我行我素，無法服從老師的指導，還會頂嘴。例如學校掃雪堆雪人，小儉一個勁兒往雪堆裡鑽，案老師提醒要求不要往裡面鑽，小儉仍然不聽，最後衣服褲子都溼透了，被案老師趕回家。也因為無法服從案老師的指導，導致案老師不准個案參加運動會。

案老師也發現小儉每次在學校拍照的時候，他都要躲起來。案老師說什麼他都不聽。不善於表達內心感受，自我空間、領域意識強，不主動攻擊他人，但如果有人觸碰、挑釁，會容易被激怒。

據案老師描述，小儉在數學課表現還可以，其他課就特別擾亂紀律，各科老師總向案老師投訴。各科老師看見他就頭疼。期中考試，小儉一個字也沒寫，趴在桌子上睡覺，語文4分，數學0分。

（四）各種測驗結果

1. 語句完成測驗：從此測驗的結果，有五項發現：

(1) 學校生活很單調，沒有朋友，經常被打，老師嚴格。

(2) 內心恐懼孤單，沒有安全感。

(3) 不喜歡案父，渴望案母的陪伴。

(4) 對生活沒有目標和信心。

(5) 渴望擁有自主能力，渴望被認可。

2. 圖卡編故事：從個案故事內容得知：

(1) 小儉經常因為學業事情被案父打。

(2) 即使有案母的保護，也會被偷偷的打。

(3) 小儉認為案母是一個超人，內心深處是渴望一家人開心的生活。

(4) 小儉認為自己是一個無能的人。

(5) 小儉內心渴望自尊，自信。

四、分析與診斷

1.從家庭概況及成長史的資料可以得知，小儉在6歲前是案祖母照顧的，但「案祖母的個性比較安靜、內向，沒有朋友聚會，也不經常出門。經常把小儉一個人放在嬰兒床上，不和小儉說話交流」。案父母只是在每天晚上下班後陪伴兩個小時，然後離開。這樣的生活一直維持到小儉6歲，而這段時間正是孩子依附關係建立的關鍵時期，主要照顧者奶奶幾乎不與小儉互動交流，案父母每天來兩小時後就離開，由此可以推測小儉在依附關係上很有可能是屬於「疏離」的依附型態。這從「據案老師描述，小儉經常是我行我素，無法服從老師的指導，還會頂嘴」，似乎可以得到驗證。

2.小儉從3歲開始到現在9歲，其在學校的經驗幾乎可以用「無時無刻」不被老師指責，不遵守紀律、與老師頂嘴、學習成績差、和同學相處不好……各種問題層出不窮。

在家案父「特別喜歡批評、挑剔小儉，幾乎沒有表揚和鼓勵過小儉」、「不認真的學習的時候就會很氣憤，批評小儉。過去還會打小儉」。約半年前案母與案父溝通後，案父「現在就完全不管孩子了，除了開車接送孩子上下學，別的事一言都不發」。

案母雖會和孩子談心，聽一聽孩子的想法，但更多的時候會把自己的想法講給孩子聽，如果孩子總是不改正，也會非常暴躁，甚至也曾經打孩子。在輔導小儉學習的時候，批評比較多，說小儉不認真，極少表揚寫對的那部分。說案母每次都批評他時會難過的趴在桌上哭。

從上述得知，小儉從3歲開始進入學校學習時，不管是在學校或家庭就不斷地被批評、被指責，甚至還會被打！這樣的狀況目前還持續著。

從第一、二兩點內容可以深刻感受到小儉6歲前是處在缺乏情感

交流及疏離的照顧狀態，3歲開始又是長期的被指責、被批評甚至被打的環境中成長。這樣的成長經驗對小儉有嚴重的傷害，這樣的傷害使得小儉在情緒、行為、學習及人際互動上出現嚴重的困擾，但其深層的依附關係、自我概念、受傷的情緒更是要被關注。

3.小儉自尊受到的傷害之嚴重程度，也可從其問題行為一見端倪。在學校「上課不拿書，不寫題，作業有時候在家寫完了也不交」、「沒有懼怕，說也不聽，打也不聽，激勵，懲罰，一概不起作用」、「趴桌子睡覺了，在學校每天就是等著盼著吃午飯，然後體育課去操場玩」，最近一次期中考試，「小儉一個字也沒寫，趴桌子睡覺來著，語文4分，數學0分。」

從這些行為表現似乎看到一位「自暴自棄」、「自我放棄」的小孩，這也就是一種對自己的不認可，不相信自己會成功而產生的一種悲觀，失望和叛逆的心理及行為。而小儉之所以會「對自己的不認可，不相信自己會成功」，我想從前述第一、二點小儉在「缺乏情感交流及疏離的照顧狀態」及「被指責、被批評甚至被打的環境中成長」，有密切關聯。

4.小儉面對環境中的老師、校長、父母等大人的管教似乎都不害怕，說也不聽，打也不聽，激勵，懲罰，一概不起作用。這些行為樣態都可能是「自暴自棄」的反彈而出現叛逆反抗的行為。

但比較特別的是小儉面對案母的批評時，「他會難過的趴在桌上哭」，這顯示小儉對案母仍有強烈的親密需求，渴望能得到案母更多的關注與肯定。似乎說明小儉雖然是一位「自暴自棄」的人，但其內心深處是很渴望被關注的，推測小儉經經常在「傷心」、「難過」之際，卻一直得不到關注與關心，長期下來就形成這種「自暴自棄」的心理反應，「我一直渴望一直等待有人來關心我，但卻一直得不到等不到」。

這樣的生命經驗使得小儉在心理及關係上都受到嚴重傷害，雖然

年僅9歲似乎已經有明顯的「自暴自棄」、「自我放棄」心理狀態，而這樣的心理狀態，導致小儉在學習及人際互動上表現出非常嚴重「鬆」的行爲樣態。而且這種嚴重「鬆」的行爲，已經不是給予關注或鼓勵就可以有效改善其「鬆」的行爲。

綜上，小儉爲成長過程中照顧者及學校經驗的影響，使其已經有嚴重的「自暴自棄」的受創狀態，雖然從小儉的行爲表現可說是偏向「孫悟空型」的對立反抗樣態，但我們絕不能忽略小儉內在深層渴望被關注被肯定的親密心理需求。而且這個內在深層的需求需要一段很長時間穩定且正向的陪伴經驗，如此才可能修復小儉受創的心理。因此。小儉可說是一個嚴重受創「自暴自棄」的「孫悟空型」個案。

五、結構式遊戲治療介入原則及策略遊戲選擇要點

1.建構一個穩定，安全的連結與治療關係

小儉是在長期的被指責、被批評甚至被打的環境中成長。這樣的成長對小儉有嚴重的傷害，使得小儉在情緒、行爲、學習及人際互動上出現嚴重的困擾，因此建構固定的時間、地點、明確的界限及規範都可以建構小儉安全感，也是小儉情緒穩定的基礎。每次遊戲單元開始都會運用布偶客體和小儉打招呼，遊戲單元結束前利用「束口袋」活動，讓小儉從束口袋中抽出一個小禮物或者一個糖果，滿足小儉渴望被滋養撫育的需求。

2.在明確的界限及規範中創造成功的經驗，提升孩子的自尊與自我肯定

設置一些競爭性的遊戲，例如邀請小儉擺設他最喜歡的七巧板遊戲，然後給小儉計時，記錄每次時間，見證小儉的遵守界線、進步與專注的特質等，並進行拍照。強調小儉在遊戲過程中所展現出的能力、特質、情緒，幫助小儉從遊戲中獲得我能感，進而提升小儉的自尊與自信，這都會有助於小儉自我掌控能力的提升。

3. 滿足孩子的自主需求

　　在自由遊戲過程中，讓小儉來主導和掌控遊戲內容，心理師跟隨小儉的要求做一些什麼事或者扮演什麼角色，充分滿足小儉的自主需求。

　　4. 設計具有宣洩或表達情緒的遊戲活動，例如恐龍對戰遊戲，外星人入侵遊戲，軍隊作戰遊戲等讓小儉來表達和發洩可能積累或壓抑許多傷心、難過、憤怒等情緒。

　　5. 運用情緒臉譜引導小儉接觸、表達，進而紓解壓抑的負面感受

　　由於小儉成長過程中，有著「缺乏情感交流及疏離的照顧狀態」及「被指責、被批評甚至被打的環境中成長」，相信小儉壓抑了很多複雜的負向情緒，唯有引導小儉將這些負向情緒做深度的接觸、表達及抒解，才能修復過去的這些創傷，因此，在心理師與小儉關係建立穩定之後，鼓勵運用情緒臉譜搭配布偶客體引導小儉接觸及表達內心的負向情緒，在接觸表達過程中，再透過布偶客體及心理師的陪伴，讓小儉感受到被了解與撫育，進而達到修復的效果。

六、附件檔案

附件一：語句完成測驗

　　(1) 學校生活很單調，沒有朋友，經常被打，老師嚴格。

13. 別的小孩在玩

20. 使我痛苦的是別人打我

21. 我在學校裡看電視

27. 我的老師很嚴格

　　(2) 內心恐懼孤單，沒有安全感。

3. 我想知道幹什麼

4. 在家裡睡覺

7. 我的母親上哪去了

10.在小的時候我躺小床上

26.我偷偷地出去玩

28.我最大的憂慮在大海裡被淹即使有游泳圈

　　(3)不喜歡父親，渴望母親的陪伴。

7.我的母親上哪去了

25.我的父親很煩人

　　(4)對生活沒有目標和信心。

2.我最快樂的時候看電視

4.在家裡睡覺

6.我最大的弱點是跑不快

　　(5)渴望擁有自主能力，渴望被認可。

11.我不能開車

16.將來的日子買好車

18.我最棒的時候是幹活

24.我希望看見世界上最獨特的摩托車

29.活在世界上很幸福

附件二：圖卡編故事

　　小明在學校沒有好好學習，考試得了零分，爸爸（很憤怒）回家揍了他一頓，媽媽很生氣的打爸爸和爸爸大吵了一架。媽媽說：「你憑什麼打人，你有什麼資格打人。」爸爸什麼都沒有說回房間睡覺去了。小明偷偷地玩了一會兒就回屋子裡睡覺去了。媽媽沒有批評小明考零分。媽媽躺在沙發上睡覺，三個人都去睡覺了。第二天早上，媽媽沒有起來，爸爸又把小明打了一頓，然後每天早上都打小明一次。爸爸起的早，媽媽沒有起來，爸爸在窗外打，用鞭子打。把小明的嘴給封上了。打完之後，爸爸被拘留了。小明偷了一個槍就打警察，叭叭叭，槍沒有子彈了，警察就開始攻擊小明，然後小明就把這件事告

訴了媽媽，媽媽就火冒三丈衝到了警察局，把警察打了一通，把爸爸救出來了。以後就過著好日子了。以後小明還是得零分。

故事的名字：不開心的一家

　　故事告訴我們什麼？小明愛媽媽，不愛爸爸。小明長大以後想撿垃圾，因為他啥也不會，再一個什麼都不用幹，只撿垃圾就行。不用學習，不用工作，也不累，也不用照顧媽媽。

角色＋特質 （形容）	爸爸，很憤怒 媽媽，平靜	小明（不開心）：自己
行為	爸爸打小明：爸爸打小儉。 媽媽很生氣的打爸爸和爸爸大吵了一架：媽媽站出來保護小明。	小明偷了一個槍就打警察：不想爸爸受傷害。
互動	爸爸在窗外打，用鞭子打。把小明的嘴給封上了：爸爸不讓媽媽知道他打小明。 打完之後，爸爸被拘留了：他力量的弱小，期待有人能阻止爸爸。 小明偷槍打警察，又讓媽媽救爸爸：爸爸也不受到傷害，媽媽是個強人。	
意圖	很氣憤打小明：無能為力，沒有好辦法。	找媽媽：希望有人幫助。
感受	爸爸打小明：憤怒。 媽媽和爸爸吵架：無奈。	小明偷偷地玩了一會兒就回屋子裡睡覺去了：無助。 爸爸被拘留了。小明偷了一個槍就打警察：反抗。 媽媽救出爸爸：開心。

內在動力（焦慮、渴望、恐懼、需求、期待）	遇到大黑狗，我就會害怕地全身顫抖：爸爸展現權力，是為了不被別人欺負。	被爸爸打，爸爸被警察抓住，還要去救爸爸：小儉內心矛盾與掙扎。恐懼被打同時又渴望爸爸愛。
外在資源（優勢）		

需要被關注與接納的憤怒男孩

我憤怒，因為你們總是不了解我
我需要你們陪我說話、陪我遊戲
我希望你們讚美我、肯定我
我不想一直被罵
我也想要被你們愛

一、個案基本資料

1. 姓名：小揚　　　　　2. 性別：男　　　　　3. 年齡：10歲

4. 年級：國小四年級　　5. 排行序：三

6. 家庭概況：案父母離異，小揚與案祖父母及二位姊姊同住，案父
　於外地工作。小揚的教養多由案祖父母負責，管教上較為高控，
　案父對小揚極少關切。二位姊姊都已經就讀高中，忙於自己的課
　業，對小揚不太關注。

7. 家系圖：

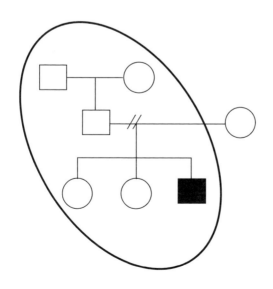

二、問題行為概述

1.小揚會因環境改變、他人言行或學業挫折，而傷害自己或他人。例如，更換任課老師初期，因無法適應新的改變，而出現進教室前尖叫或下課無故吼叫旁邊同學。遇到課業上的難題無法解決，則會情緒失控，如解題有困難或忘記正確答案時，就會摔桌上的書本文具、踢桌椅，甚而出現撞頭等激烈行為，師長的勸阻及安撫效果不大。

2.小揚希望有同學跟他玩，但他總是霸道的要同學順從他，依他的方式玩，若同學不順其意就生氣，小揚不習慣與人溝通與協商，表現在人際互動上較為固著；只要他人順從自己而不尊重他人的態度，讓同學認為小揚孤傲又自我。多數同學吃過虧之後，逐漸遠離小揚，不願再與小揚一起玩樂。

三、背景資料

（一）身心發展史

小揚3歲時被診斷為亞斯伯格症，但家人拒絕接受診治，8歲時因在學校有明顯情緒失控行為，而開始接受學校輔導、特教資源的介入，該生有ASD相關行為及ADHD相關症狀。

（二）家庭生活

1.親子關係：小揚單親，自小即由案祖父母照顧，對案母已無印象，案父因工作關係，較少和小揚互動，平均每兩到三個月才回家住個幾天。小揚與案祖父母關係較為緊密，與案父較為疏離。這樣的模式自小揚有記憶就是如此。小揚表示喜歡案父，因為案父返家時，常會買玩具給他或帶他去吃東西，但案父也常責打他。

2.管教態度：案家人管教不一致。據案師描述案祖父屬高控權威性格，因強勢主導且過度叨唸，遇到小揚不順從時則打罵處罰，多次

與小揚衝突甚至引起小揚動手打祖父。案祖母則較爲寵溺，案父脾氣暴躁不知如何與小揚相處，亦常責罰管教。案家常透過物質滿足小揚的慾望，小揚經常以吵鬧或情緒勒索形式得到玩具或零食等物品。例如：想要買玩具不被答應時，會不斷吵鬧或以「你們不答應，我就要去撞車……」等言語要求。而案祖父母沒耐心時就答應他，但有時則生氣的打罵一頓。

（三）學校生活

1. 案導師描述小揚不擅與人溝通，表現在人際互動上則顯得不通人情，常要他人順從卻無法尊重別人，多數同學認爲小揚過於自我。案導師經常輔導同學要對小揚包容與協助。整體而言，班級同學對小揚是友善包容的。小揚自述喜歡待在自己的教室，也很喜歡與導師互動及連結；小揚有幾位固定的玩伴，一起玩機器人或象棋，小揚表示喜歡到學校，因爲有同學可以陪他玩。

2. 科任老師對小揚的掌控與溝通比較有困難，數次的情緒失控情形均出現在科任課（體育課、音樂課）。

3. 小揚爲特教班學生（鑑定爲情緒障礙），不易與人建立關係，因不適應特教老師的教學方式，長期以來拒絕入班上課，因此特教老師未能提供小揚適切的特教資源服務。

四、分析與診斷

根據目前蒐集到的資料，針對小揚的行為提出一些可能的分析與診斷：

1. 小揚在3歲時被診斷為亞斯伯格症，但未接受治療，直到8歲讀小學二年級時，才因於學校有明顯情緒失控行為，而開始接受學校輔導、特教資源的介入。且該生有ASD相關行為及ADHD相關症狀，小揚的臨床症狀都是容易使其在情緒、行為上出現困擾的原因。因此，小揚會因環境改變、他人言行或學業挫折而出現「傷害自己或他人」的偏差行為，這些行為的確跟小揚的臨床症狀有密切關聯。

2. 從小揚家庭生活資料得知，小揚幾乎沒有媽媽的印象。小揚喜歡案父，但案父長期在北部工作，所以，彼此的連結也有限。小揚跟案祖父母的連結是最深的，但案師描述案祖父屬高控權威性格，「遇到小揚不順從時則打罵處罰」，再從資料中「多次與小揚衝突甚至引起小揚動手打祖父」，可以推測隨著小揚年齡的增長，從過去的被打、被罵已經開始會反擊祖父了！

再從「案家人經常以物質來滿足小揚的慾望」資料，似乎也說明小揚在關係上的被關心與陪伴是很匱乏的。又當小揚對物質有所要求時，常會以「你們不答應，我就要去撞車……」等類似情緒勒索的方式要求，而案祖父母沒耐心時就答應他，但有時則生氣的打罵一頓。

從以上的背景資料可知，在小揚家庭中的幾個重要照顧者，似乎都沒能滿足小揚的親密需求，也缺少足夠的正向連結；且一直未正式及關注小揚的臨床症狀，缺乏對小揚有更多的了解與接納，反之，常以嚴厲打罵方式來處理小揚的不順從行為。長期下來，小揚本身的亞斯伯格症及注意力不足過動相關症狀，使其在情緒、行為及人際互動上所呈現的問題就越來越嚴重。

3. 從學校生活資料得知，小揚與導師有正向的連結，導師對小揚

也有足夠的包容與接納，「雖然小揚情緒失控時也會攻擊同學，但案導師常輔導同學對小揚包容與協助。」「整體而言，班級同學對小揚是友善包容的。」所以，「小揚表示喜歡到學校上課，有同學可以陪他玩。」從上述資料可以合理推測，雖然小揚有一些臨床症狀，但若能被充分的接納與了解，對其情緒、行為及人際仍是有正向影響的。

4. 小揚經常在轉換環境、導師或有挫折與衝突時，就會出現破壞、攻擊別人或傷害自己的行為。當一個人有情緒而出現破壞、攻擊的行為，似乎比較容易被理解。但為何小揚卻是出現自我傷害的行為呢？根據文獻了解其原因，多半是：(1)想讓自己負面情緒能立即宣洩。(2)獲得控制感：為了不被無法言喻的情緒所控制。(3)在痛苦的過程中尋求被愛的連結。

由此分析可以說明：當一個人有太多的負向情緒而有沒有適當的紓解時，就可能會出現傷人或自傷的行為。其中自傷行為的出現，除了和內在的負面情緒有關之外，更可以說是一種「痛苦的吶喊」、「渴望關注的激烈表達」。這似乎也反映出小揚的狀態。

綜上，小揚目前呈現出來的問題行為是屬「鬆」的行為樣態，但其內在是很渴望被關注、被接納。所以，小揚可說是一位偏向「孤雛淚型」渴望關注的個案，從小揚在家及在校的不同樣態，更證明只要對小揚有足夠的正向關注、接納與包容，對其問題行為應該會有正向的影響。再者，也需要面對及關注小揚的臨床症狀，配合臨床的診斷與介入，才能提供小揚最為適切的輔導與協助。

五、介入原則及策略遊戲選擇要點

1. 建立正向關係，培養安全感：透過布偶客體的連結，開啟每一次見面時的溫暖問候，例如：客體布偶的問候與對話、正面的鼓勵或肯定語句：「你總是努力的想要讓自己更好」、「你相信自己有辦法做到」。

每次的遊戲單元結束前，固定進行束口袋抽取愛心餅乾、挑選能量圖卡或能量語句等活動為個案賦能，同時形成心理師與小揚間的專屬儀式。

2. 滋養撫育，提升自尊：每次遊戲課結束時，讓小揚抽取束口袋裡的愛心餅乾。

3. 提供小揚子有掌控感及賦能的遊戲經驗，由小揚決定遊戲種類及玩法；肯定小揚表現自主的想法與觀點；以具體確實的的語句表達對個案的欣賞。

4. 引導規範的遵守，設限的重要性：為協助小揚「鬆」的行為樣態，心理師必須具體明確地與小揚討論遊戲室中規範的訂定，透過設限的技巧可以引導小揚遵守規範，同時也學會負責任。

5. 策略遊戲選擇要點

(1) 運用「追蹤描述技巧」表達心理師與小揚同在，讓個案感受被關心、被在乎。

「我看到你專心地將樂高一小塊一小塊疊上去，哇！城堡的屋頂快完成了。」

「我聽到你愉快的笑聲，因為我對你的讚美，讓你覺得很開心。」

(2) 提供小揚能夠表現自主與展現能力的遊戲，例如：小揚喜歡樂高與積木創作，操作的過程中心理師的正向鼓勵與陪伴，足以使個案「提升自尊」，培養其自信心。

(3) 讓小揚操作手機照相，將自己的創作作品拍下來，可發揮「見證」的功能，提升個案的我能感。小揚曾拍下自己創作的沙盤、自己組裝的樂高城堡、自己繪製的機器人設計圖。心理師則將照片列印出來之後貼在小書上，再和小揚一起欣賞。

吸收家庭壓力的小海綿

我忍耐，是愛家的表現，
我願意犧牲自己，換來一個完美的家
如果家裡出錯了
一定是我的錯、我的責任
但我只渴望被認同、被看見

一、基本資料

1. 姓名：小德　　　　2. 性別：男　　　　　3. 年齡：9歲
4. 年級：小學三年級　5. 排行序：長男
6. 家庭概況：小德爲家中老大，與案父母、案妹（幼稚園中班）、案祖母共五人同住。案母於私人機構上班，案父爲工廠員工，家中穩定經濟來源爲案父。
7. 家系圖：

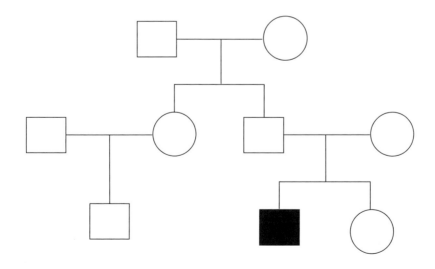

二、問題行為概述

1.焦慮及身體化疾病：小德已有兩到三年的時間表示肚子痛或頭痛，曾有血便、血尿、肛裂、頭痛等因素住院，最近被檢查有胃潰瘍的問題。醫生懷疑有心理情況影響生理情況。

2.家庭議題延伸出生活適應與情緒議題：最近上課談及與家庭有關的課程時，突然開始哭泣，導師詢問後得知小德案父母吵架時，案母會口語威脅要殺掉案父或家人，小德很擔心在上學的時間，案父會被案母殺掉。

三、背景資料

（一）成長史

案父表示小德在嬰幼兒時期是很容易照顧的孩子，從小到幼稚園階段主要的照顧者為案祖父母，案父在輪班白天有空時間會陪伴小德，案母於生完案妹、在小德大班時發病，經醫院確診為身體化罕見疾病，至此之後，主要照顧者多為案祖父母與案父。小德目前仍與案祖母同房。小德在身體方面，國小二年級開始出現狀況，經醫院診斷有胃出血、胃潰瘍等問題，甚至因此不定期住院。

（二）家庭生活

1.小德與案父關係：案父是家中主要照顧者，小德則與案父較靠近，案父會關心、聆聽小德學校發生事件，小德住院時的主要照顧者亦為案父。

2.小德與案母關係：案母陪伴小德時間相對較少，多為物質上的提供，由於案妹年紀較小，案母較常花時間在案妹身上。

3.小德與案祖父母關係：案祖母與小德關係良好，時常關照小德平時需要，小德甚至表現出喜歡案祖母勝過案母的情形，例如會喜歡與案祖母一起入睡而非案母，或認為案祖母會比較疼愛自己，案母對

自己有較多要求，而且認為案母易怒，無法好好相處。

4.手足關係：小德有時對案妹會有不滿，例如案妹想吃零食時可以用哭鬧的方式獲取，但自己卻無法，或經常被要求要禮讓給案妹。小德也認為案母與案妹感情比較好，案母比較疼愛案妹。小德自述會告訴自己要忍耐，而且會思考案妹的好，來轉換想法讓自己不生氣。

5.案父母關係：案父母關係不佳，案父表示案母情緒控制不佳，時常失控勃然大怒摔東西或威脅恐嚇案父。尤其當案母與案祖母有衝突時，案母希望案父站在她這邊為她發聲，但案父較傾向案祖母。案母就曾拿刀威脅案父要與他同歸於盡。

案母生氣、難過時，案父似乎不知該如何情緒支持案母，多以理性認知的方式勸勉案母，而案父有時會要小德打電話給案外祖父母告知案母情緒失控事情，期待案外祖父母介入處理。

6.案父母與案祖父母輩關係：案父母與案祖母同住，案父描述案祖母對案母的生活習慣與態度，非常不認同。而案母嫌棄案祖母講話太直接，聽了很讓人受傷。因此案祖母時常與案母發生口角。案父認為案外祖父母時常維護案母，因此經常要求小德告知案外祖父母有關案母情緒失控的情形。小德自述這都使她很有壓力，不知道該幫案父或是案母。

小德也經常會自責都是自己的錯，才讓案父母吵架失和。也認為只有自己可以幫助案父母，所以自己要更努力、更乖巧，這樣就可以讓案父母情緒變得更好一點。

（三）學校生活

1.師生關係

當小德出現哭泣、難過情緒時，導師會傾聽小德的說法，會鼓勵小德遭遇的困難並給予支持。在導師眼中小德是一個懂事、負責、對自己要求高的孩子，不需要太擔心小德在校的表現，小德會自我要求

做好的。

　　導師也描述小德會利用考到好成績或好表現來轉移案父母吵架的目光，希望案父母多專注在小德好的表現。小德一直告訴自己只要在學校表現的好，案父母就會開心，所以自己的表現很重要。導師也因此很心疼小德的狀態。

2. 同儕關係

　　小德導師嚴禁班上同學帶零食到校。小德由於時常胃痛，醫生建議可攜帶小餅乾來學校吃，導師也同意而破例讓小德一人帶小餅乾來學校。導致有些同學會要求小德分享帶來的小餅乾，但小德遵守導師規定而拒絕同學，導致這同學會聯合起來刻意不理睬小德、忽略小德。這樣的情形會讓小德感到很害怕，甚至覺得自己又做錯了什麼，但小德都採取隱忍來因應。

3. 學業成就

　　學科能力表現佳，導師甚至認為小德對自己的成績要求太高，會時常以成績表現評價自己，認為自己用功、努力是應該的，小德也表示自己努力認真才不會為案父帶來更多壓力和擔心。

四、分析診斷

1.從問題行概述中得知，小德有關「焦慮及身體化疾病」的發生，有很大可能是因為心理因素的影響，又其「生活適應與情緒議題」是在擔心案父母之間的爭吵，擔心案母會不會真的做出不理性地傷害案父或自身的行為。由此可知，小德的問題行為都跟情緒有很大的關連。這都顯示出小德是屬於「緊」的樣態。

2.從家庭生活資料中得知，案母罹患身體化罕見疾病。且在有了案妹之後，案母「陪伴小德時間相對較少，多為物質上的提供」，而小德也覺得案母比較偏袒案妹，可見小德與案母間的關係較為疏遠。

3.從手足關係資料中已發現，面對案母比較偏袒案妹的狀態，小德是「告訴自己要忍耐，而且會思考案妹的好，來轉換想法讓自己不生氣」。另外小德在學校與同儕的互動過程，當同學聯合起來刻意不理睬小德、忽略小德時，小德會「感到很害怕、甚至覺得自己又做錯了什麼」，但小德「都採取隱忍來因應」。由此也看到小德因應問題的模式都是採壓抑的方式。不敢表達自己的意見想法。小德這種「壓抑」的因應模式，會使自己處在一種緊繃、緊張的樣態，這似乎也說明小德為何會有一些焦慮及身體化疾病的出現。

4.從案母與案祖母及案母與案父間的爭吵過程中，發現案父常要求小德告知案外祖父母有關案母情緒失控的情形。小德自述「這都使她很有壓力，不知道該幫案父或是案母。」又「小德也經常會自責都是自己的錯，才讓案父母吵架失和。」學校老師也發現「小德一直告訴自己只要在學校表現的好，父母就會開心，所以自己的表現很重要。」「小德也表示自己努力認真才不會為案父帶來更多壓力和擔心。」由此明顯看到小德將案父母間的爭吵壓力，全攬在自己身上且不斷地要求自己要表現的很好，甚至還自責案父母間的爭吵是自己做的不夠好，是自己的錯！

從上述資料得知，小德不僅是處在一種壓抑、緊繃的狀態，不敢表達自己的情緒及想法，還經常會自責，覺得案父母間的爭吵都是因為自己表現得不好，所以，在行為、學業上都要表現的很好。因此，小德可以說是兼具「含羞草」的退縮焦慮及「王妃公主」型的追求完美及等待指令型個案，小德呈現高焦慮但沒有退縮的樣態，小德的自我要求的內涵，並不是在追求完美而是更多的自責，上述這些都是心理師在陪伴小德時要特別注意的議題。

五、結構式遊戲治療介入原則及策略遊戲選擇要點

1. 透過布偶客體與儀式性介入促進關係修復與穩定性

在遊戲過程中使用布偶客體適時與小德有所連結或見證，見證時將焦點放在小德做得到、能努力完成的遊戲內容中，讓小德從遊戲中可以被提升自尊、自我肯定，並藉此讓小德練習看見過程中好的地方，以取代小德習慣從結果評價自己。

此外，將布偶客體的介入形成一種儀式性的活動，每次進行治療時，布偶客體都出席並固定會和小德打招呼、關心小德、和小德一起遊戲等，這些好像將布偶客體變成一種固定的儀式介入對小德心理安適感、穩定關係的投入都相當重要，小德能從中體會有人能穩定的關心我、關係是能夠穩定持續的、關心互動是可以被預測的，來修復小德在家中所缺乏的互動關係，在這種穩定可預測的儀式性活動中，小德能體會自己完全被接納，不需要過度的擔心和害怕。

2. 運用「情緒臉譜」及適當策略遊戲協助宣洩與表達內在情緒

小德習慣性將家中發生的事件往肚子裡吞，也不容易對外表達自己的擔心和害怕，只能解釋自己不夠好而要求完美，藉此來使家庭完整，也間接導致其身體化的疾病產生，因此需要協助小德宣洩內在情緒。情緒的宣洩有許多方式，結構式遊戲治療的策略遊戲介入如「情緒臉譜」、「情緒捏麵人」、「吹畫」或「樂高變變變」等策略遊戲

來引導小德進行發洩與情感的表達，讓小德將內在的恐懼、不安給指出來、畫出來。

以情緒臉譜的運用為例，心理師可在每次治療時都準備臉譜，並邀請小德選出當週的情緒，練習將情緒表達出來，除了以口語表達之外，也能引導小德演出來、畫出來，情緒臉譜可在一旁作為搭配使用。或以黏土的方式邀請小德將這週的情緒捏出一個形象，並命名，讓情緒更加具體化，引導小德與捏出的黏土對話，對話完的黏土可變化成不同的東西，也能象徵小德目前情緒的轉變，甚至在小德非常生氣的情況下，也允許小德直接對黏土出氣，並運用布偶客體在旁反映催化小德狀態，並適時給予安慰或支持。

3. **在整個遊戲治療過程中，善加運用「提升自尊」及「提供自由，促進決定」技巧**

小德為王妃公主型的孩子，容易看見自己不夠好的地方、無法肯定自己，時常要求完美，因此我們在進行遊戲治療介入時，可適時多增加有關「提升自尊」及「提供自由，促進決定」的技巧反映，讓小德藉此提升自尊及自主做決定的經驗，透過遊戲來看見自己的優點、能力，並且是強調在過程中小德所做的努力或自主性地決定，而不以結果來評價小德，讓小德練習將焦點放在努力的過程中及自主決定的層面，在這樣穩定一致的關係中，又能提供正向的回饋與肯定，小德能逐漸接納自己的不夠好，並且能看見自己夠好的地方即找回自己的自主性。

我的謊話，就是我內在眞實的渴望

我生氣　是因爲你們忽略了我
我會是你的好小孩　只要你關注我

一、基本資料

1. 姓名：小上　　　　2. 性別：女　　　　3. 年齡：4歲

4. 年級：幼稚園小班　　5. 排行序：老二

6. 家庭概況：小上有個比她大一歲的姊姊及一個比她小三歲的弟弟。案母是全職家庭主婦，照顧小上三姊弟。早上，案父送小上及姊姊上學，如果案父出差，就由案母帶著3個月大的弟弟送她們上學。中午兩點，案母再去接兩姊妹放學。

7. 家系圖：

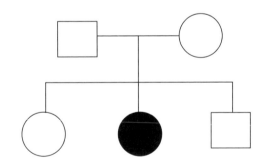

二、問題行為概述

　　小上由案父母帶來做遊戲治療。根據案父母的描述，小上有下列的問題行爲：

　　1. 說謊：小上總是愛說謊。例如，投訴學校有小朋友拿她的文具、跟爸媽謊稱學校老師選她爲組長、拿了姊姊的東西卻不承認、吃

了冰箱內的食物或喝了飲料都不承認、弄哭弟弟也說不是她。

2. 經常發脾氣：小上總是要拿取或占有姊姊的任何東西，如果得不到，她就會大喊大叫，甚至哭鬧或以欺負弟弟來發洩。平日也常常趁媽媽不注意時作弄弟弟，如拿手帕掩蓋弟弟的臉，藏弟弟的玩具，甚至會捏弟弟的大腿。

3. 容易分心，無法專注：小上精力充沛，沒有午睡的習慣。放學回來就在家玩，不過所玩的遊戲或玩具都不持久，不會超過10分鐘。一份簡單的課業，如寫兩行12個生字，無法自己完成，也無法一次完成，需要媽媽不斷的督促及提醒。做作業時，總是無法專心，會到處張望，或者站起來走動去喝水、上廁所或玩。

三、背景資料

（一）生長史

小上從小發展正常，滿月後就由案外祖母照顧到2歲，之前案父母每個月會回家鄉探望一次。案母帶她回來後就給她上幼幼班，沒多久案母就懷上弟弟了。

（二）家庭生活

1. 親子關係

從與家長的交談中得知，案母關注的是小上的課業、生活上的不好習慣及對待姊姊及弟弟的不佳態度，例如案母會一直投訴小上不專注寫作業，玩了玩具沒收拾，常跟姊姊爭奪玩具或文具及吵架等小上的偏差行為及態度問題。

案母自述當小上拒絕媽媽的要求幫忙拿弟弟的尿布時，案母會責備她說「不愛弟弟」。當小上賴床時，案母就會訓話說「小上懶惰」。但案母也表示覺得虧欠小上，因為在三個兒女當中，給予小上的照顧及陪伴時間特別少。

案母描述案父則因工作忙碌的關係，只有週末或少數週日小上等到案父回到家才睡覺的晚上，及送小上兩姊妹上學的途中與小上有互動。案父會給小上說故事等，而小上也會向案父撒嬌，會要求案父送她上學。

2. 案母管教態度

從與父母的交談中，發現父母的管教態度都是非常嚴厲。當案父提到案母打罵小上最凶最多，案母當場默默流淚，並說知道自己不應該如此，可是就是控制不了自己。案父及案母都認同案母沒有一天不曾罵小上的，案母無法忍受小上寫作業時的不專注，拖延做功課的態度，跟姊姊爭吵或打架，作弄弟弟等行為。當小上有上述這些行為時，案母就會罵或打小上。

根據案父的敘述，案母脾氣暴躁，很容易發脾氣，只要小上與姊姊吵鬧或起爭執，案母就會罵她們。一般而言，比起姊姊，案母會更嚴厲地責罵小上。案母也阻止小上跟弟弟玩，因為案母擔心小上會用力過度傷害到弟弟，例如，小上喜歡用手拍或小枕頭蓋著弟弟的臉跟弟弟玩躲躲貓，會搖動搖籃中的弟弟。父母都覺得小上與弟弟玩的行為很粗魯及玩的時候不懂得輕重危險。

3. 案父管教態度

案父不認為小上是個不聽話的孩子，案父最擔心的是小上常撒謊。案父只要發現小上撒謊，會以撒謊的嚴重狀況而對小上訓話或打她。例如，小上說她被選為班長，被選為代表班上參加歌唱比賽，老師要她們帶某些文具或食物到學校，或在家打翻東西後卻說不是她做的。當案父或案母跟老師確認這些都不是事實時，案父就會嚴厲地對小上訓話。

4. 兒童生活概況

每天早上，小上都很難被叫醒，有賴床的習慣。根據案母的描述，這是由於小上晚上很遲睡的關係。遲睡的原因是她要等案父回

來，希望案父能給她講故事或陪她玩一會兒。案母也提到小上是個充滿精力的兒童，下午都不睡午覺。

　　一般上都是案父送小上兩姊妹上學，而小上也比較喜歡案父送她上學，尤其是在小上鬧彆扭不要上學的期間，只要是案父送她上學，她能被安撫乖巧地上學，可是如果是案母送上學的話，她就會哭鬧。

　　下午兩點則是案母去接她們放學。回到家，小上會自己或與姊姊一起玩或看電視節目直到晚餐時間。可是如果跟姊姊一起玩，有八成會以不愉快的氛圍收場，例如會對姊姊發脾氣、搶奪姊姊的玩具或文具，隱藏或霸占玩具不要與姊姊分享，這些行為都會引起案母的罵或打。

　　晚餐後，小上繼續玩各種遊戲直到上床睡覺。睡到半夜，小上會因做惡夢而嚎啕大哭，案母會過去她的房間安撫她，至少半小時後，她才會又再入眠。

（三）學校生活

1. 師生關係

　　小上剛上幼稚園時是歡喜的，每天都期待上學。小上描述因為幼兒園老師都很好，會講故事、玩遊戲及疼愛她。可是第二年開學的兩個月後，她開始鬧彆扭不要上學了，她表示怕老師，說老師會打她，是因為小上有次游泳更衣時沒有按照老師的指示而被老師指責、罰站及表示要打她。但經案母去了學校了解及跟老師溝通後，幼兒園老師有特別跟小上談過一次，小上就沒有抗拒上學，不過還沒回復之前喜歡上學的心情。

2. 同儕關係

　　小上與同學相處愉快，在班上會積極參與活動並很愛表現。老師的評語是小上是個友善親切的兒童，有很多同學都喜歡跟她玩，不過就是太愛說話，專注力容易被干擾，因此在上課時，常容易分心。

四、分析及診斷

1.從小上基本資料得知，小上上有一個大他一歲的姊姊和一位小他三歲的弟弟，這樣的排行序本就容易感受到不被爸媽關注，而出現手足競爭的問題。再從問題行為描述中得知，小上的說謊或情緒問題，多數都是「投訴學校有小朋友拿她的文具」、「跟家長謊稱學校老師選她為組長」、「弄哭弟弟也說不是她」、「小上總是要拿取或占有她姊姊的任何東西，如果得不到，她就會大喊大叫」等，據此問題行為的內容，似乎都看到小上渴望有被看到、被肯定、被關注親密心理需求。

2.再從小上「小上精力充沛，沒有午睡的習慣」、「所玩的遊戲或玩具都不會超過10分鐘。一份簡單的課業，如寫兩行12個生字，都無法自己完成」，顯示小上精力旺盛，非常好動及難於集中專注力。具有這種特質的孩子本就易因其行為及情緒問題而招致責罵及缺乏關愛。這也從「親子關係」及「管教態度」資料中得到證實，案母關注的是小上的課業、生活上的不好習慣及對待姊姊及弟弟的不佳態度，案母經常會責備小上「不愛弟弟」、「小上懶惰」等。案母也表示覺得虧欠小上，給予小上的照顧及陪伴時間特別少。

小上雖然很喜歡案父，週末會刻意等到案父回到家才睡覺，也會向爸爸撒嬌，會要求爸爸送她上學等。但案父也會以撒謊的嚴重狀況而對小上訓話或打她。

由上述資料可以推測，小上因為自身的不當行為導致經常被案母、案父責罵，使其沒能從父母那邊得到關愛及肯定，沒能滿足其親密之心理需求。長期下來似乎也對小上的情緒及心理有所影響，導致小上經常半夜做惡夢。但這僅是一個推測，尚無法從這些資料來確認。

3.從小上學校生活資料中得知，小上喜歡學校導師及同學，覺得

幼兒園老師都很好，因為都會「講故事、玩遊戲，疼愛她」，在班上會積極參與活動並很愛表現。有很多同學都喜歡跟她玩，老師評語「小上是個友善親切的兒童」。由此可知，小上在學校與家庭的表現判若兩人，這似乎也說明當小上被關注、被陪伴之後，小上是可以有很正向積極學習的行為表現，讓老師覺得小上是一位「友善親切」的孩子。

綜上，可以感受到小上是一位極渴望得到父母關注與陪伴的親密心理需求，但不僅一直沒能得到親密心理需求的滿足，還經常被父母責罵處罰，使其出現「說謊」、「經常發脾氣」等「鬆」的不適應行為，故小上可說是偏向「孤雛淚型」之渴望關注個案。除此之外，還要關注小上的精力旺盛及專注力不集中等症狀，加上父母配合調整教養態度及方式一起協助小上。

五、結構式遊戲治療介入原則及策略遊戲選擇要點

綜合以上的資料及分析，可以將小上歸為「孤雛類型」。此類型兒童常感受被忽略、被拒絕及沒被關愛。個案父母所描述的偏差行為其實就是個案在傳達「我需要陪伴」、「我需要關愛」、「我需要肯定」的內在吶喊。因此，下述的遊戲治療策略原則能給予個案提供幫助：

1. 提供個案一個安全的環境及建構穩定正向的關係及連結

獨特且正向的陪伴提供小上一個支持與滋養的力量，尤其是能幫助小上緩和因父母嚴厲的管教方式而引發的不安與焦慮。在遊戲治療過程，很規律地運用具正向連結的活動，讓個案感受到心理師是與她同在的。每個遊戲治療單元的開始，運用客體布偶建構一個特有的打招呼儀式，並強調心理師及客體布偶會陪伴她玩遊戲。透過這種儀式般的活動，讓小上建立安全感，進而心理師及布偶客體建立正向連結。

2. 滋養撫育的陪伴滿足小上的親密需求，並在互動過程中提升小上的自尊及自我肯定

小上所呈現的說謊、欺負姊弟及不專注做課業的行爲，基本上是想要告訴父母：「我想要你們看到及肯定我，我想要你們關注及教導我。」因此，在遊戲治療過程中，以滋養撫育的互動滿足小上的親密需求，也以「行爲追蹤描述」及「提升自尊」技巧，讓小上感覺到被關注及被肯定，因而發展出良好的自我概念。

3. 建構一個讓小上有掌控感及正向連結的經驗

從小上的背景資料得知，小上滿月後就由案外祖母照顧，當她2歲時，在小上沒有預期下與案外祖母分離，這個經驗對小上來說是個嚴重的失落經驗，是她無法掌控及作主的。除此之外，回到父母身邊不久，弟弟的出世也導致案母沒有多餘的精力照顧當時只有3歲的她。這些事件都會讓小上感到彷徨無助。因此，在遊戲治療期間，使用「提供自由」及「促進做選擇」的技巧讓小上找回掌控感是非常重要的。

4. 引導小上接觸、表達及釋放負面情緒

小上對待姊姊或弟弟的不當方式皆因小上並不懂得如何表達自己對他們的不滿、嫉妒及生氣。因此，可以從情緒認知、情緒表達及情緒釋放的活動介入。例如，透過情緒臉譜、看圖說故事或繪本讓小上對情緒有更多的認識與了解，運用情緒臉譜引導小上接觸及表達自己的情緒。在與小上一起探討正面表達情緒的方法過程中，也讓小上學習以正向的方式表達及釋放對姊姊或弟弟的負向情緒。

帶刺的含羞草

我好害怕

我怕爸爸離開我

也怕媽媽不愛我

有誰可以告訴我，我該怎麼辦？

一、基本資料

1. 姓名：小善　　　　　2. 性別：男　　　　　3. 年齡：11歲

4. 年級：小學五年級　　5. 排行序：老大

6. 家庭概況：案家爲重組家庭，案母爲案父第二段婚姻之配偶，目前案父母、小善及案弟四人同住，案父較案母年長約10歲，小善有一個小他兩歲的弟弟。案父母皆以務農維生，經濟收入受收成影響不穩定。

7. 家系圖：

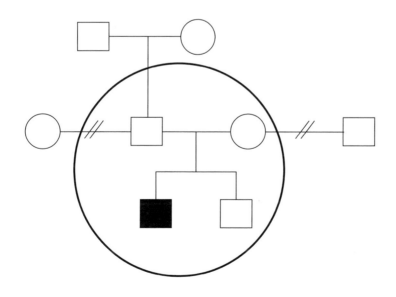

二、問題行為概述

1. 情緒壓抑與負面想法：案導師發現小善平時表情平淡，也不常與老師、同學或家人吐露心事；但當小善與同學意見不合時，小善容易有強烈情緒反應，有時還會動手推對方。有次在與同學吵架後，跑到學校三樓女兒牆邊反覆說著「想死一死算了」等語，最後由老師勸回教室安撫，小善的情緒才較為平復。

2. 敏感於不公平的議題：小善與同學經常在打掃工作分配、遊戲規則或課堂小組分工時發生爭執，小善會以主張分配不公平為由，而與其他同學大聲爭辯、摔東西或動手推人，當下也會不斷抱怨「為什麼他們可以我就不行」等語。

三、背景資料

（一）生長史

小善為足月生產之嬰兒，自幼身體健康，不常生病；無重大疾病。小善曾於一年級時，目睹案父因經濟因素在家服藥自殺而送醫之過程。

（二）家庭生活

1. 家庭氣氛：案父平日若未酒醉，會與小善一起聊天、玩手機，氣氛和樂，但只要案父酒醉後，整個家就變得很緊張、衝突，會以肢體毆打案母及案兄弟，平均每月會發生兩到三次，有時小善會躲進房間裡，聽著外頭案父對案母的打罵聲，家庭氣氛經常無法預測，會在和樂、緊張衝突兩端擺盪不定，案母常告誡小善「不要惹爸爸不開心」。

2. 親子關係：案父平時較疼愛小善，但也會對小善施暴，施暴後案父會透過添購玩具等物質來彌補小善；案母則是較重視小善的課業表現，會督促其功課；當小善與案弟發生爭吵時，案母會責罵小善，

小善雖不會回嘴，但常會在被罵後捉弄案弟，而又再次遭到責罵，相對較少有情感上的連結。

（三）學校生活

1.學習表現：從案導師描述中得知，小善課業表現中下，在國語、數學較弱，有些較難的功課，小善雖不見得會寫，但都會努力地詢問同學或老師來完成回家作業。較喜歡上美勞課。

2.人際關係：小善在班上有四、五位較要好的同學，下課會玩在一起。若遇有不公平的事情時，小善會主動替同學出氣，例如有次一位男同學故意撞一位女同學的桌子，導致桌上的文具書本掉滿地，小善就會過去跟該男同學理論、吵架。

小善也容易因與同學意見不合或否定，而有推人或摔東西的行為出現，需要老師介入協調。例如美勞課小組創作時，小善想的主題被其他同學否定，就將小組的整盒蠟筆摔到地上。

3.師生關係：案導師描述小善平時是個順從聽話、文靜的孩子，但若與同儕發生類似上述「人際關係」描述之衝突時，較容易有強烈的情緒，例如會推人、罵人等行為，通常經老師處理後，能與對方能道歉認錯。案導師描述感覺小善順從、順服，也不會故意欺負同學，但內心卻是很不安、充滿擔心與焦慮，所以，容易一件小事或挫折就爆發情緒。

四、分析與診斷

1.從小善的家庭背景料中得知，小善長期生活於暴力的家庭環境下，「案父若喝酒或情緒較不穩定時，會以肢體毆打案母及案兄弟」、「有時小善會躲進房間裡，聽著外頭案父對案母的打罵聲」，這樣暴力事件平均每月還會發生兩、三次。但平日「案父平日若未酒醉，會與小善一起聊天、玩手機，氣氛和樂。」從文獻中可以得知兒童若長期生活在一個無法預測、無法掌控，且是在和樂、緊張衝突兩端擺盪不定的暴力家庭氣氛中，他會充滿不安全感、焦慮、緊張，且容易壓抑內在的情緒、想法，導致只要一點小挫折就會引導強烈的情緒或出現攻擊行為，亦即會以暴力或自我傷害的方式因應挫折。

上述這現象似乎都呈現在「情緒壓抑與負面想法」問題行為上，「小善平時表情平淡，也不常與老師、同學或家人吐露心事」，但若發生人際衝突就會有強烈情緒反應。例如小善與同學吵架後，竟然跑到學校三樓女兒牆邊反覆說著「想死一死算了」等語。這除了證實小善平時壓抑著大量的負面情緒之外，也可能受到於一年級時目睹案父在家服藥自殺之影響。

2.從家庭生活的背景資料中得知，當發生手足衝突時，案母會責罵小善，小善雖不會回嘴，但常會在被罵後捉弄案弟，而又再次遭到責罵。再加上案母多較關注小善的課業表現，親子間較缺乏情感上的滋養，這也讓母子關係更為疏遠，讓小善覺得沒被關注或肯定，似乎也說明小善是很渴望親密、被看到、被關注的。

再從學校生活資料的「人際關係」內容得知，「若遇有不公平的事情時，小善會主動替同學出氣」、「小善也容易因與同學意見不合或被否定，而有推人或摔東西的行為出現」。導師對小善也有一個很貼切的描述：「小善順從、順服，但內心卻是很不安、充滿擔心與焦慮，所以，容易一件小事或挫折就爆發情緒。」

　　這也說明第二個問題行為，小善的人際衝突多來自於「不公平」，或「自己的意見不被採納」或「與同儕意見不同」時，小善就容易情緒失控或與同儕有衝突。這種因「不公平」或「被忽略」而有的人際衝突其實是渴望被關注的吶喊。加上長期暴力家庭氣氛，更使這個議題惡化及嚴重。

　　在結構式遊戲治療個案分類中，渴望被關注、被了解這種「親密需求」的類型中。包含「含羞草型」與「孤雛淚型」兩類，其中孤雛淚型的兒童經常是伴隨著不遵守規範、調皮、搗蛋等行為，有些這類型孩子也會出現攻擊或破壞行為，但多半都是屬被動或對方觸動到其議題時，才會出現攻擊行為。

　　而含羞草型的個案則有較多的焦慮、不安、自卑、退縮等較為緊繃的狀態，有些這類型個案在觸碰到其核心議題或無法壓抑內在情緒時，常會出現強烈不安、擔心、哀傷、哭泣或自我傷害等情緒或行為。

　　綜合上述分析得知，小善生活在暴力庭基本上比較屬「含羞草型」之退縮焦慮個案。多半時候其內心是處在一種很不安、充滿擔心與焦慮的壓抑狀態，但因案母面對手足的管教態度，使得小善又有「不公平」此議題，長期下來，使得小善與同儕相處，若有「不公平」情境出現時，就會出現攻擊或破壞的行為，而這個衝突或破壞行為，則是「孤雛淚型」之渴望關注的樣態。但小善這種的攻擊或破壞行為的背後，其實是在表達對情感、關愛的渴望，因此小善是可以歸為兼具「孤雛淚型」和「含羞草型」樣態的個案，但心理師要特別關注其不安、充滿擔心與焦慮的情緒狀態及其對「不公平」議題的反應。

五、結構式遊戲治療介入原則及策略遊戲選擇要點

1. 建構一個穩定、安全的連結與治療關係

　　受家庭因素的影響，小善長期生活在衝突暴力不斷且無法預測的家庭中，在小善心中會充滿不安全感、焦慮、緊張等情緒，且容易壓抑內在的情緒、想法。因此在建立新的關係時，建構固定、可預期的時間、地點、擺設，結合布偶客體與小善打招呼等儀式性的活動，與小善建立一個穩定、安全及可預期的治療關係，可增進小善的安全感。

2. 提升小善的自我價值感

　　從遊戲中催化小善提升自我決定以及將責任回歸給小善，並強調小善在遊戲過程中所展現出的能力、特質，幫助小善從遊戲中獲得我能感，並且從過程中慢慢放鬆下來，願意展現、表達自我。當小善的自我價值感逐漸建立起來後，較能有能量去紓解長期壓抑、不安的情緒。

3. 建構一種讓小善可以掌控壓力或焦慮的活動，幫助小善梳理內在不安、焦慮的情緒

　　邀請孩子進行故事圖卡接龍、創意彩繪或繪本共讀等活動，都能讓小善感受到可掌握的感覺。因為這些遊戲並沒有輸贏、對錯或成敗的限制，且能運用情緒臉譜或故事、創作的隱喻方式，來引導小善與內在的情緒進行接觸，進而有機會幫助小善去表達出內心最真實的感受。而心理師也能透過治療性的回應來「接住」小善的情緒，幫助其經驗到可以很安全的表達，不會因此而被指責或評價，感受到被了解、被接納的感覺。

我是暴龍，小心不要惹到我

暴龍的不聽話，頂撞師長、打同學
皆是因為沒有人關心我、愛我
我好孤單，我好難過，我好害怕

一、基本資料

1. 姓名：小若　　　　　2. 性別：男　　　　　3. 年齡：12歲
4. 年級：小學六年級　　5. 排行序：獨子
6. 家庭概況：小若為家中獨子，案父母於小若2歲時離婚，案母未與娘家互動往來，獨力撫養小若。
7. 家系圖

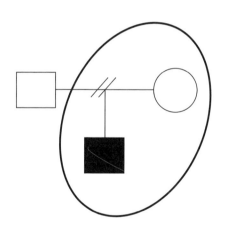

二、問題行為概述

1. 小若遇到不順心時易怒、爆粗口或打人。上週二下課時，小若自己不慎被操場的石頭絆倒後飆罵髒話，並遷怒路過的低年級學生，而狠敲對方的後腦杓。也曾因班際跳繩比賽輸了而大哭，回到班上怒

摔許多同學的書包、餐盒，邊摔邊指責同學：「都是你們，才會輸了比賽。」惹得同學也氣得與小若打架。

2.在學校曾多次與同學因意見不合或被嘲笑而與同學吵架或打架。平時小若喜歡打三對三鬥牛賽籃球，卻總是要求隊友聽命於他，若是彼此意見不一致便會激烈爭吵或拿起籃球用力扔打隊友；身形瘦小的小若，曾投籃或運球失手遭到場外圍觀同學嘲笑「矮冬瓜！不會打球還要「展勇」（閩南語發音）！」小若聞言惱羞成怒，而立刻衝到嘲笑的學生面前狠踹對方好幾腳。

3.干擾上課，且不服師長管教而無視或頂撞師長。遇到沒興趣的課程（例如國語、社會等文科），小若會故意扮鬼臉逗同學或哼歌自娛，有時候會逗得其他同學哈哈笑，有時同學會表達不滿，經任課教師制止後，小若仍不聽勸繼續自顧自地哼歌或出怪聲。即使學務處師長與特教教師進到案班級要帶走小若，小若仍有恃無恐與師長對嗆，或是嘻嘻哈哈地一溜煙地跑走，讓許多師長在後面追著小若跑。

三、背景資料

（一）生長史

小若就讀三年級時經醫師診斷為「注意力不足過動症」，五年級時經特教鑑定為「情緒行為障礙」。

（二）家庭生活

1.母子關係：案母自述每天小若未起床前，就必須趕去上班，因此會將早、晚餐飯錢100元放在客廳桌上，讓小若自行購買飲食。即使結束工作返家後，獨自在家看電視的小若也鮮少主動跟案母分享學校生活事件。母子間的互動似乎只有：「吃飽沒？功課寫了嗎？聯絡簿拿過來！」

案母也表示自小若小三開始，因自身工作壓力與小若在校狀況頻

傳，而常對小若有情緒性言語，例如：「我不要養你！叫你爸把你帶走。」或是「我乾脆叫員警把你抓去關！」上了高年級後，案母也因小若怒打低年級學生與同學打架事件，多次被校方請到學校向對方家長道歉，當眾發飆掌摑小若。

小若在案導師提供「我的家是」一紙寫到：「我的媽媽是垃圾，很煩！因為她老是罵我、趕我。」

案母平時對小若採放任管教，只提供基本生存的溫飽；有時小若早上睡過頭，上學遲到了，對於導師的關切電訪，案母也只是無奈地表示怎麼叫小若也叫不醒，就讓他繼續睡了。對於小若在校層出不窮的問題行為，案母除了無奈地向學生家長致歉，也會拒聽校方電話，有次則是在個案會議中責罵校方處處針對小若，絲毫沒有包容或幫助小若。

2.父子關係：案父因顧忌案母的敵意，案父很少到案家找小若。小若描述案父的女友常會送他文具、新衣或好吃的食物等，所以喜歡往案父家跑，但也因此更引起案母的不悅。小若描述案母越是制止他前去案父家，他反而越是故意和案母唱反調而往到案父家跑。

案父雖會拿一些文具、衣服給小若，但即使案父子碰面，案父對於小若的學校狀況從來不過問。

3.案父母關係：案母指出婚後案父很少拿錢分擔家計，夫妻常為錢爭吵，感情不睦；吵到激烈時案父甚至多次動手毆打案母，案母不願繼續隱忍，因此在小若2歲時，案父母協議離婚，小若的監護權歸案母。

小若就讀小二生日當天，案父帶著準備送給小若的生日禮物來到案家，案母要求小若不要接受案父送的禮物，而希望案父給錢，為此案父母再度吵架，小若也目睹了案父母（吵）打架的情景。

（三）學校生活

1.學習表現：小若上課（學）常遲到，鮮少安靜聽講，常與左右同學聊天或放空，幾乎無法完整或如期繳交師長安排的回家作業，學用品也常丟三落四。唯小若精力充沛，喜好體能競技活動。參加學校田徑隊專攻短跑項目。小學五年級後經特教鑑輔會鑑定為情緒行為障礙，部分進行抽離式資源班課程加強小若的情緒管理與社交技巧。

2.同儕互動：下課時會主動找同學一起打籃球或加入追逐遊戲，並主導球賽或遊戲過程，但個性易怒、衝動、有暴力言行，又不遵守籃球或遊戲規則，同學便拒絕小若加入。常見小若獨自在一旁落寞地觀看同學們玩耍。

常欺負較弱勢的同學或低年級學生，分組課程或是團體遊戲，小若總是受到排擠，沒有同學願意與他同組。

小若自述過去一學期裡，覺得最滿意的是跟同學玩；最不滿意的是上資源班。形容自己的一句話是「很可愛」，「夢想成為足球（籃球、電玩）選手」。

3.師生互動：小若常挑戰導師等任課教師的管教界線，擺出一副「只要我高興，有何不可」的高姿態。讓前任導師還因管不動個案而請長期病假。後來與代理導師的互動，也常無視代導的班規，上課鐘響了，因貪玩晚進教室也毫無歉意，依然我行我素恣意出聲干擾上課。即使師長疾言厲色喝斥小若安靜聽講，小若仍有恃無恐，甚至翻倒桌子、怒摔椅子，常出現劍拔弩張的師生對峙情景。

四、分析與診斷

1.從小若的問題行為資料中得知，小若班際跳繩比賽輸了而大哭，「回到班上怒摔許多同學的書包、餐盒」，還邊摔邊指責同學。打籃球被嘲笑或激怒時，就會「立刻衝到嘲笑的學生面前狠踹對方好幾腳」。遇到沒興趣的課程，小若不僅會故意扮鬼臉逗同學或哼歌自娛，更嚴重的是「經任課教師制止後小若仍不聽勸」，即使學務處師長與特教教師要帶走小若，小若「仍有恃無恐與師長對嗆，或是嘻嘻哈哈地一溜煙地跑走」。可見小若「鬆」的行為樣態可以說是到了對立反抗的程度。

2.從基本資料及背景資料的家庭生活資料得知，案父母於小若2歲時即離婚，案母表示自小若小三開始，因自身工作壓力與小若在校狀況頻傳，使得案母經常對小若有情緒性言語責罵，例如：「我不要養你！叫你爸把你帶走。」或是「我乾脆叫員警把你抓去關！」目前小若與案母的互動似乎只有：「吃飽沒？功課寫了嗎？聯絡簿拿過來！」

上述這些案母無力管教但又須管教小若時，便出現口不擇言或當眾掌摑小若等言語肢體暴力，長期下來，對於小若的依附與情緒穩定都有相當大的負面影響。小若對案母的感覺則是「我的媽媽是垃圾，很煩！因為她老是罵我、趕我。」可見小若與案母關係也是處在一種既敵對又疏離的狀態。

小若雖喜歡到案父家，案父也會提供小若物質上的滿足，但案父對小若問題行為級學校表現完全是不聞不問。這也是一種疏離的狀態。

3.從學校生活資料得知，體育、運動應該是小若的優勢長項，但卻因為小若的易怒、衝動、有暴力言行等影響，使得同學不喜歡與小若同組或一起玩。面對師長的管教則是呈現如問題行為描述的「對立

反抗」、「劍拔弩張」的師生對峙樣態。小若小三時被診斷為「注意力不足過動症」，到了小五年級則又增加一個「情緒行為障礙」，似乎說明小若在情緒及行為上的惡化。這些都似乎應證小若的行為已經到了嚴重的「對立反抗」樣態。

綜上所述，小若已經呈現出極度鬆散的「孫悟空型」之對立反抗樣態，加上小若這樣的問題行為已經多年，且小若也已經12歲進入青春期，這都使得整個諮商輔導的挑戰度極高，心理師要建構一個長期治療的架構，準備進行強輔導，如此才可能產生效果。

五、結構式遊戲治療介入原則及策略遊戲選擇要點

（一）建立掌控感、我能感進而提升自尊及透過見證將小若的轉變與進步延續到生活中。

　　1.每次遊戲單元結束時，讓小若選取一張「能量圖卡」，邀請小若紀錄這週使用此能量圖卡的情形，心理師加以記錄在遊戲小書裡。陪同小若在目前的生活中，由於能量圖卡的加入，進而建構小若一些具有正能量或有正向經驗的生活。

　　2.遊戲治療過程中，心理善加運用「提升自尊」、「見證」、「促進做決定」等技巧，讓小若體驗到在遵守界線，展現出自己的能力及被看見、背肯定的成功經驗。

　　3.邀請案母與導師等人見證小若的轉變與進步。並可以在最後一個遊戲單元，請小若擬定邀請名單並手寫邀請卡，辦理一場星光大會（遊戲治療的歷程回顧）。請受邀人一同見證小若的進步與轉變過程，以延續這些能力與轉變於遊戲治療結束後的生活。

（二）在結構性強的遊戲歷程中，協助長出自信、自律的特質。

　　1.明確訂出單元遊戲時間與空間並溫和堅定地執行。考量小若常有「鬆」的脫序行為，運用「場面結構」與「設限」技巧，提

供其安全感的同時，也可藉此鼓勵小若展現掌控感。

2. 邀請小若參與競賽遊戲並討論明確規則，例如由小若任選「大老二」、「撿紅點」等撲克牌遊戲，或是象棋、跳棋、疊疊樂等戰略遊戲。留意從簡單易行的遊戲開始，以提供成功經驗；過程中善用「建立自尊技巧」：「你知道……」、「你能夠……」、「你可以……」等類似的口語，反應並肯定小若願意且遵守規範的行為的過程，並欣賞其專注沉穩、敏捷思慮與創意策略，以提升小若的我能感與擴展自我認同。

（三）心理師在遊戲治療過程中，透過專注陪伴及布偶客體的運用，建構一個讓個案感受到全然被接納的氛圍，進而能夠達到撫育小若受創的內心。

1. 心理師建構一個與小若進行遊戲治療時的儀式般活動，可能是一個打招呼、說再見或兩人特有的互動活動。

2. 心理師社計一個「百寶盒」，讓小若可以擺放他喜歡的物件及心理師寫的卡片、過程中的相片與小若的作品等等。

只有最好，只要最好

任何事情都要盡善盡美
每一次出場都得是最棒的演出
完美只是基本的要求
除了100分
我不接受其他的分數

一、基本資料

1. 姓名：小吉　　　　　2. 性別：女　　　　　3. 年齡：10歲
4. 年級：小學四年級　　5. 排行序：長女
6. 家庭概況：案母為國立大學副教授，案父為外科醫師，案家位於市區黃金地段豪宅大樓。案祖父母皆教職退休，言談舉止自有師者風範，住同一大樓之不同樓層。案父母晚婚，案母38歲才生下小吉，兩年後案弟出生，案父母因工作無暇照顧孩子，小吉姊弟在上幼稚園以前，委請專業保母照顧，上幼稚園後則由案祖父母協助照顧，主要是幫忙接送小吉姊弟上放學，以及放學後之暫留看顧等，兩老對小吉姊弟都疼愛有加。案父母下班後視時間狀況到案祖父母家吃晚餐，順便帶小吉姊弟回家。

7.家系圖：

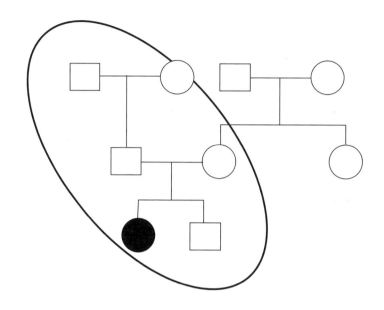

二、問題行為概述

　　1.自我要求高，考試前因焦慮而失眠、尿床：據案母所述，小吉自小聰明伶俐，幼稚園小班後，也開始上才藝班及作文班。小吉不論在繪畫、音樂或學業學習上，樣樣皆表現優異，且小吉自動自發，放學回家後就自己把作業拿出來寫，自己看書，從不令人擔心，這跟案弟散漫迷糊，經常表現出事不關己、什麼都無所謂的狀況，可說是天壤之別。然而小吉自從上小學後，雖然每次考試幾乎都滿分，但只要有一科沒有100分，小吉就會懊悔不已。一年級下學期有一次數學考了95分，小吉在發下考卷的當下，在班上難過地哭泣起來。後來只要到段考前幾天，小吉幾乎都會有焦慮到難以入眠的情形，且其入睡後又伴隨有尿床的問題，這樣的狀況直到小吉上小四後才稍有改善，但一學期仍至少會發生三、四次。

2.害怕表現不佳而不主動加入遊戲：小吉理解及反應能力俱佳，但其對於自己沒把握、沒玩過的遊戲或活動，會選擇先較長時間的觀望，寧願安靜地待在一旁觀察學習，一定要等到很有把握了，才會願意加入新遊戲或活動中。案母表示因爲小吉擔心自己表現不佳，或爲了避免自己可能落敗，所以不願主動嘗試及探索競爭類型的遊戲活動。

3.因怕髒而不在家外上廁所：案母表示小吉2歲左右就學會大小便自理，但上幼稚園後卻出現尿溼褲子的情形，兩、三個月後，幼稚園老師反應未曾見到小吉在幼稚園上廁所，原來小吉是因爲怕髒而不敢在幼稚園上廁所，憋尿憋到忍不住而尿褲子。另直到小三之前，小吉都還需要案母或案祖母協助擦屁股，因怕自己清潔不乾淨，幾乎未曾在外上大號，寧願憋著回家再上廁所。

三、背景資料

（一）生長史

小吉足月出生，身體發展及健康狀況無明顯異常，本身無重大疾病史，亦無重大家族病史。

（二）家庭生活

1.主要照顧者

案父母雖因職業工作較爲忙碌，但夫妻雙方皆認同陪伴家人與經營家庭生活的重要性，會特意規劃休假以安排家庭聚餐或出遊，每年至少有一至兩次較長天數之國內外家庭旅行。案祖父母退休後，除協助看顧小吉姊弟外，平時的活動就是到住家附近的郊山走走、與老同事聚會泡茶聊天、市場採買與張羅晚餐、投資股票、基金等等。

2.父母管教態度

據案母所述，案父因其在外科部複雜繁重的工作內容與不容有失誤的壓力，平時表現就是不苟言笑，行事風格一板一眼的。而案父不只自律甚高，其對小吉的生活常規、禮儀與衛生等也都是嚴格地要

求，例如寫字字體要端正，一筆一畫、大小、間距都不能馬虎，檢查不過就要求小吉擦掉重寫；吃飯時坐姿也要端正，飯粒不能掉到桌上、咀嚼或喝湯都不能發出聲音；進家門後第一個動作就是要用肥皂徹底的洗手消毒殺菌、浴廁裡擺放的衛生紙不能拿來擦嘴臉，甚至也不能用來擦手等等。另案父對準時的要求也很嚴格，其對小吉吃飯時間、寫作業的時間、就寢時間等都有所限定。以上這些規定，如果小吉未能依規定完成，案父會生氣地大聲責罵，小吉最後通常只得配合照做，但有時會委屈地默默難過流淚。

案母自述自己比較崇尚民主自由的教養風格，但能體諒案父求好心切的心意，通常會配合及遷就案父的教養作為，但有時候覺得案父確實是要求太過、太吹毛求疵了，會出言提醒案父也要考慮孩子的年齡及發展，不要太過嚴厲等等。有幾次案父聽到案母的提醒及介入，反而變得更加怒不可抑，反過來責怪案母及案祖父母，表示小孩就是這樣被寵壞的，案母被惹毛後，回應案祖父母這樣養你長大，你有被寵壞嗎？於是最後演變成案父與案母雙方的激烈爭吵。小吉至少有四到五次目睹了案父母為了自己的管教而爭吵衝突，除了委屈、難過之外，還多了害怕與自責。案母表示自己與案父的教養態度迥異，彼此會因之偶有爭執，這狀況至今似乎依舊無解。

3. 親子關係

受案父嚴謹的性格及較為嚴格的管教態度影響，小吉自小較畏懼與案父單獨相處，面對案父時，則比平時表現更為退縮、拘謹，生怕一不小心又惹案父生氣，更怕因為自己的關係，而引發案父與案母的爭吵衝突，久而久之，小吉知道凡事自我要求，自己把事情做好，自然就不會引發案父的不快，也就不會導致案父母衝突。小吉雖懼怕案父，但據案母描述小吉也很重視規矩、規範，案弟上稚園後，其對於案弟的粗枝大葉、調皮搗蛋，不遵守規矩，不時被學校寫聯絡簿抱怨、惹惱案父，增加案父母困擾的情況，甚為生氣不解，經常向案母

抱怨為什麼案弟這樣不懂事，還會出言斥責管教案弟。

案祖父母慈祥和善，對待小吉姐弟較為寬容祖護，因為案祖父母寵愛小孩，小吉姊弟很喜歡待案祖父母家，週末偶而會留在案祖父母家過夜。案母表示家族中所有大人都是疼愛小吉姊弟的。而小吉與案父除之外的其他照顧者關係都頗為親近，尤其對案祖父母最為親近，有什麼心事、心情較會主動跟案祖父母分享。至於若遇到生活上或課業上的困難需要協助，則第一個會想到找案母幫忙，例如要購買文具、學校要繳費、臨上學出門找不到制服、數學遇上難題等等大小事，小吉最先想到的就是找案母求助，不會是案父。

（三）學校生活

1.就學狀況：小吉在校表現懂事乖巧，不論就學狀況、學習態度、學業成績、整潔、禮儀等等各方面表現，都足堪班上同學之表率，幾乎每個學期都擔任班上重要幹部，並且會將本身的工作職掌全力配合完成，是老師心目中的好學生、得力助手。

2.完美的出缺勤紀錄：小吉從上幼稚園到目前上小四，就學未曾有過缺曠紀錄，即使是較嚴重的生病感冒，也堅持請假就診後，就趕回到學校上課。據案母表示，小吉除了固執地想要保持全勤之外，也擔心自己會因為請假導致學習落後、成績下滑，因而從不輕易請假。

3.同儕相處：小吉跟班上同學相處大致良好，但有時會過於堅持己見，聽不進其他同學的想法，有時也太過於擇善而固執，而引來同學的不快與批評。例如擔任學藝股長時，對於班級布告欄的布置，堅持要依自己的方式來布置，最後老師指派協助的同學都只好袖手旁觀，幾乎小吉一人獨力完成。也曾在擔任副班長時，鉅細靡遺的登記早自習時講話、不守規矩的同學，其中有一張姓同學因跟隔壁同學借橡皮擦而被小吉登記，並因此受到老師責罰，該同學下課後對小吉嗆聲威脅，痛罵小吉假掰（做作），就只會打小報告，這事件引發班上部分同學共鳴，群起責罵小吉，小吉因而委屈落淚。

四、分析與診斷

1.小吉成長過程深受案父嚴格的教養風格影響，一方面害怕自己沒有沒有達到案父的期待惹其生氣，一方面也擔心若自己做得不夠好，可能引發案父母間的爭吵衝突。小吉之主要照顧者間的教養態度或許並不一致，但基本上都是出於對小吉的關心與期待，小吉也因自己的體貼與善解、思想早熟，於是更加地自我要求，不願讓相關照顧者失望。

2.開始上學後，小吉一直維持著老師和同學眼中的模範生、各項表現的佼佼者形象，久而久之，小吉內化了這些形象成為其自我概念。因為渴望維持一貫給人品學兼優、家教良好的自我形象，小吉在校表現也得謹言慎行，樣樣追求卓越表現，不容有失。唯如此反而有時不受同儕喜愛，感覺小吉刻意做作，而遭受排擠批評。

3.為了滿足他人以及自己的期待，造就了小吉的個性拘謹小心且自視甚高，不僅凡事要求盡善盡美，也過度在意他人的評價與眼光，如此也帶給自己莫大的心理壓力，導致其面對考試時高度緊張焦慮到尿床、不敢輕易嘗試自己沒有從事過的遊戲或活動等等。

綜合上述，小吉在結構式遊療的兒童分類上偏屬王妃公主的追求完美型。

五、結構式遊戲治療介入原則及策略遊戲選擇要點

1. 運用布偶客體、束口袋等活動，建構一個穩定關係及正向連結

心理師在每次遊戲單元開始時，運用布偶客體與小吉打招呼，遊戲單元結束時進行束口袋活動，除了可以與小吉建立穩定關係及正向連結之外，更期待透過這種輕鬆且具撫育的活動，建構出一個接納、允許、安全的氛圍，讓小吉更能放鬆自在的進行遊戲治療。

2. 運用情緒臉譜、圖卡媒材，引導小吉情緒及壓力的表達與抒發

小吉過於拘謹及追求完美的樣態，都使其面對生活中的很多事情

都是處在高壓力的狀態，要協助其放鬆並不那追求完美之前，心理師先行透過情緒臉譜引導小吉接觸、表達內在的壓力及伴隨情緒是值得且非常需要的一個介入。心理師也還可以運用情感反映技巧搭配情緒臉譜幫助小吉辨識、覺察及表達自我的壓力與情緒。

3. 選擇或建構「容易掌控」且又具「釋放」元素的遊戲活動，並將關注的焦點放在努力的過程而非結果

心理師可以邀請小吉進行「疊疊樂」、「塗鴉」、「撕貼畫」、「沙盤擺設」、「吹畫」等具掌控感但又具「釋放」效果的策略遊戲活動，讓小吉體驗一種釋放、更具彈性變化的感受，並肯定在過程中對小吉勇於嘗試改變的態度及行為表達欣賞與肯定。也可以邀請小吉進行撲克牌、棋類等競爭性遊戲，心理師則關注反映遊戲過程中的挑戰與樂趣，鬆動只在意結果之好壞輸贏的壓力。這些都會有助於引導小吉調整其過於拘謹的態度。

4. 遊戲過程中，善用提供自由並鼓勵作決定的技巧使其更敢於自主決定

心理師在遊戲治療過程中，特別要把握運用「提供自由」、「鼓勵做決定」及「提升自尊」等遊戲治療技巧。引導小吉在遊療過程中可以自主自決，欣賞其勇於創發與嘗試，單純享受遊戲的歡樂體驗，即使最後沒有完成或失敗了也沒有關係。不再一昧被動地等待別人的指令，也不必過度在意別人的眼光與期待，鬆動一切都要力求盡善盡美的想法，充分地展現自我。

家圖書館出版品預行編目資料

結構式遊戲治療之個案報告彙整：概念化實務
／鄭如安著. -- 初版. -- 臺北市：五南圖
書出版股份有限公司, 2021.08
　面；　公分
ISBN 978-986-522-895-8（平裝）

1.遊戲治療　2.心理治療　3.個案研究

78.8　　　　　　　　　110009792

1B1S

結構式遊戲治療之個案
報告彙整：概念化實務

作　　　者 ― 鄭如安（382.5）

協同作者 ― 高宛琳、張育德、劉秀菊

發 行 人 ― 楊榮川

總 經 理 ― 楊士清

總 編 輯 ― 楊秀麗

副總編輯 ― 王俐文

責任編輯 ― 金明芬

封面設計 ― 王麗娟

出 版 者 ― 五南圖書出版股份有限公司

地　　　址：106台北市大安區和平東路二段339號4樓

電　　　話：(02)2705-5066　　傳　　　真：(02)2706-6100

網　　　址：https://www.wunan.com.tw

電子郵件：wunan@wunan.com.tw

劃撥帳號：01068953

戶　　　名：五南圖書出版股份有限公司

法律顧問　林勝安律師

出版日期　2021 年 8 月初版一刷
　　　　　2023 年 6 月初版二刷

定　　　價　新臺幣400元

經典永恆・名著常在

五十週年的獻禮——經典名著文庫

五南，五十年了，半個世紀，人生旅程的一大半，走過來了。
思索著，邁向百年的未來歷程，能為知識界、文化學術界作些什麼？
在速食文化的生態下，有什麼值得讓人雋永品味的？

歷代經典・當今名著，經過時間的洗禮，千錘百鍊，流傳至今，光芒耀人；
不僅使我們能領悟前人的智慧，同時也增深加廣我們思考的深度與視野。
我們決心投入巨資，有計畫的系統梳選，成立「經典名著文庫」，
希望收入古今中外思想性的、充滿睿智與獨見的經典、名著。
這是一項理想性的、永續性的巨大出版工程。
不在意讀者的眾寡，只考慮它的學術價值，力求完整展現先哲思想的軌跡；
為知識界開啟一片智慧之窗，營造一座百花綻放的世界文明公園，
任君遨遊、取菁吸蜜、嘉惠學子！